WILEY

计算金融基础教程
基于MATLAB

Foundations of
Computational Finance
with **MATLAB**®

[美] 埃德 · 麦卡锡（Ed McCarthy）著
武传海 译

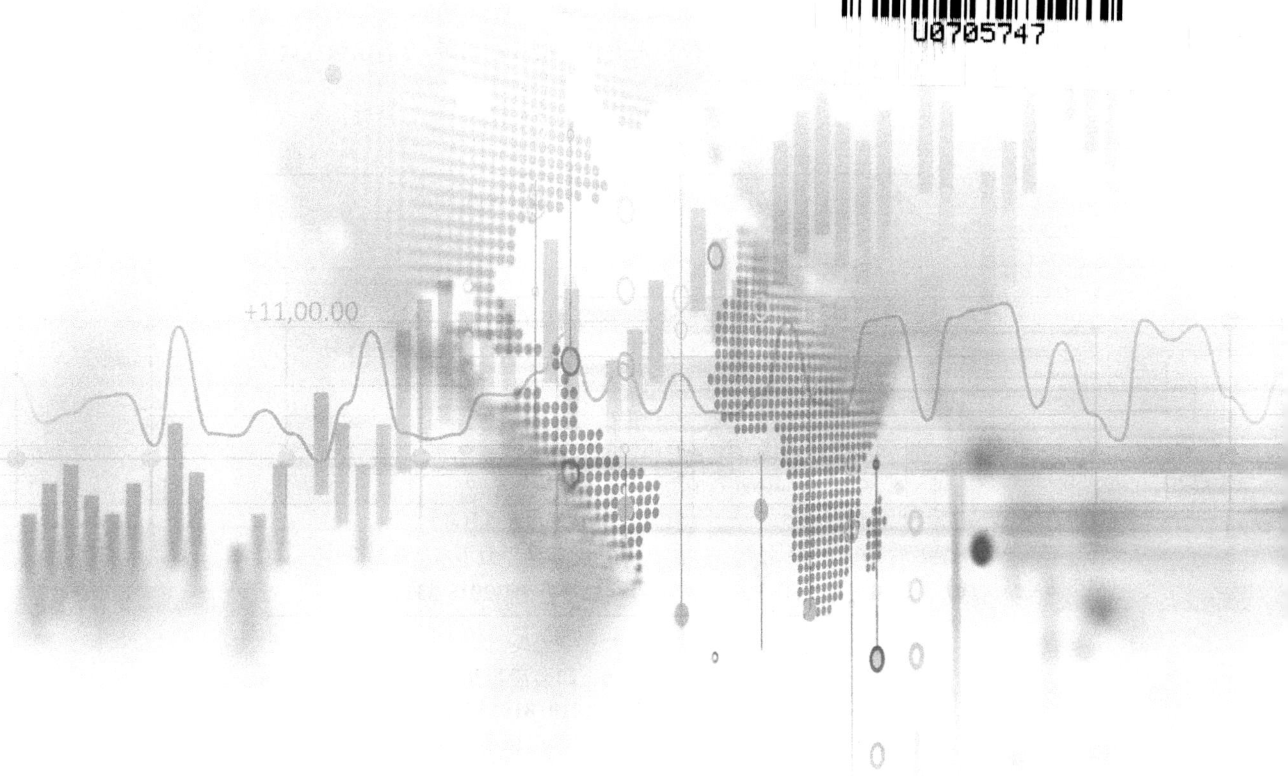

人 民 邮 电 出 版 社
北 京

图书在版编目（CIP）数据

计算金融基础教程：基于MATLAB /（美）埃德·麦卡锡（Ed McCarthy）著；武传海译. -- 北京：人民邮电出版社，2019.6（2022.11重印）
ISBN 978-7-115-50985-7

Ⅰ. ①计… Ⅱ. ①埃… ②武… Ⅲ. ①Matlab软件—应用—金融—计算方法—教材 Ⅳ. ①F830.49

中国版本图书馆CIP数据核字(2019)第049774号

版权声明

Ed McCarthy

Foundations of Computational Finance with MATLAB

Copyright © 2018 by John Wiley & Sons, Inc.

All right reserved. This translation published under license.

Authorized translation from the English language edition published by John Wiley & Sons, Inc.

本书中文简体字版由 John Wiley & Sons 公司授权人民邮电出版社出版，专有出版权属于人民邮电出版社。版权所有，侵权必究。

♦ 著　　　[美] 埃德·麦卡锡（Ed McCarthy）
　　译　　　武传海
　　责任编辑　胡俊英
　　责任印制　焦志炜
♦ 人民邮电出版社出版发行　北京市丰台区成寿寺路11号
　　邮编　100164　电子邮件　315@ptpress.com.cn
　　网址　http://www.ptpress.com.cn
　　北京捷迅佳彩印刷有限公司印刷
♦ 开本：800×1000　1/16
　　印张：19.5　　　　　2019年6月第1版
　　字数：385千字　　　2022年11月北京第3次印刷
　　著作权合同登记号　图字：01-2018-8322号

定价：89.00元
读者服务热线：(010)81055410　印装质量热线：(010)81055316
反盗版热线：(010)81055315
广告经营许可证：京东市监广登字20170147号

内容提要

MATLAB 是一款优秀的工具,它在处理统计、工程计算和数据可视化的常见科学计算任务时,都有着卓越的表现,甚至比很多传统的编程语言更受人青睐。良好的数据分析技能对于金融从业人士至关重要,掌握一个好的金融分析工具又是重中之重,MATLAB 和它的金融工具箱在解决计算金融问题方面就非常令人得心应手。

本书不仅介绍了 MATLAB 的优势,也讲解了 MATLAB 和金融工具箱的使用方法,让你在实践中爱上这个优秀的计算金融工具。本书包含两个部分,第 1 部分讲解了 MATLAB 的基础语法和编程,并介绍了基本的金融数据处理技巧;第 2 部分基于金融背景,讲解了实际的 MATLAB 和金融工具箱的用法,既包含详细的公式讲解,又包含一系列应知应会的金融知识介绍,同时还涉及相关的编程实现。

本书由资深的财经作家编写,他对 MATLAB 的使用有着丰富的经验。本书适合金融从业者阅读,旨在通过 MATLAB 强大且简单的编程,帮助其轻松应对金融难题。本书也适合想转行进入金融行业的程序员和普通读者阅读,既可以学习金融知识也可以学习实践技巧。

关于作者

从 20 世纪 80 年代中期开始,我一直是一个自由财经作家,其间为一些主要的财经刊物撰写了许多文章,这些刊物包括 *Bloomberg Wealth Manager*、*CFA Institute Magazine*、*Institutional Investor online*、*Financial Planning*、*Journal of Accountancy*、*Journal of Financial Planning*。早期我出版过一本面向财务顾问的技术图书 *The Financial Advisor's Analytical Toolbox*(Irwin 出版),还为消费者写过一本 *Fast Forward MBA in Personal Finance*(Wiley 出版)。此外,我还为许多定制出版商、美国以及国际金融服务公司写过大量文章。我撰写的许多文章主要是向读者讲解复杂的金融问题和相关技术。

我第一次接触 MATLAB 是在 20 世纪 90 年代中期,那时我正在为第一本书做调研,讲解的重点是 MATLAB 的金融建模功能。在攻读金融学博士期间,我大量用到了 MATLAB,积累了丰富的经验,我相信这些经验也为写作这本书奠定了基础。那个时候,关于金融理论和计算机编程结合的资料非常少,给我写书带来极大困难。最终我放弃写论文,离开学校,开始全职写作。我一直使用 MATLAB 软件,与时俱进,定期学习新的金融数学和 MATLAB 的知识。现在,我已经通过了 MathWorks Certified MATLAB Associate 认证,正在积极准备 MathWorks Certifed MATLAB Professional 认证。

本书内容适用于 MATLAB R2016B、2017A 和 2017B 版本,MATLAB 工具箱版本是同一个版本。

前言

为什么应该阅读本书

如果你打算从事金融投资行业或者已经身处其中，那么你很可能已经熟练掌握了金融计算器和电子表格。经过多年检验，这些工具已经证明了自身的价值，并且在今后的若干年里，它们很可能还是我们必需的工具。（直到现在，我还经常使用一款名为 HP 12C 的计算器，算起来有 30 多年了，但它仍能正常工作，只是速度与新款相比有点慢了。）

但是，数据和分析的性质正在发生变化，这些变化影响着金融分析和管理。一方面，传统的金融数据仍然用来做决策；但另一方面，这些数据正在被日益增长的非传统信息和新式计算工具所补充。这个趋势从近年来的一些头条文章的标题就可以看出来，比如：

- "扔掉 Excel，首席财务官告诫员工"（华尔街日报，2017-1-21）；
- "量化分析师称霸华尔街"（华尔街日报，2017 年 5 月系列文章）；
- "新型数字贷款机构的数学原则"（纽约时报，2016-1-19）；
- "利用数据赢得客户"（效用分析，2015-11-4）；
- "晨间纪事：财务规划和分析的兴起"（华尔街日报，2015-12-22）；
- "计算机如何搜寻海量数据选股"（华尔街日报，2015-4-1）；
- "随着大数据和 AI 的崛起，如何成为一位卓有成效的管理者？"（华尔街日报，2015-1-23）。

我认为，这种"范式转移"需要全新的金融分析和管理方法。具体来说，金融专业人士必须使用更加灵活和强大的计算平台来增强他们的计算能力。这些平台可以使用新的数据模型，而且提供传统金融分析所需的工具。正如上面这些文章所指出，要想在金融分析和管理中保持竞争优势，我们需要理解并掌握有关计算金融的知识。掌握这些知识以后，你将能够使用来自于多个数据源的数据，开发定制的金融分析工具，然后把相关的工具和研究成果分发到多种平台上。

目标读者

向新范式转变并非易事，这意味着你得学习有关计算金融的知识。关于这个问题，其他图书的作者已经谈过，但他们讲解的内容相当专业，主要面向那些拥有数学、统计、编程以及金融背景的读者，例如金融工程师和专业学者。

相比之下，本书对读者没有那么高的要求，本书主要介绍传统金融和 MATLAB 计算平台相结合的基础知识，如果你对这方面感兴趣，那这本书你千万不要错过。本书面向的读者包括本科金融专业高年级学生、研究生、金融从业者，以及那些拥有 STEM（科学、技术、工程、数学）背景并且想学习金融知识的人。本书假设你具备如下特质：(1) 一位商科学生或金融专业人士，并且熟悉金融理论，习惯使用电子表格，但是计算机编程经验不多；(2) 一个拥有 STEM 背景的学生或专家，有着较为丰富的编程经验，但是金融知识懂得不多。

本书还假设你已经学完了线性代数和统计学的相关课程，并且计算机也安装好了 MATLAB 软件和必需的 MATLAB 工具箱。很多大学都有 MATLAB 许可证，但是如果你必须购买这款软件，那么以学生的身份购买会很便宜。当然，你也可以购买 MATLAB 家庭版，这个版本仅供个人使用，价格比较友好，普通用户能够负担得起。

为什么选用 MATLAB

你问这个问题很正常。因为很多编程语言都可以用在金融领域中，为何偏偏选择 MATLAB 呢？关于这个问题，我曾在一个帮助解答有关量化金融和计算金融问题的网络留言板上看过好多类似下面这样的对话。

问：我打算学"量化金融学"（或申请一门量化金融学课程），该选什么编程语言呢？我应该先学 MATLAB 还是 Python，R 还是 S，C++还是 Java？

答：是的。

这个回答有点让人摸不着头脑，然后回答问题的人会接着解释说：学习编程语言并不是"一锤子买卖"，而是要持续不断地学习。在你的整个职业生涯中，你可能会换很多次工作，新工作可能要求你使用另外一种编程语言。此外，计算机技术和编程语言也是不断发展的，我们必须要跟上这些变化，有些人学编程时是从打孔卡和读卡器开始的，他们可以证明我说的是对的。

我和 MathWorks 公司之间没有业务往来，但我觉得 MATLAB 软件很适合用来学习计算金融学，原因有如下几个。

- MATLAB 是一个集成开发环境，包含了代码编辑器、编译器、调试器、解释器，拥有出色的图形处理能力，并且带有设计优秀的图形用户界面。
- MATLAB 基础知识学起来相对容易。当然，掌握任何一门计算机语言都不易，都需要我们花费相当多的时间和精力。MATLAB 的语法用法非常一致，又有丰富的文档资料，这些都有助于提高用户的工作效率。
- MATLAB 金融工具箱提供了许多金融函数，这些函数的算法都经过了测试。使用这些函数有助于我们节省编程时间，避免许多麻烦。MATLAB 还为我们提供了多种工具箱，借助这些工具箱，我们可以比较容易地进入其他领域，比如大数据分析领域。
- MATLAB 有大量金融公司和其他行业用户，使用 MATLAB 的机构超过了 5000 多家。如果你是一个学生，那你就读的学校很可能就已经拥有了 MATLAB 许可证。
- 对于学生和教育工作者，MATLAB 的价格一直很便宜。并且，从前几年开始，MathWorks 公司就开始面向个人用户提供价格低廉的许可证。
- 用户能够找到多种 MATLAB 培训和支持的渠道，包含一些专门讲解 MATLAB 的书籍、在线培训课程，以及官方或非官方（社区）的支持资源。我曾学过 MathWorks 推出的几个在线培训课程，感觉非常不错。
- 最后一点，我认为，掌握 MATLAB 的相关知识和技能也有助于你学习其他编程语言。

如何使用本书

本书的第 1 部分内容主要介绍 MATLAB 的语法和用法。如果你是初次接触 MATLAB，或者想复习一下相关内容，那你应该从这一部分开始学起。如果你想进一步学习相关内容，可以去 MathWorks 官网学习他们提供的在线学习资料，或者去 matlabacademy. mathworks.com 页面观看免费的 MATLAB 入门课程，这门在线课程采用了交互式学习方式，总时长大约 2 小时。另外，你在 www.mathworks.com/support/learn-with-matlab-tutorials.html 页面可以找到其他在线课程。当然，如果你时间充足，手头也宽裕，可以去学习 MATLAB Fundamentals 课程，它对 MATLAB 做了较为深入的讲解。

本书的第 2 部分讲解如何在金融领域中使用 MATLAB 这个计算平台。每一章都会讲解基础的金融知识，有些还有拓展阅读的建议。其中第 5 章中讲解的内容在后续各章都有应用，我建议你好好学习一下。

最后，学习本书例子的过程中，我们会了解如何以编程方式（即在 MATLAB 命令窗口中输入命令）或者以交互方式使用 MATLAB 软件。学习软件有点像学开车，阅读有关安全驾驶的书只能提高你的理论知识，而不能实际提高你的驾驶技术。动手编写代码（如同你第一次开车上高速）才是最好的练手方式。令人庆幸的是，动手写代码要比开车上高速简单得多。

约定

为了区分不同内容，本书使用了几种不同的字体：

粗体：函数名、保留关键字、矩阵、向量。

斜体：命令窗口输入，比如 $x = 7$。

等宽字体：MATLAB 输出和响应，比如

```
x =
    7
```

以%开始的等宽字体：代码注释行，不会被执行。

以%开始的普通行：文本注释。

资源与支持

本书由异步社区出品,社区(https://www.epubit.com/)为您提供相关资源和后续服务。

提交勘误

作者和编辑尽最大努力来确保书中内容的准确性,但难免会存在疏漏。欢迎您将发现的问题反馈给我们,帮助我们提升图书的质量。

当您发现错误时,请登录异步社区,按书名搜索,进入本书页面,单击"提交勘误",输入勘误信息,单击"提交"按钮即可。本书的作者和编辑会对您提交的勘误进行审核,确认并接受后,您将获赠异步社区的 100 积分。积分可用于在异步社区兑换优惠券、样书或奖品。

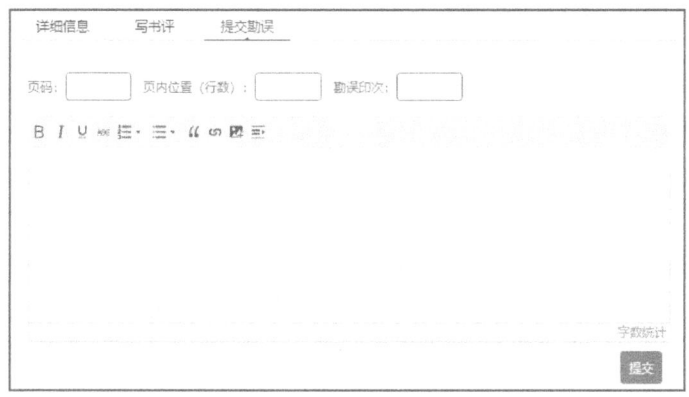

扫码关注本书

扫描下方二维码,您将会在异步社区微信服务号中看到本书信息及相关的服务提示。

与我们联系

我们的联系邮箱是 contact@epubit.com.cn。

如果您对本书有任何疑问或建议，请您发邮件给我们，并请在邮件标题中注明本书书名，以便我们更高效地做出反馈。

如果您有兴趣出版图书、录制教学视频，或者参与图书翻译、技术审校等工作，可以发邮件给我们；有意出版图书的作者也可以到异步社区在线提交投稿（直接访问 www.epubit.com/selfpublish/submission 即可）。

如果您是学校、培训机构或企业，想批量购买本书或异步社区出版的其他图书，也可以发邮件给我们。

如果您在网上发现有针对异步社区出品图书的各种形式的盗版行为，包括对图书全部或部分内容的非授权传播，请您将怀疑有侵权行为的链接发邮件给我们。您的这一举动是对作者权益的保护，也是我们持续为您提供有价值的内容的动力之源。

关于异步社区和异步图书

"异步社区"是人民邮电出版社旗下IT专业图书社区，致力于出版精品IT技术图书和相关学习产品，为作译者提供优质出版服务。异步社区创办于2015年8月，提供大量精品IT技术图书和电子书，以及高品质技术文章和视频课程。更多详情请访问异步社区官网 https://www.epubit.com。

"异步图书"是由异步社区编辑团队策划出版的精品IT专业图书的品牌，依托于人民邮电出版社近30年的计算机图书出版积累和专业编辑团队，相关图书在封面上印有异步图书的LOGO。异步图书的出版领域包括软件开发、大数据、AI、测试、前端、网络技术等。

异步社区

微信服务号

目录

第 1 部分　MATLAB 基础

第 1 章　使用 MATLAB 数据 · 2
- 1.1　简介 · 2
- 1.2　数组 · 2
  - 1.2.1　数值数组 · 4
  - 1.2.2　使用标量、向量和矩阵做数学计算 · 9
  - 1.2.3　向量和矩阵的统计计算 · 15
  - 1.2.4　从数值向量和矩阵提取值 · 18
  - 1.2.5　统计元素个数 · 24
  - 1.2.6　向量和矩阵排序 · 26
  - 1.2.7　关系表达式和逻辑数组 · 29
  - 1.2.8　处理 NaN（Not-a-Number）· 33
  - 1.2.9　处理缺失数据 · 37
- 1.3　字符数组 · 38
  - 1.3.1　连接字符数组 · 41
  - 1.3.2　字符串数组 · 41
- 1.4　灵活的数据结构 · 44
  - 1.4.1　元胞数组 · 44
  - 1.4.2　结构体数组 · 46
  - 1.4.3　表格 · 48
- 1.5　参考资料 · 57

1.6 扩展阅读 ··· 57

第 2 章 使用日期和时间 ··· 58

2.1 简介 ··· 58
2.2 金融背景：日期和时间为何重要 ·· 58
    2.2.1 第 1 个挑战：天数计算惯例 ··· 59
    2.2.2 第 2 个挑战：日期格式 ·· 60
2.3 MATLAB 中的日期和时间 ··· 60
    2.3.1 Datetime 变量 ··· 61
    2.3.2 日期转换 ·· 69
    2.3.3 日期生成函数 ··· 74
    2.3.4 Duration 数组 ·· 78
    2.3.5 日历持续时间 ··· 81
    2.3.6 日期计算和操作 ·· 84
    2.3.7 绘制日期 ··· 89
2.4 参考资料 ·· 90

第 3 章 MATLAB 基本编程 ··· 91

3.1 简介 ·· 91
    3.1.1 算法 ·· 91
    3.1.2 自己动手编写还是使用内置代码 ·· 92
3.2 MATLAB 脚本和函数 ·· 92
    3.2.1 脚本 ·· 93
    3.2.2 编写函数 ··· 98
    3.2.3 if 语句 ··· 104
    3.2.4 模块化编程 ·· 106
    3.2.5 图形交互方式 ··· 113
    3.2.6 测试和调试 ·· 115
3.3 参考资料 ·· 117

第 4 章 处理金融数据 ··· 118

4.1 简介 ·· 118

4.2 获取金融数据 ·· 118
4.2.1 股票收盘价和调整后的收盘价 ·· 119
4.2.2 下载数据 ·· 119
4.2.3 以交互方式导入数据 ·· 122
4.2.4 使用脚本自动导入数据 ·· 124
4.2.5 使用函数自动导入数据 ·· 126
4.2.6 编程导入数据 ·· 132
4.3 导入电子表格数据 ·· 139
4.3.1 使用导入工具导入电子表格数据 ·· 139
4.3.2 编程导入电子表格数据 ·· 140
4.4 数据可视化 ·· 141
4.4.1 内置绘图函数 ·· 141
4.4.2 使用绘图工具 ·· 143
4.4.3 使用命令绘图 ·· 143
4.4.4 其他绘图工具 ·· 146
4.4.5 内置金融图形 ·· 155
4.5 参考资料 ·· 158

第 2 部分　MATLAB 金融计算

第 5 章　货币的时间价值 ·· 160
5.1 简介 ·· 160
5.2 金融背景 ·· 161
5.2.1 单期现金流量的终值 ·· 161
5.2.2 多期现金流量终值 ··· 165
5.2.3 单期现金流现值 ·· 167
5.2.4 多期变化现金流的现值 ·· 168
5.3 MATLAB 中的货币时间价值函数 ·· 169
5.3.1 固定现金流终值计算函数 ·· 170
5.3.2 变化现金流终值计算函数 ·· 171
5.3.3 固定现金流现值计算函数 ·· 172
5.3.4 变化现金流现值计算函数 ·· 173

- 5.4 内部收益率 ······ 176
- 5.5 实际利率（有效利率）······ 177
- 5.6 复合年均增长率 ······ 177
- 5.7 连续利息 ······ 179
- 5.8 贷款 ······ 179
- 5.9 参考资料 ······ 181

第 6 章 债券 ······ 182
- 6.1 简介 ······ 182
- 6.2 金融背景 ······ 183
  - 6.2.1 债券分类 ······ 183
  - 6.2.2 债券术语 ······ 183
- 6.3 MATLAB 债券函数 ······ 185
  - 6.3.1 美国短期国库券 ······ 185
  - 6.3.2 债券估价原则 ······ 186
  - 6.3.3 计算债券价格 ······ 187
  - 6.3.4 计算债券收益率 ······ 190
  - 6.3.5 计算债券的总收益率 ······ 192
  - 6.3.6 定价贴现债券 ······ 194
- 6.4 债券分析 ······ 194
  - 6.4.1 利率风险 ······ 195
  - 6.4.2 衡量利率敏感性 ······ 197
  - 6.4.3 收益率曲线 ······ 204
- 6.5 可赎回债券 ······ 206
- 6.6 参考资料 ······ 208
- 6.7 扩展阅读 ······ 208

第 7 章 应对不确定性和风险 ······ 209
- 7.1 简介 ······ 209
- 7.2 金融风险概述 ······ 210
- 7.3 数据洞察 ······ 210
  - 7.3.1 数据可视化 ······ 211

        7.3.2 单列绘制 ······212
        7.3.3 多列绘制 ······213
        7.3.4 定制图形 ······213
        7.3.5 直方图 ······214
        7.3.6 集中量数 ······216
        7.3.7 数据离散度度量 ······217
    7.4 数据关系 ······223
        7.4.1 协方差和相关性 ······223
        7.4.2 相关系数 ······224
    7.5 创建基本的模拟模型 ······225
    7.6 风险价值（VaR） ······230
    7.7 参考资料 ······232
    7.8 扩展阅读 ······233

第 8 章 股权衍生品 ······234
    8.1 简介 ······234
    8.2 期权 ······235
        8.2.1 期权报价 ······236
        8.2.2 市场机制 ······237
        8.2.3 期权定价因素 ······237
    8.3 期权定价模型 ······238
        8.3.1 套利 ······238
        8.3.2 二项式期权定价 ······239
        8.3.3 布莱克-斯科尔斯期权定价模型 ······243
    8.4 期权的用途 ······246
        8.4.1 套期保值 ······246
        8.4.2 投机与杠杆 ······246
        8.4.3 期权价差 ······247
    8.5 补充内容：其他衍生品 ······248
        8.5.1 商品和能源 ······248
        8.5.2 信用衍生品 ······248
        8.5.3 奇异期权 ······248

8.6 参考资料 ··· 249
8.7 扩展阅读 ··· 249

第 9 章 投资组合 ····································· 250

9.1 简介 ··· 250
9.2 金融背景 ··· 250
9.3 投资组合优化 ····································· 252
9.4 MATLAB 投资组合对象 ···························· 252
　9.4.1 面向对象编程 ································ 253
　9.4.2 一个简单例子 ································ 253
　9.4.3 使用表格中的数据 ···························· 260
9.5 参考资料 ··· 262

第 10 章 回归和时间序列 ····························· 263

10.1 简介 ·· 263
10.2 基本回归 ·· 263
　10.2.1 理解最小二乘法 ···························· 265
　10.2.2 模型表示法 ································ 266
　10.2.3 使用 polyfit 和 polyval 函数拟合多项式 ······ 267
　10.2.4 线性回归方法 ······························ 269
10.3 使用时间序列 ··································· 272
　10.3.1 步骤 1：加载数据（单列）··················· 272
　10.3.2 步骤 2：创建 FTS 对象 ····················· 273
　10.3.3 步骤 3：使用 FTS 工具 ····················· 274
10.4 参考资料 ······································· 275

附录 A 分享你的工作 ································ 276

附录 B MATLAB 内置函数参考 ······················ 286

第 1 部分　MATLAB 基础

第 1 章
使用 MATLAB 数据

1.1 简介

MATLAB 是 "matrix laboratory"（矩阵实验室）的缩写，除了矩阵之外，MATLAB 还可以处理其他多种数据类型。本章将为你讲解几种常见的数据类型和相应的处理函数。

本章和后续各章都假定你已经知道如何打开 MATLAB，在命令窗口中输入命令，以及创建和识别变量及其类型。如果你尚未掌握这些内容，建议你先去学习 MATLAB 入门培训课程，这些课程在 The MathWorks MATLAB Academy 网站都是免费的，你只需花几个小时就能学完。

本章主要内容如下：

- MATLAB 数组类型；
- 弹性数据结构。

本章学习要用到的软件：MATLAB 软件。

1.2 数组

数组是一个由行和列组成的数据序列。行数和列数通常表示为 $r×c$（r 为行数，c 为列数）或 $m×n$（m 为行数，n 为列数）。表 1.1 中列出了一些用来区分数组的术语。

在 MATLAB 中，"数组"这个术语有可能给我们带来困扰，因为 MATLAB 允许数组包含不同类型的数据。我们可以把数组想象成一个容器，即在一个变量中存储了多个值（标量除外，标量只有一个值）。在某些情况下，这些值是相同类型的：数值或字符（比如字母）；

在另一些情况下，这些值也可以是不同类型的。表 1.2 列出了常见的数组类型，后面我们会详细讲解每一种类型。

表 1.1　　　　　　　　　　MATLAB 数据术语

术语	大小	示例
标量	1×1（1 行×1 列）	7
行向量	1×n（1 行×n 列）	[1 2 3]
列向量	m × 1（m 行×1 列）	$\begin{bmatrix} 1 \\ 2 \\ 3 \end{bmatrix}$
矩阵	m × n（m 行×n 列）	$\begin{bmatrix} 1 & 3 \\ 2 & 4 \end{bmatrix}$

表 1.2　　　　　　　　　　MATLAB 数组类型

数组类型	说明	示例
元胞数组	元胞数组可以包含任何数据类型，包括字符串、数字或两者的组合	行向量元胞数组： {1, 'a', 'text', 1:10} 2×2 元胞数组矩阵： {1, 'a'; 'text', 1:10}
字符	字符序列，一般是短的文本片段	'a b c'
日期和时间	用来表示日期、时间和持续时间，详细内容见第 2 章	Datetime('1-Jan-2016') Duration(6,1,15) [6 小时，1 分，15 秒]
逻辑值	真值（1）或假值（0）对应于某个关系的逻辑值（比如 x>y）	val = 5 < 3 val = $\dfrac{\text{logical}}{0}$
字符串	存储文本	"Hello"（字符串使用双引号括起，而字符数组使用单引号）
结构体	把逻辑相关的数据组织到名为"字段"的数据容器中，每个字段可以包含任何类型的数据	Structure Name: Employee Fields: Employee.LastName Employee.FirstName Employee.HireDate

1.2.1 数值数组

在 MATLAB 中，标量是 1×1 的数组，行向量是 1×n 的数组，列向量是 m×1 的数组。你可以在命令行窗口中输入一个数值来创建一个标量（所有输入以斜体字表示）。

```
7
ans =
     7
```

通常，我们都会把输入值指派给某个变量，以便再次使用它。

```
x = 7
x =
     7
```

请注意，在 MATLAB 中，你不能直接输入一个字符，因为 MATLAB 无法识别它：

```
a
Undefined function or variable 'a'
```

你可以直接输入'a'（请注意，要使用单引号括起），它会被赋给 ans 变量，但这对以后的引用不是很有用。我们最好创建一些变量来保存数据，这样当后面再次用到这些数据时，就不必重复输入这些数据了。

在 MATLAB 中，变量的命名规则简单明了：

- 以字母打头；
- 只包含字母、数字、下划线；
- 长度不超过 63 个字符。

在本书中，我们在为变量和函数命名时会尽量大小写混用，并且以小写字母打头。如果名称中包含两个或两个以上的单词，我们会将除第一个单词之外的每个单词的首字母大写，以提高可读性，如下所示：

```
myVariable = value
```

在 MATLAB 命令行窗口中，创建向量的方法有很几种。

1. 行向量

把数值放入方括号中，即可创建出行向量。

```
x = [1 2 3 4]
x =
     1     2     3     4
```

2. 列向量

我们可以使用如下两种方法创建列向量。

第 1 种方法：把数值放入方括号，各个数值之间使用分号隔开。

```
x = [1; 2; 3; 4]
x =
    1
    2
    3
    4
```

第 2 种方法：在行向量后面添上竖撇号，将其转置得到列向量。

```
x = [1 2 3 4]'
x =
    1
    2
    3
    4
```

3. 矩阵

我们可以使用创建向量的方法来创建矩阵。在创建矩阵时，把矩阵的各个元素放入到一个方括号中，各行之间使用分号分隔。下面创建一个 2×3 的矩阵，如下：

```
x = [1 2 3; 3 4 5]
x =
    1    2    3
    3    4    5
```

同样，我们可以使用转置操作符对矩阵进行转置：

```
x'
x =
    1    4
    2    5
    3    6
```

4. 连接

我们可以通过连接大小一致的向量来创建矩阵，只要把这些向量放入方括号中即可。请注意，在 MATLAB 中，注释行以%打头，注释行用来为用户提供说明，它们不会被

MATLAB 作为命令或输入运行。

```
a = [1 2 3];
b = [4 5 6];
% 水平连接
c = [a b]
c =
     1     2     3     4     5     6

% 垂直连接
d = [a;b]
d =
     1     2     3
     4     5     6
```

当你试图连接大小不同的向量（或矩阵）时，MATLAB 会产生一个错误：

```
x = [9; 10]
x =
     9
    10
% 垂直连接
y = [d; x]

Error using vertcat
Dimensions of matrices being concatenated are not consistent.
```

5. 向量生成函数

MATLAB 还为我们提供了一些用来创建向量和矩阵的方法和函数。使用这些方法和函数比手动输入各个元素来创建向量和矩阵要快得多。表 1.3 列出了用来创建向量的函数。

表 1.3　　　　　　　　　　　用来创建向量的函数

方法/函数	说明	示例
冒号	格式：z = x:dt:y 创建一个从 x 到 y 的向量。dt 为增量，默认值为 1	z = 1: 5 z = 　　1　　2　　3　　4　　5 z = 1:3:10 z = 　　1　　4　　7　　10
linspace	z = linspace(x, y,元素个数) 创建一个包含指定元素个数的向量	z = linspace(1,2,3) z = 　　1.00　　1.50　　2.00

方法/函数	说明	示例

ones	创建一个数组,数组的每个元素都是1,也可以用来创建矩阵	>> % 1×2 向量
		z = ones(1,2)
		z =
		    1
		>> % 2×2 矩阵
		z = ones(2)
		z =
		    1 1
		    1 1

zeros	创建一个数组,数组的每个元素都是0。也可以用来创建矩阵	>> % 1×2 向量
		x = zeros(1,2)
		x =
		    0 0
		>> % 2×2 矩阵
		x = zeros(2)
		x =
		    0 0
		    0 0

eye	创建一个单位矩阵,主对角线上的元素为1,其他全为0	z = eye(2)
		z =
		    1 0
		    0 1

后面讲投资风险和概率时会详细介绍这些函数。MATLAB 还为我们提供了一些用来创建随机数的函数,如表 1.4 所示。

表 1.4 　　　　　　　　　用来创建随机数的函数

函数	说明	示例

rand(size)	产生均匀分布的随机数或介于 0~1 之间的数字序列	>> % 单个值
		x = rand()
		x =
		    0.9649
		>> % 1×2 向量
		x = rand(1,2)
		x =
		    0.1576 0.9706

续表

函数	说明	示例
| | | ```
>> % 2×2 矩阵
x = rand(2)
x =
    0.4854    0.1419
    0.8003    0.4218
``` |
| randi(maximumValue)<br>randi(maximumValue,n)<br>randi(maximumValue,r,c) | 产生均匀分布的随机整数，这些数介于 1~maximumValue 之间 | ```
>> % 介于 1~100 之间的随机标量
x = randi(100)
x =
    83

>> % 介于 1~100 之间的 1×2 的随机向量
x = randi(100,1,2)
x =
    70    32

>> % 介于 1~100 之间的 2×2 的随机矩阵
x = randi(100,2)
x =
    96    44
     4    39
``` |
| randn(size) | 产生一个正态分布的随机数字或数字序列 | ```
>> % 服从正态分布的随机标量
x = randn
x =
    0.3129

>> % 服从正态分布的 1×2 随机向量
x = randn(1,2)
x =
   -0.8649   -0.0301

>> % 服从正态分布的 2×2 随机矩阵
x = randn(2)
x =
   -0.1649    1.0933
    0.6277    1.1093
``` |
```

值得注意的是，上面这些函数产生的结果都是伪随机数。关于伪随机数和真随机数的解释有点高深，本质上讲，伪随机数是基于某个算法产生的，同样的初始设置会产生同样的序列。关于随机数生成函数产生随机数的细节，请阅读 MATLAB 说明文档。

1.2.2 使用标量、向量和矩阵做数学计算

在 MATLAB 中，我们可以对数据做各种数学运算。数组结构（标量、向量、矩阵）会对运算程序产生影响。

1. 标量

标量运算有加法、减法、乘法、除法、求幂，以及其他大量运算函数。表 1.5 中列出了最常见的标量运算。

表 1.5　　　　　　　　　　常见标量运算

运算	符号	示例
加法	+	数值：100+200 变量：x+y 字符：'a'+1 日期：datetime('1-Jan-2018') + 5
减法	−	用法同上
乘法	*	100*200 x*y x*5
右除	/	10/5 = 2 x/y
左除	\	10\5 = 0.50 x\y
求幂	^	2^3 = 8 x^y
平方根	函数：sqrt()	sqrt(144) = 12

为了避免冲突，上面这些运算符遵循如下优先级（从高到低）：

- 圆括号：()
- 幂运算：^

- 负号：-
- 乘法和除法：*、/、\
- 加法和减法：+、-

例如，(2+6)*3 不等于 2+6*3：

```
(2 + 6) * 3
ans =
    24

2 + 6 * 3
ans =
    20
```

2. 向量和矩阵

MATLAB 提供的许多数学函数都是向量化的，也就是说，你可以直接把它们应用到向量（或标量）和矩阵上。下面以 sqrt 函数为例进行说明：

```
x = [81 144];
sqrt(x)
ans =
     9    12

y = randi(100,2)
y =
    82    13
    91    92

sqrt(y)
ans =
    9.0554    3.6056
    9.5394    9.5917
```

我们还可以对向量、矩阵和标量做加法、减法、乘法和除法运算。

```
x + 10
ans =
    91   154

y * 2
ans =
   164    26
   182   184
```

相比之下，向量和矩阵之间的其他数学运算要复杂得多。假设你有一个投资组合，投资持有量（numShares）和当前市场价格（mktVals）都是已知的，这些数据分别保存在两个列向量中。

```
numShares = [100;200]
numShares =
    100
    200

mktVals = [38;65]
mktVals =
    38
    65
```

那么，投资组合总市值为$(100 \times 38) + (200 \times 65) = 16800$（美元）。计算投资组合总市值最直观的方法是把 numShares 与 mktVals 相乘，但在 MATLAB 中你不能直接使用乘号（*），否则会产生错误。

```
portVal = numShares * mktVals
Error using *
Inner matrix dimensions must agree.
```

这里就需要用到数组运算。当两个向量或矩阵大小相同时，你可以对它们对应的元素进行运算。为此，MATLAB 为我们提供了点操作符（.）。

乘法：.*
除法：./
求幂：.^

例子：

```
portVal = numShares .* mktVals
portVal =
        3800
       13000

% 调用 sum 函数把两个向量对应元素的积累加起来

portValTotal = sum(numShares .* mktVals)
portValTotal =
       16800

% ./是.*的逆运算
```

```
portVal ./ numShares
ans =
    38
    65

% 矩阵乘法就是把两个矩阵的对应元素相乘

a = [1 2 ; 3 4]
a =
    1    2
    3    4

b = [5 6 ; 7 8]
b =
    5    6
    7    8

c = a .* b
c =
     5    12
    21    32

% 向量和矩阵求幂
% ^求幂运算仅适用于方阵，应用到其他大小的向量和矩阵上会发生错误

x = [1 2;3 4];
x^2
ans =
     7    10
    15    22

x = [1 2 3];
x^2
Error using ^
One argument must be a square matrix and the other must be a scalar.
Use POWER (.^) for elementwise power.

% 使用.^可以逐个元素求幂
x = [1 2 3]:
x.^2
ans =
    1    4    9
```

数组乘法和除法是逐个元素进行的,因此参与运算的数字必须大小相同。矩阵乘法和除法不要求数组大小相同,但要求行-列是相容的,如表 1.6 所示。

表 1.6 行-列相容

矩阵 A	矩阵 B	结果
大小:$m \times n$	$n \times p$	$m \times p$
例子:2×3	3×1	2×1

换言之,第 2 个矩阵的行数必须和第一个矩阵的列数相同。当这个条件满足时,我们就可以使用*(星号)对两个矩阵做乘法运算。

```
% 2 × 3
a = [1 2 3; 4 5 6]
a =
     1     2     3
     4     5     6

% 3 × 1
b = [7 8 9]'
b =
     7
     8
     9
>> % 结果为 2 × 1
   a * b
   ans =
      50
     122
```

3. 数组重整

在数据分析过程中,我们所遇到的数组数据的形状很可能和需要的不一样。为此,MATLAB 提供了 reshape 函数,这个函数允许我们重排数据,新形状包含的元素个数和原始形状一样。假设你得到的数据保存在一个 10×1 的向量中,但你想要的是一个 2×5 的矩阵。这时,我们就可以使用 reshape 函数把一个 10×1 的向量重整成一个 2×5 的矩阵。reshape 函数的语法如下:

reshape(原始数组,目标行数,目标列数)

```
% A是一个10×1的矩阵
A = rand(10,1);

% 重整为 5 × 2
B = reshape(A,5,2)
B =
    0.8147    0.0975
    0.9058    0.2785
    0.1270    0.5469
    0.9134    0.9575
    0.6324    0.9649
```

reshape 函数还有其他功能，例如使用 reshape 函数重整原始数据时，你可以添加新的维度，前提是你有足够多的数据点。比如，你可以通过 reshape 函数的第 4 个参数（该参数是可选的，在本例中为 2）把矩阵 A 重整成三维矩阵（行、列、高）。

```
C = reshape(A,5,1,2)
C(:,:,1) =
    0.8147
    0.9058
    0.1270
    0.9134
    0.6324
C(:,:,2) =
    0.0975
    0.2785
    0.5469
    0.9575
    0.9649
```

我们很难对矩阵 C 进行可视化，但是它包含两个 5×1 的矩阵和另一个矩阵 C(:, :, 2)，它们堆叠在平面中，且位于 C(:, :, 1)之后。如果你的数据是按逻辑组织的，并且行列维数多于两维，这种在另外维度中存储数据的功能会非常有用。例如，当你分析销售数据的时候，这些数据来自于多个零售网点，那么你可能会把产品放在竖轴，时间放在横轴，每个网点的数据存放在不同平面中：网点 1、网点 2……

在重整后的矩阵中，你不必同时指定行数和列数，但至少知道两者中的一个。我们要在行或列输入参数的位置上插入一对空的方括号，reshape 函数会根据矩阵的大小生成适量的行数或列数，如下所示：

```
% A有10,000数据点
A = rand(10000,1);
```

```
% 通过指定行数重整 A
B = reshape(A, 100,[]);

% 产生一个100×100 的矩阵，或指定所需的列数

B = reshape(A,[],50);
% 生成一个 200 × 50 的矩阵
```

1.2.3 向量和矩阵的统计计算

关于 MATLAB 的统计工具，我们将在第 7 章详细讲解，本节只做简单介绍。假设你正在研究 S&P 500（标准普尔 500 指数）的历史回报率。在这个例子中，我们使用的数据是从 1928 年到 2016 年这 89 年间每年的回报率，这些数据存放在一个 89×1 的数值向量中（包含 1928 年）（这些数据来自于 NYU Stern 历史回报率数据库）。

接下来，我们使用 MATLAB 提供的基本统计函数大致了解一下这些数据，这些基本统计函数有：

> **max**(数组)：获取最大元素
> **min**()：获取最小元素
> **mean**()：计算平均值
> **median**()：计算中位数
> **std**()：计算标准差
> **var**()：计算方差
> **corrcoef**()：计算矩阵的相关系数

下面是使用以上函数对股票回报率数据的计算结果（结果是年度百分比）：

```
max(stockReturns)
ans =
    52.5600

min(stockReturns)
ans =
    -43.8400

mean(stockReturns)
ans =
    11.4158

median(stockReturns)
```

```
ans =
   13.5200

std(stockReturns)
ans =
   19.7029

var(stockReturns)
ans =
  388.2034
```

相关系数这个统计指标很有用，它指的是两个变量变化的相关程度。如果相关系数的值为 1.0，则表示两个变量完全相关，同步变动；如果值为 -1.0，则表示它们沿相反的方向变化；若值接近 0，则表示两个变量不存在显著的统计关系。

在 MATLAB 中，我们可以使用 corrcoef() 函数来计算相关系数。在下面的例子中，输入 SBB（股票、短期国库券、长期国库券）是一个 89×3 的矩阵，3 个列分别是 S&P 500（列 1）、3 个月国库券（列 2）和 10 年国库券（列 3）的年回报率。

```
corrcoef(SBB)
ans =
    1.0000   -0.0259   -0.0259
   -0.0259    1.0000    0.2945
   -0.0259    0.2945    1.0000
```

上面计算得到的相关系数表示的是两两之间的关系，它们的顺序如表 1.7 所示。

表 1.7　　　　　　　　　　股票、短期国库券、长期国库券

S&P 500 / S&P 500	S&P 500 / T-bills	S&P 500 / T-bonds
S&P 500 / T-bills	T-bills / T-bills	T-bills / T-bonds
S&P 500 / T-bonds	T-bills / T-bonds	T-bonds / T-bonds

每个收益序列与自身完全相关，相关系数值 1.0000 出现在矩阵的主对角线上。

一般来讲，统计函数会分别计算各个列。比如，对 SBB 矩阵应用 mean 函数，我们会得到一个 1×3 的向量，里面包含 3 个列的平均值。

```
mean(SBB)
ans =
   11.4158    3.4610    5.1798
```

此外，还有其他一些数学函数也是按列计算的，如下：

> **sum()**：按列把数组元素相加（结果为标量）
> **prod()**：按列把数组元素相乘（结果为标量）
> **cumsum()**：按列计算数组元素的累加和（结果为向量或矩阵）
> **cumprod()**：按列计算数组元素的累计乘积（结果为向量或矩阵）

下面这个例子演示了这几个函数的用法：

```
x = [1 2 3 4 5]';
y = [6 7 8 9 10]';
z = [x,y]
z =
     1     6
     2     7
     3     8
     4     9
     5    10

% 计算各个列的和
sum(z)
ans =
    15    40

% 计算各个列的乘积
prod(z)
ans =
       120       30240

& 沿列做累加和
cumsum(z)
ans =
     1     6
     3    13
     6    21
    10    30
    15    40

% 沿列做累计乘积
cumprod(z)
ans =
         1         6
         2        42
         6       336
        24      3024
       120     30240
```

1.2.4 从数值向量和矩阵提取值

在某些情况下,你可能只想使用数据集的一部分。例如,你可能想要一个只包含从 1990 年到 2016 年这 27 年 SBB 数据的矩阵,或者只包含某个经济萧条期 SBB 数据的矩阵。MATLAB 为我们提供了几种索引方法,用来帮助提取某个数据集的子集。对于不同的数组类型,每种方法的具体细节也不一样,所以本章我们会多次讲到有关索引的内容。

1. 按行和列索引

向量中的每个元素都有一个唯一的地址,它是基于行坐标和列坐标的。假设有一个 3×3 的矩阵,行与列的索引参考值如表 1.8 所示。

表 1.8　　　　　　　　　　行和列的索引参考值

(Row 1, Col. 1) = (1,1)	(1,2)	(1,3)
(2,1)	(2,2)	(2,3)
(3,1)	(3,2)	(3,3)

3×3 矩阵如下:

```
M = rand(3)
M =
    0.0502    0.4823    0.4509
    0.1445    0.3381    0.1855
    0.7294    0.2368    0.3243
```

行列索引格式为:矩阵名称(行,列)。若想提取矩阵 *M* 中的第 1 行第 3 列的值,则需要输入:

```
M(1,3)
ans =
    0.4509
```

这个方法适用于所有矩阵元素。行向量或列向量只需要用一个索引:

```
m = [10,20,30]
m =
    10    20    30
m(2)
ans =
    20
```

有时，矩阵很大，我们很难统计其中的行数和列数（或者统计行数和列数要花很长时间）。MATLAB 为我们提供了几种方法，用以快速找到目标数据。冒号操作符（:）就是其中之一，它用来选出所有行或列，end 表示矩阵的最后一行或最后一列。以下举几个例子：

M(:, c)：列 c 中的所有行
M(end, c)：列 c 中的最后一行（底行）
M(r, :)：第 r 行中的所有列
M(r, end)：第 r 行中的最后一列
M(r, end-1)：第 r 行中的倒数第 2 列

下面以矩阵 *M* 为例子进行说明：

```
M =
    0.0502    0.4823    0.4509
    0.1445    0.3381    0.1855
    0.7294    0.2368    0.3243

M(:,1)
ans =
    0.0502
    0.1445
    0.7294

M(end,2)
ans =
    0.2368

M(2,:)
ans =
    0.1445    0.3381    0.1855

M(3,end)
ans =
    0.3243

M(1,end-1)
ans =
    0.4823
```

2. 线性索引

除了使用行-列索引之外，我们还可以通过线性索引来获取一个元素。线性索引是按列顺序编号的，第一个元素(1,1)为 1，沿列依次往下编号，第 1 列编完之后，转到第 2 列，

以此类推。下面以矩阵 M 为例子进行说明。

```
M =
    0.0502    0.4823    0.4509
    0.1445    0.3381    0.1855
    0.7294    0.2368    0.3243

M(4)
ans =
    0.4823

M(7)
ans =
    0.4509
```

在 MATLAB 中，我们可以使用 sub2ind 函数把行列索引转换成线性索引。sub2ind 函数的第 1 个参数是 size 函数，size 函数会返回矩阵的行数和列数。比如：

```
[r,c] = size(M)
r =
    3
c =
    3
```

sub2ind(size(M), M 的哪一行, M 的哪一列)

对于矩阵 M，它的第 2 行第 3 列的线性索引为：

```
linIdx=sub2ind(size(M),2,3)
linIdx =
    8
```

不可否认，获取小矩阵的线性索引值是比较容易的，但是如果你处理的矩阵非常大，或者在一个更大的程序中执行 sub2ind 函数，上面的方法就不太现实了。

与 sub2ind 函数相对应，MATLAB 为我们提供了 ind2sub 函数，你可以使用这个函数把元素的线性索引转换成行列索引。

ind2sub(size(M), linear index)

```
[r, c] = ind2sub(size(M), 8)
r =
    2
c =
    3
```

3. 提取多个元素

前面例子讲的都是如何提取单个元素、整行、整列。其实，我们可以同时提取多个元素，只要给出行列向量或线性索引即可。这时，我们要使用方括号来指出哪一行以及哪一列。

```
% 提取位于第 1、3 行和第 2、3 列的元素
M([1 3],[2 3])
ans =
    0.4823    0.4509
    0.2368    0.3243

% 提取位于第 1、2 行和最后一列的元素
M([1 2],3)
ans =
    0.4509
    0.1855

% 或者

M([1,2], end)
ans =
    0.4509
    0.1855
```

我们可以通过把线性索引放入一个方括号来提取多个非相邻的元素。

```
M([1 4 8])
ans =
    0.0502    0.4823    0.1855
```

4. 更改单个元素

我们可以通过索引改变向量和矩阵的元素，只要把替换值指派到目标索引位置即可。

```
% 替换 x 中的第 3 个元素
x =
    1
    2
    3
    4
    5
```

```
x(3) = 5
x =
    1
    2
    5
    4
    5

% 替换 M 中的(2,3)元素
M =
    0.0502    0.4823    0.4509
    0.1445    0.3381    0.1855
    0.7294    0.2368    0.3243

M(2,3) = 0.50
M =
    0.0502    0.4823    0.4509
    0.1445    0.3381    0.5000
    0.7294    0.2368    0.3243
```

5．更改多个元素

当需要同时更改一个向量的多个值时，我们要使用方括号指出目标元素，并且替换元素也要放入一个方括号中。

```
x([1 5]) = [0 7]
x =
    0
    2
    5
    4
    7
```

对于矩阵，我们要使用表示所有行或列的行列符号或线性索引：

```
% 所有行和第 1 列的行列索引
M(:,1) = [0.35;0.45;0.65]
M =
    0.3500    0.4823    0.4509
    0.4500    0.3381    0.5000
    0.6500    0.2368    0.3243

% 使用第 2、5、8 元素的线性索引
M([2,5,8]) = [0 0 0]
```

```
M =
    0.3500    0.4823    0.4509
         0         0         0
    0.6500    0.2368    0.3243
```

6. 使用对应向量索引

做数据分析时，对一个数据集的分析结果经常会被应用到另外一个数据集上。例如，你有关于股票、长期国库券、短期国库券的数据，这些数据保存在列向量中，年份（从 1928～2016 年）保存在 returnYears 列向量中。我们可以对 SP500 回报率向量应用 max 函数，找出最高年回报率：

```
% 使用 max 函数找出 SP500 向量中最高的年回报率及其所在的行

[maxReturn,idx] = max(SP500)
maxReturn =
         52.56
idx =
         27.00
```

在上面的代码中，max 函数返回了两个变量，它们位于一对方括号中。maxReturn 是所有年回报率中的最大值（52.56%），idx 是一个索引值，它是 SP500 向量中的一个行号，该行即年回报率最大值所在的位置。我们可以使用这个索引从 returnYears 向量中找出最大年回报率出现的年份。

```
% 使用 idx 从 returnYears 向量中找出 maxReturn 出现的年份

maxYear = returnYears(idx)
maxYear =
  datetime
    1954
```

在下面使用 min 函数的例子中，你能更清楚地看到这个过程。

```
x = rand(1,5)
x =
    0.8147    0.9058    0.1270    0.9134    0.6324

[value, index] = min(x)
value =
    0.1270
index =
    3
```

```
y = rand(1,5)
y =
    0.0975    0.2785    0.5469    0.9575    0.9649
y(index)
ans =
    0.5469
```

使用 index 从 y 向量的同一位置（3 号位置，即 x 最小值所在的位置）获取一个值。但这个值并不是 y 向量中的最小值，索引表示的是某个值的位置，而非这个值本身。后面我们会进一步讲解索引的有关应用。

1.2.5 统计元素个数

当你在 MATLAB 中创建一个变量时，这个变量的相关细节（包括它的大小）就会显示在工作区窗口中，如图 1.1 所示。

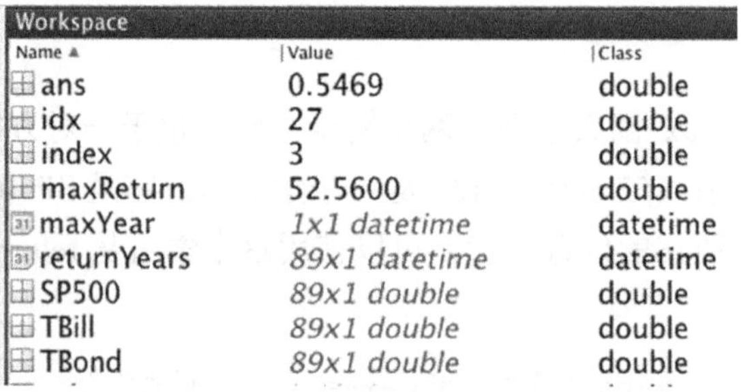

图 1.1 显示在工作区窗口中的变量（转载已经过 MathWorks 许可）

当你需要在一个自动化序列（比如脚本、函数）中引用数组大小时，这种靠视觉检查数组大小的方式会很耗时，而且也不好用。为此，MATLAB 提供了几个函数，帮助我们统计数组元素的个数，你可以在程序的其他函数中使用这个信息，这些函数有 numel 和 nnz 等。

numel(array)：返回数组中元素的个数。

例子：

```
x = [1:10];

numel(x)
ans =
    10
```

```
M = rand(3)
M =
    0.1576    0.4854    0.4218
    0.9706    0.8003    0.9157
    0.9572    0.1419    0.7922

numel(M)
ans =
     9
```

> **nnz**(array) 返回数组中非零元素的个数。

这个函数会检查数组,并返回数组中非 0 元素的个数。后面讲逻辑数组时,我们会详细讲解它。

例子:

```
y = [1 1 0 1];
nnz(y)
ans =
     3
```

> **size** (array,dimension): 返回整个数组或指定维度的大小。

```
M=rand(2,3)
M =
    0.9058    0.9134    0.0975
    0.1270    0.6324    0.2785

size(M)   % 2 行 3 列
ans =
     2     3
```

size 函数的维度参数是可选的,你可以通过指定它来返回行数或列数。

```
size(M,1)
ans =
     2

size(M,2)
ans =
     3
```

> **length** (array): 返回整个数组或指定维度的大小。

length 函数返回的要么是一个矩阵的最大维数,要么是一个向量的长度。这个函数返回的矩阵大小到底是哪个维度的,有时很容易让人混淆。为了避免这种情况,最好只针对向量应用 length 这个函数。

```
x=[1 2 3 4 5];
length(x)
ans =
     5
```

1.2.6 向量和矩阵排序

在很多情况下,我们都需要数据是按某种方式排序的,比如按值的大小升序或降序、按照日期时间、按照字母顺序等。通过排序,我们还可以找出数据中可能引起错误的异常值以及损坏值。在 MATLAB 中,我们可以使用 sort 和 sortrows 函数执行基本的和高级的排序操作。

> **sort**(数组,可选输入参数):对数组元素排序。

如果不指定可选参数,sort 函数会对向量做升序处理。

```
rand(3,1)
x =
    0.9595
    0.6557
    0.0357

% 按升序方式对 x 排序

sort(x)
ans =
    0.0357
    0.6557
    0.9595

% sort 函数也可以用来对字符数组排序

stockSymbols = {'IBM','AAP','FB','PG'};
sort(stockSymbols)

ans =
  1×4 cell 数组
    'AAP'    'FB'    'IBM'    'PG'
```

```
% 对日期排序(第 2 章讲 datetime 变量)

date1 = datetime(2018,6,5)
date1 =
  datetime
    05-Jun-2018

date2 = datetime(2017,3,9)
date2 =
  datetime
    09-Mar-2017

dateVector = [date1;date2]
dateVector =
  2 × 1 datetime 数组
    05-Jun-2018
    09-Mar-2017

sort(dateVector)
ans =
  2 × 1 datetime 数组
    09-Mar-2017
    05-Jun-2018
```

我们可以通过 sort 函数的可选输入参数对排序做更多控制。使用 sort 函数对向量排序时,我们可以为它添加"descend"参数按降序方式排序向量,即按从最大值到最小值的顺序排列向量。

```
sort(x,'descend')
ans =
    0.9595
    0.6557
    0.0357
```

类似地,当我们向一个矩阵应用不带可选参数的 sort 函数时,它会对矩阵的每个列做升序排列。

```
M
M =
    0.1576    0.4854    0.4218
    0.9706    0.8003    0.9157
    0.9572    0.1419    0.7922
```

```
sort(M)
ans =
    0.1576    0.1419    0.4218
    0.9572    0.4854    0.7922
    0.9706    0.8003    0.9157
```

请注意，矩阵 M 第 1 行中的元素在排序后是如何变化的。如果这就是你需要的结果，那没问题。但是，如果你想让各行中的元素在排序后仍然在同一行中，那上面的排序结果就不对了。

在这种情况下，我们可以把 sort 函数的维度参数设置为 2，这样 sort 函数就会按行对矩阵进行排序。当 sort 函数按行排序时，仍然采用升序方式，并且在每一行中，最小值总是位于第 1 列，并且从左到右元素值依次变大。

```
sort(M,2)
ans =
    0.1576    0.4218    0.4854
    0.8003    0.9157    0.9706
    0.1419    0.7922    0.9572
```

使用 sortrows 函数对矩阵排序后，各行中的元素仍然保持不变。这里我们还是以矩阵 M 为例子，其中第 3 行为高亮显示。使用 sortrows 函数对矩阵 M 排序后，你会发现第 3 行中的元素仍然保持不变，它们只是整体移到了第 2 行，其他两行中的元素也没有变化。

sortrows(矩阵或表,可选参数)：这个函数会对矩阵的行进行排序，并且不会破坏各行中的原有元素。

```
M =
    0.1576    0.4854    0.4218
    0.9706    0.8003    0.9157
    0.9572    0.1419    0.7922

sortrows(M)
ans =
    0.1576    0.4854    0.4218
    0.9572    0.1419    0.7922
    0.9706    0.8003    0.9157
```

在默认情况下，sortrows 函数会根据第一列中的元素值对矩阵做升序排列，但是你可以通过添加输入参数的方式进一步控制排序。下面是一个 3×3 的矩阵，它由 1～10 之间的整数组成。

```
N = randi(10,3)
N =
     9    10     3
    10     7     6
     2     1    10
```

% 默认方式下，sort 函数根据第 1 列中的元素值进行升序排列（'ascend'参数可省略不写）

```
sortrows(N,'ascend')
ans =
     2     1    10
     9    10     3
    10     7     6
```

% 根据第 1 列中的元素值进行降序排列

```
sortrows(N,'descend')
ans =
    10     7     6
     9    10     3
     2     1    10
```

% 根据第 3 列中的值进行升序排列

```
sortrows(N,3)
ans =
     9    10     3
    10     7     6
     2     1    10
```

% 根据第 4 列中的值进行降序排列。请注意，在列号之前添加负号

```
sortrows(N,-3)
ans =
     2     1    10
    10     7     6
     9    10     3
```

1.2.7　关系表达式和逻辑数组

在金融计算和程序中经常要做数值比较。如果股票价格高于指定值 x，那就根据 x 算出看涨期权价值 y，如果股票市值低于最大值，就再次运行计算循环等。

1. 关系表达式

MATLAB 提供了多个关系运算符和逻辑数组,这使得我们可以很方便地做数值比较以及使用比较结果。表 1.9 列出了一些关系运算符,你可以使用它们比较数值向量。

表 1.9　　　　　　　　　　　关系运算符

运算符	符号
等于（与赋值运算符=不同）	==（双等号）
大于	>
小于	<
大于等于	>=
小于等于	<=
不等于	~=

这些表达式会生成逻辑数组,要么是标量,要么是矩阵。例如:

```
x = 5;
y = 6;
x==y                    % 使用==比较两个值
ans =
  logical
   0
```

如上所述,关系测试的结果是 0（表示 false）或 1（表示 true）。你还可以在数组之间使用关系运算符。

```
% 比较两个向量
x = [1 2 3];
y = [3 4 5];
x ~= y
ans =
  1 × 3 logical 数组
   1  1  1

% 比较矩阵元素
A = rand(2)
A =
    0.9649    0.9706
```

```
     0.1576    0.9572

% 从矩阵 A 中找出所有大于 0.5 的元素
A > 0.50
ans =
  2 × 2 logical 数组
   1   1
   0   1

% 把一个数组和标量进行比较
x > 2
ans =
  1 × 3 logical 数组
   0   0   1
```

2．逻辑运算和函数

逻辑运算和函数让我们可以做单值或多值测试（同时），比如"如果 x 大于 y"是一个单值测试，而"如果 x 大于 y 且年份大于 2015"是一个同时测试两个条件的多值测试。如果条件成立，函数会返回 1（真），否则返回 0（假）。此外，你还可以做 or、any、all 测试，它们的结果都是逻辑数组，如表 1.10 所示。

表 1.10　　　　　　　　　　逻辑操作符和逻辑函数

逻辑操作符	符号
与	&
或	|
非	~
与（用于标量比较）	&&
或（用于标量比较）	||
逻辑函数	说明
any	如果向量中有元素为 true，则返回 1（true），否则返回 0（false）
all	如果向量中的每个元素都为 true，则返回 1（true），否则返回 0（false）

下面例子中使用的是股票、长期国库券、短期国库券的年回报率，这些数据来自于 SBB 数据文件。

```
% 使用 any 函数判断是否有S&P500亏损大于40%的年份
any(stockReturns < -40)
ans =
  logical
   1
% 使用逻辑函数的结果在年份向量中查找年回报率低于-40%的年份
years(stockReturns < -40)
ans =
        1931

% 是否有S&P500年回报率高于40%的年份
any(stockReturns > 40)
ans =
  logical
   1

% 找出年回报率高于40%的年份
years(stockReturns > 40)
ans =
        1928
        1933
        1935
        1954
        1958
```

使用"与"（&）操作符，找出股票和长期国库券回报率相对较高的年份：

```
% 找出股票回报率高于18%的年份（没显示输出结果）
goodYrStocks = stockReturns > 18
goodYrStocks =
  89 × 1 logical 数组

% 找出长期国库券回报率高于8%的年份（没显示输出结果）
goodYrBonds = bondReturns > 8
goodYrBonds =
  89 × 1 logical 数组

% 使用&运算符找出股票和长期国库券回报率较高的年份（没显示输出结果）
goodYrStocksBonds = goodYrStocks & goodYrBonds;
goodYrStocksBonds =
  89 × 1 logical 数组

% 从年份向量中提取股票和长期国库券回报率较高的年份
years(goodYrStocksBonds)
```

```
ans =
      1979
      1980
      1982
      1983
      1989
```

% 你还可以使用&把两个条件组合起来并作为索引，从年份向量中提取符合条件的年份
```
years(stockReturns > 18 & bondReturns > 8)
ans =
      1979
      1980
      1982
      1983
      1989
```

1.2.8 处理 NaN（Not-a-Number）

MATLAB 提供了 isnan 函数：

> **isnan**(数组): 判断数组的元素是否是 NaN

做数据处理时，数据中出现错误并不稀奇，尤其是当你使用大型的数值数据集时，这种情况就更常见了。MATLAB 提供了数据导入工具，在数据导入过程中，数据导入工具会把这些非数值数据替换成 NaN（Not-a-Number 的缩写），如图 1.2 所示。

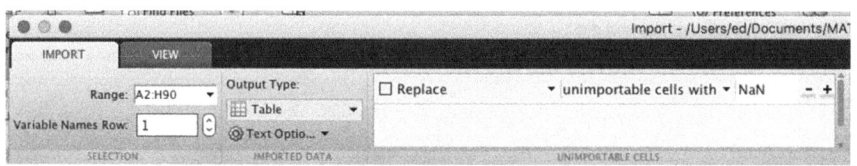

图 1.2　数据导入窗口（转载已经过 MathWorks 许可）

当把 isnan 函数应用到一个数值数组时，它会把数组中的每个数值与 NaN 进行比较，如果数值为 NaN，则返回 1（true），否则返回 0（false）。

```
x = [100 200 NaN 150 300];
isnan(x)
ans =
  1 × 5 logical 数组
   0   0   1   0   0
```

我们经常会把 isnan 的输出结果作为索引，用来从其他向量中提取元素。假设上面例子

x 中的值是年度值,它们分别对应着一个年份:

```
years = [2015:2019]
years =
        2015       2016       2017       2018       2019
```

你可以把 isnan 函数返回的结果作为索引,从 years 向量中找出值为 NaN 的年份:

```
idx = isnan(x)
idx =
  1×5 logical 数组
   0   0   1   0   0

% 以 idx 为索引找出值为 NaN 的年份
years(idx)
ans =
        2017
```

ismissing 和 fillmissing 函数

isnan 函数只是把 NaN 标记出来,它不会识别其他缺失值。例如,如果你使用的数据库中含有历史数据,而开发商使用 000 或类似符号来表示缺失数据点,这时 isnan 就会把这些缺失数据忽略了。在默认情况下,ismissing 函数用来识别数据中的 NaN,但是你可以通过可选参数来指定识别标志。

> **ismissing**(数组,可选参数):该函数用来查找数据中的 **NaN** 和其他特定的缺失数据标志。

```
x=[1234 985 NaN 000 1425];

isnan(x)
ans =
  1×5 logical 数组
   0   0   1   0   0

% isnan 不认识 000 标志,但 ismissing 函数认识

ismissing(x,[000,NaN])
ans =
  1×5 logical 数组
   0   0   1   1   0
```

在处理 NaN 时,standardizeMissing 函数也非常有用。这个函数用来把特定的标志(比如 000 或 999)转换成 NaN,然后返回原始数组的一个拷贝,其中特定的标志被替换成 NaN。

在下面这个例子中，standardizeMissing 函数把 000 替换为 NaN，并返回一个包含了两个 NaN 的数组。

> **standardizeMissing**(原始数组,缺失数据标志)：查找特定的缺失数据标志，并将其替换为 NaN。

```
x=[1234 985 NaN 000 1425];

xS=standardizeMissing(x,000)
xS =
        1234         985         NaN         NaN        1425
```

NaN 有可能会带来计算问题。假如你在研究美国的利率走势，并把 10 年期（从 1998 年到 2017 年）国债每年 1 月 1 日的收益率绘制了出来（我们将在第 7 章中讲解 MATLAB 的绘图功能）。在图 1.3 中，你可以看到国债每年的收益率及总体趋势。

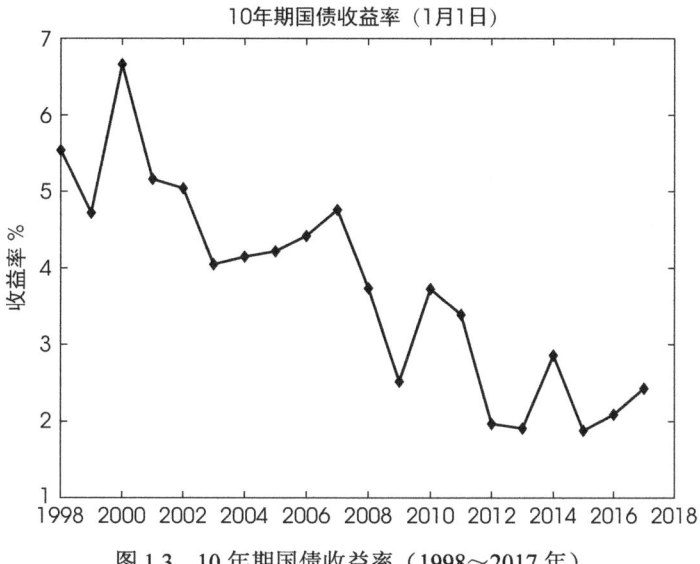

图 1.3　10 年期国债收益率（1998～2017 年）

有了每年的收益率，你就可以使用它计算各种描述统计量：

```
mean(yield)
ans =
    3.7620

std(yield)
ans =
    1.3608
```

```
var(yield)
ans =
    1.8519
```

假如 2008 年 1 月 1 日的收益率数据缺失,当导入数据时,MATLAB 就会为其插入 NaN。在这种情况下,你仍然可以把数据绘制出来,但是在缺失数据的年份处会出现断线,如图 1.4 所示。

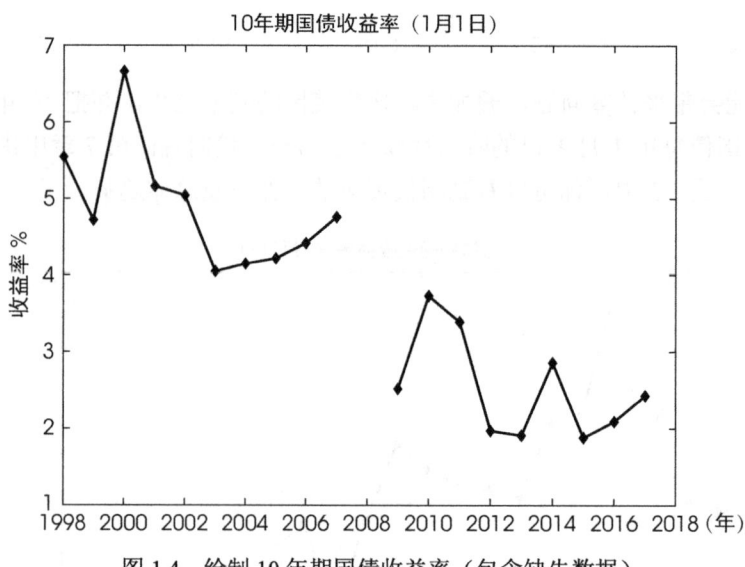

图 1.4 绘制 10 年期国债收益率(包含缺失数据)

此外,NaN 元素让你无法计算各种统计量:

```
mean(yield)
ans =
    NaN

var(yield)
ans =
    NaN

std(yield)
ans =
    NaN
```

而且,我们也无法计算相关系数和协方差,因为平均值和方差值不可用。

1.2.9 处理缺失数据

1. 忽略 NaN 观测值

在 MATLAB 中，当使用某些统计函数时，你可以添加一个可选参数，让这些函数忽略包含 NaN 的观测值。虽然这样做会减小数据集的大小，但是你能够正常地使用这些函数。当你指定了"omitnan"参数后，各个统计量就能计算出来了，如下：

```
mean(yield,'omitnan')
ans =
    3.7632

std(yield,'omitnan')
ans =
    1.3981

var(yield,'omitnan')
ans =
    1.9548
```

有几个 MATLAB 工具箱专门提供了用来处理 NaN 的函数，我们会在第 7 章讲解这些函数。

2. 插值

当处理缺失数据时，你还可以根据自己的判断为缺失数据插入一个合适的值。但是这种方法需要我们对数据行为做一些假设，而这些假设有可能是错的。

对此，一种基于数据的解决办法是使用 fillmissing 插值函数，它提供了几种不同的方法来评估缺失值。下面这个例子使用了基本的线性方法，这种方法会在相邻的数据点之间创建一条直线。有关其他插值方法的介绍，请参考 fillmissing 函数的说明文档，在做更加复杂的数据插值时，你需要使用这些方法。

> **fillmissing**(数组,方法)：使用指定方法对缺失值做插值处理。

```
missingYield=fillmissing(yield,'linear')
missingYield =
    5.5400
    4.7200
    6.6600
    5.1600
```

```
5.0400
4.0500
4.1500
4.2200
4.4200
4.7600
3.6400
2.5200
3.7300
3.3900
1.9700
1.9100
2.8600
1.8800
2.0900
2.4300
```

那个漏掉的观测值是 3.74，fillmissing 函数通过线性方法产生的评估值是 3.64。在 missingYield 输出中，评估值使用加粗显示，在图 1.5 中使用菱形表示。

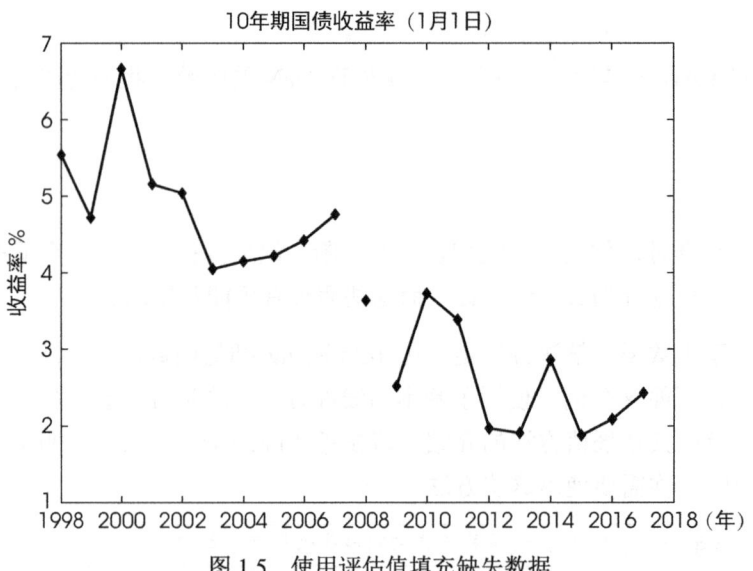

图 1.5　使用评估值填充缺失数据

1.3　字符数组

在前面的例子中，我们使用了 x、y 这样的字符，并且把某个数值赋给它们，比如 $x = 25$。

这之所以行得通,是因为 MATLAB 把它们解释成变量名。但是,在许多情况下,我们会把它们当成字符(非数值)使用。为此,MATLAB 为我们提供了字符数组和字符串数组。

在 MATLAB 中,字符要使用单引号引起来,比如'x'是一个字符,而 x 则是一个变量名,把数字 5 使用单引号引起来——'5'就成了一个字符。你从计算机键盘上敲入的就是字符,包括回车键。在 MATLAB 中,你可以像下面这样创建字符数组:

```
firstName = 'Josh'
firstName =
    'Josh'

lastName = 'Williams'
lastName =
    'Williams'

% 使用 whos 函数列出当前工作区中的变量
whos
  Name          Size          Bytes    Class      Attributes

  FirstName     1x4               8    char
  LastName      1x8              16    char
```

请注意,两个字符数组尺寸的不同,'Josh'包含 4 个字符,它是一个 1×4 的字符数组,而'Williams'是一个 1×8 的字符数组。

同时还要注意,字母表中的字母是连续编码的。也就是说,b 大于 a,c 大于 b,以此类推。在对字符和字符串数组排序以及对字符数组做其他操作时,知道这一点会非常有用,并且你可以通过比较进行验证。

```
'a' < 'b'
ans =
  logical
   1
```

我们可以使用 double 或 int32 函数查看某个字符的编码值,这两个函数会把传入的参数转换成相应的数值表示形式。通过查看编码值,你会明白为何'a'小于'b'。

```
double('a')
ans =
    97
double('b')
ans =
    98
```

相反，我们可以使用 char 函数把某个编码值转换成相应的字符：

```
char(99)
ans =
    'c'
```

在对字符做运算时使用的就是它们的编码值：

```
'a' + 10
ans =
    107


char(107)
ans =
    'k'
```

我们可以把多个字符一起放入一对单引号中，这会形成一个 1×n 的数组，叫字符向量。这些向量在很多编程语言中也被称为"字符串"，它们有点令人困惑，因为 MATLAB R2016b 引入了字符串数组这一新的数组类型。下面几个 MATLAB 函数用来操作字符数组：

```
% 返回一个逻辑结果，指出输入是否是一个字符数组
lastName = 'Johnson'
lastName =
    'Johnson'

ischar(lastName)
ans =
  logical
   1

% 找出字符数组中的字母
streetAddress = '2000 Main Street'
streetAddress =
    '2000 Main Street'

isletter(streetAddress)
ans =
  1×16 logical 数组
   0  0  0  0  0  1  1  1  1  0  1  1  1  1  1  1
```

请注意，只有当相应位置为字母时，isletter 才会返回 1，否则返回 0（这里包括数字和空格）。

1.3.1 连接字符数组

我们可以使用方括号把相容的字符数组沿水平方向连接起来，但是有时得到的结果可能并不是我们想要的：

```
% 连接结果是一个字符数组
[firstName lastName]
ans =
    'JoshJohnson'
```

我们可以看到连接操作之后两部分紧紧地贴在了一起，这不是我们想要的结果。解决方法是在 firstName 中添加一个空格：

```
firstName = 'Josh ';
[firstName, lastName]
ans =
    'Josh Johnson'
```

我们还可以对字符向量做垂直连接，但是要求待连接的字符向量的尺寸必须一样。如果待连接的字符向量的尺寸不一样，你可以向较短的字符向量中填充空格，使之与较长的字符向量的尺寸一样。

```
lastName2 = 'Dorcet';
[lastName;lastName2]
Error using vertcat
Dimensions of matrices being concatenated are not consistent.
```

以上错误表明使用 vertcat 要串联的数组的维度不一致。这种情形下，我们可以使用 char 函数沿垂直方向连接两个尺寸不同的字符向量，这个函数会自动填充向量，使待连接的向量长度达成一致。

```
char('Johnson','Dorcet')
ans =
  2×7 char 数组
    'Johnson'
    'Dorcet '
```

元胞数组也可以用来存放具有不同尺寸的字符数组，相关内容将在 1.4 节讲解。

1.3.2 字符串数组

在 MATLAB R2016b 以前的版本中，字符串就是使用单引号括起的字符向量，比如：'This is a string.'。从 MATLAB R2017a 开始，使用字符串处理文本数据的功能得到大大增强，而且更节省内存。本节我们简单介绍一下字符串，在 MATLAB 的说明文档中你可以找到更详细的讲解和有关示例。

1. 创建字符串

在创建字符串时，我们只需使用双引号把文本括起来即可，如下：

```
ticker1 = "AAPL"
ticker1 = 
    "AAPL"

% 显示以 string 类存储的 ticker1
whos
  Name          Size            Bytes  Class      Attributes

  ticker1       1x1               132  string
```

与创建数值数组一样，我们可以采用同样的方法创建字符串数组。

```
stockTickers = ["AAPL"; "FB"; "MSFT"]
stockTickers = 
  3×1 string 数组
    "AAPL"
    "FB"
    "MSFT"
```

此外，我们还可以使用 string 函数把已有的字符向量转换为字符串。请注意，在转换完成后，文本被用双引号括了起来。

```
charTicker = 'GOOG'
charTicker = 
    'GOOG'

stringTicker = string(charTicker)
stringTicker = 
    "GOOG"
```

string 函数可以把多种数据类型转换成字符串，包括数值、日期数组（有关日期数组的内容下一章讲解）。

2. 从字符串数组中提取元素

前面我们讲了如何从向量、矩阵中提取数据元素，以及如何对数组进行索引和重整。事实上，这些操作同样适用于字符串数组。

```
stockTickers2 = ["AAPL" "FB" "GOOG" "MSFT" "IBM" "AMZN"]'
stockTickers2 =
  6×1 string 数组
    "AAPL"
    "FB"
    "GOOG"
    "MSFT"
    "IBM"
    "AMZN"

% 升序排列
sort(stockTickers2)
ans =
  6×1 string 数组
    "AAPL"
    "AMZN"
    "FB"
    "GOOG"
    "IBM"
    "MSFT"

% 使用行列索引提取元素
stockTickers2(3,1)
ans =
    "GOOG"

% 你还可以使用花括号一次性获取多个元素
stockTickers2{[1 3],1}
ans =
    'AAPL'
ans =
    'GOOG'

% 重整字符串数组
reshape(stockTickers2,2,3)
ans =
  2×3 string 数组
    "AAPL"    "GOOG"    "IBM"
    "FB"      "MSFT"    "AMZN"
```

3. 连接数字和字符串

有时我们经常需要把文本和数据组合进单个语句中,比如你正在做一个过去几年的销售报表，你要使用一条语句把文本说明和表示销售数量的变量连接起来，如下：

```
sales2016 = 1000000;
['Sales for 2016: ', sales2016]
ans =
    'Sales for 2016:  '
```

在上面的语句中，MATLAB 会把 sales2016 这个变量的值当作字符的编码值看待，并试图将其转换成相应的字符，从而产生了我们不想要的结果。在这种情况下，我们可以先使用 num2str 函数把一个数字直接转换成字符串，然后再做连接。

```
['Sales for 2016: ', num2str(sales2016)]
ans =
    'Sales for 2016: 1000000'
```

1.4 灵活的数据结构

前面讲的数组类型只能保存同种类型的数据，比如数值数组保存数字，字符数组保存字符。但是实际数据集中经常包含各种类型的数据，并且数据大小也不一样。MATLAB 为我们提供了几种方法，实现高效存储不同类型的数据，这其中包括元胞数组、结构数组和表格。

1.4.1 元胞数组

在前面的内容中，我们提到长度不同的字符数组是无法做垂直连接的：

```
name1 = 'Johnson';
name2 = 'Dorcet';
lastNames=[name1;name2]
Error using vertcat
Dimensions of matrices being concatenated are not consistent.
（错误使用 vertcat，要串联的数组的维度不一致。）
```

相比之下，使用元胞数组则不会出现这个问题，也就是说，我们可以使用元胞数组把长度不同的字符数组垂直连接在一起。

```
Lastnames = {name1;name2}
Lastnames =
  2×1 cell 数组
    'Johnson'
    'Dorcet'
```

请注意，创建元胞数组时要使用花括号而非常见的方括号。通过使用花括号，你可以把每个元素放入单独的单元中，然后再把这些元素连接成一个元胞数组。这种灵活性还允许我们把类型完全不同的数据放入到元胞数组中，接下来举个例子。

这个例子使用的是 Apple 和 IBM 的普通股数据，包括股票代号、主要交易所、当前价格、日平均交易量（自 2016 年 5 月开始）。股票代号和交易所是字符串，股价和交易量是数值数据。

stockInfo = {{'AAPL';'IBM'},{'NASDAQ';'NYSE'},[147.17;159],… [23464600;3958785]}
stockInfo =
　1 × 4 cell 数组
　　{2 × 1 cell} {2 × 1 cell} [2 × 1 double] [2 × 1 double]

在图 1.6 所示的变量编辑器中，你可以看到变量 stockInfo 的内部数据。

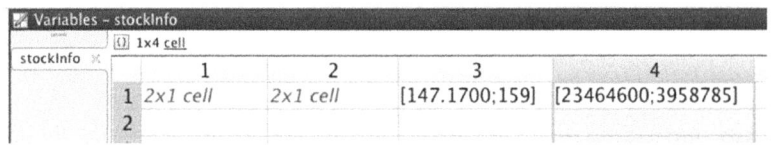

图 1.6　变量数据编辑器（图片经过 MathWorks 授权）

打开{1,1}位置处的单元格，你会看到股票代号，如图 1.7 所示。

从元胞数组提取数据

从元胞数组提取数据的方法与从数值数组提取数据的方法类似，但有一个很大的不同，那就是把索引放入圆括号取到的是元胞元素，而非底层数据。

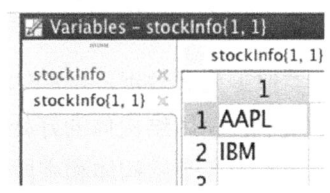

图 1.7　查看数据单元
（图片经过 MathWorks 授权）

stockInfo(4)
ans =
　cell
　　[2 × 1 double]

这个命令返回的是一个元胞，其中保存着日平均交易量，而非具体的交易量数据，如图 1.6 所示。当你试图使用 stockInfo(4)计算两支股票的平均交易量时，MATLAB 就会返回一个错误：

mean(stockInfo(4))
Error using sum

```
Invalid data type. First argument must be numeric or logical.
Error in mean (line 117)
        y = sum(x, dim, flag)/size(x,dim);
```

当访问元胞数据内容时,要使用花括号,而非方括号。

stockInfo{4}
ans =
*   23464600*
*   3958785*

提取单个数据元素需要把索引放入{}中,使用圆括号查找数据元素:

ibmVolume = stockInfo{4}(2)
ibmVolume =
*   3958785*

在使用元胞数据做计算时也需要把索引放入花括号中。

mean(stockInfo{4})
ans =
*   13711692.50*

1.4.2 结构体数组

类似于元胞数组,结构体也可以保存不同类型的数据,它会把不同类型的值保存在不同字段中。使用结构体的好处是,你可以把各种数据作为一个整体一次性传递给函数,而无须分别为各个结构体和字段进行输入。

在下面的例子中,我们会使用股票信息(请参考元胞数组的例子)创建一个结构体变量 stockInfoStruct。

开始创建:

stockInfoStruct(1).Name='Apple';
stockInfoStruct(1).Symbol='AAPL';
stockInfo.Struct(1).Exchange='NASDAQ';
stockInfoStruct(1).AvgVol=23464600;

stockInfoStruct(2).Name='IBM';
stockInfoStruct(2).Symbol='IBM';
stockInfoStruct(2).Exchange='NYSE';
stockInfoStruct(2).AvgVol=3958785;

请注意，创建结构体和字段时，输入数据所用的语法：首先是结构体变量的名字——stockInfoStruct，然后跟着一个数字，表示不同的结构体（1 表示 Apple，2 表示 IBM）。创建字段名字时要使用点操作符，我们可以为字段赋予不同类型的数据，在本例中是字符数值数组。两个结构体拥有 4 个相同的字段：Name、Symbol、Exchange、AvgVol。你可以使用点操作符向结构体添加更多字段。还有另一种方法是使用 struct 函数：

```
stockInfoStruct(3)=struct('Name','XYZ Corp',…
'Symbol','XYZ','AvgVol', 5000000,'Exchange','NYSE')

stockInfoStruct =
  1 × 3 struct array with fields:
    Name
    Symbol
    AvgVol
    Exchange
```

在变量编辑器中打开结构体变量，你可以看到其中包含的数据字段，如图 1.8 所示。

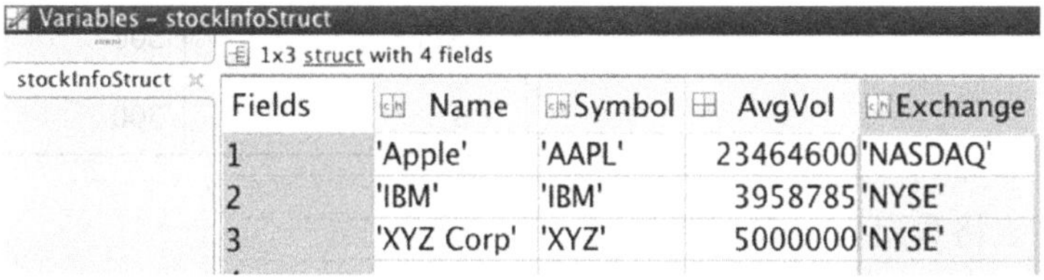

图 1.8　结构体字段数据（图片经过 MathWorks,Inc 授权）

访问和修改结构体数据

访问字段数据需要用到结构体变量、数字编号以及点操作符，如下：

```
% 提取指定字段
AAPLVol=stockInfoStruct(1).AvgVol
AAPLVol =
    23464600

 vol1=stockInfoStruct(2).Name
vol1 =
    'IBM'

% 使用[ ]提取多个值
vals=[stockInfoStruct.AvgVol]
vals =
    23464600     3958785     5000000
```

```
% 使用{ }提取字符数组
names={stockInfoStruct.Name}
names =
  1 × 3 cell 数组
    'Apple'    'IBM'    'XYZ Corp'

% 修改字段值
stockInfoStruct(3).Name='XYZ Corp'
```

1.4.3 表格

表格数据结构由带名称的行和列组成，这有点类似于电子表格。表 1.11 显示的是一个电子表格，里面包含股票名称、股票代号，以及相应的股票数量。

表 1.11　　　　　　　　　　　　　　　　股票数据

Name	Ticker	NumberShares
'Apple'	'AAPL'	500
'Facebook'	'FB'	300

这种结构和表格数组看起来类似：

```
stocks =
  2 × 3 table
       Name         Symbol     Shares
    _____    _____    _____
    'Apple'       'AAPL'      [500]
    'Facebook'    'FB'        [300]
```

表格数据类型非常适合用来处理电子表格或带有表格样式的数据。表格中的每个变量都保存着一个不同的变量，每一行就是一个观测值，并且每个变量的长度（即观测值的数量）必须相同。列可以保存不同类型的数据，比如日期、文本、数值等。表格的变量名显示在表格顶部，这使得查找和处理数据变得很容易，你可以把元数据信息保存在表格中。另外，你可以把变量名当索引使用，用以取代匿名的行列方法。

1. 创建表格

你可以使用如下 4 种方法创建表格。

（1）table 函数。

（2）readtable 函数。

（3）交互式数据导入工具。

（4）array2table 函数：把数值数组转换为表格。

2. 使用 Table 函数

> **table**(变量,可选参数)：把已有的变量合成表格

table 函数会使用工作区中已有的变量创建一个表格。下面还是以股票信息为例子演示一下：

```
% 为变量赋值
stockSymbols={'AAPL';'IBM';'XYZ'}
stockNames={'Apple';'IBM';'XYZ Corp'};
stockVolume=[23464600; 3958785; 5000000];
stockExch={'NASDAQ';'NYSE';'NYSE'};

format bank % 为 stockVolume 的值使用更易读的货币格式

% Create the table with the table function 使用 table 函数创建表格
stocks=table(stockSymbols,stockVolume,stockExch,…'RowNames',stockNames)

stocks =
  3×3 table
                stockSymbols    stockVolume    stockExch
                _____    _____    _____
    Apple       'AAPL'          23464600.00    'NASDAQ'
    IBM         'IBM'            3958785.00    'NYSE'
    XYZ Corp    'XYZ'            5000000.00    'NYSE'
```

上面使用可选的'RowNames'和 stockNames 输入参数把 stockNames 元素指定为行标题。

3. 使用 readtable 函数

一般来说，通过手动方式输入数据来创建表格的做法是不切实际的，当然当数据集很小的时候，你可以这样做。相比之下，一种更有效率的方法是使用 readtable 函数，它允许你通过编程的方式来查找文件，并把其中的数据导入到一个表格中。

> **Readtable**(目标文件名,可选参数)：把目标文件中的数据导入到一个表格中

假设我们的股票数据保存在如下两种格式的文件（.csv 和.xls）中，如图 1.9 和图 1.10 所示。

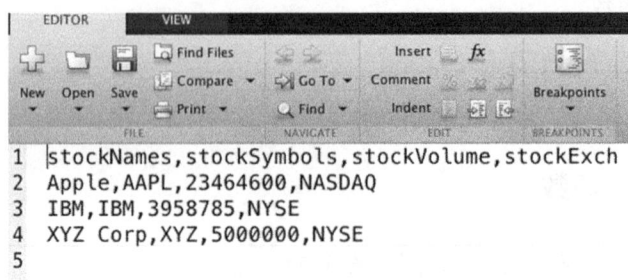

```
1  stockNames,stockSymbols,stockVolume,stockExch
2  Apple,AAPL,23464600,NASDAQ
3  IBM,IBM,3958785,NYSE
4  XYZ Corp,XYZ,5000000,NYSE
5
```

图 1.9　CSV 数据格式（图片经过 MathWorks 许可）

	A	B	C	D
1	stockNames	stockSymbols	stockVolume	stockExch
2	Apple	AAPL	23464600	NASDAQ
3	IBM	IBM	3958785	NYSE
4	XYZ Corp	XYZ	5000000	NYSE
5				
6				

图 1.10　Microsoft Excel 文件格式（来源：Microsoft Excel）

对于这两种格式的数据，我们都可以使用 readtable 函数进行导入，导入时只需把目标文件名使用单引号括起并传递给 readtable 函数即可。不论导入哪种格式的数据，我们最终得到的表格都是一样的。

```
stocksData=readtable('stockData.csv')

stocksData = 
  3×4 table
    stockNames      stockSymbols    stockVolume    stockExch
    _____      _____    _____    _____

    'Apple'         'AAPL'          23464600.00    'NASDAQ'
    'IBM'           'IBM'            3958785.00    'NYSE'
    'XYZ Corp'      'XYZ'            5000000.00    'NYSE'
```

关于 readtable 函数，这里先介绍这么多。第 4 章我们会更加详细地介绍 readtable 函数的更多可选参数，通过这些参数，我们可以对数据导入过程和表格格式进行更细致的控制。

4．使用数据导入工具

我们可以把数据导入工具看成是一个交互式的 readtable 函数。下面我们使用 stockData.csv 文件来演示数据导入工具的用法。

（1）在 MATLAB 的"Home"（主页）选项卡中，点击"VARIABLE"（变量）区域中的"Import Data"（导入数据）图标（见图 1.11）。

（2）在"导入数据"对话框中，找到要导入的目标文件（stockData.csv），单击"打开"（Open），打开"导入"（IMPORT）窗口，如图 1.12 所示。

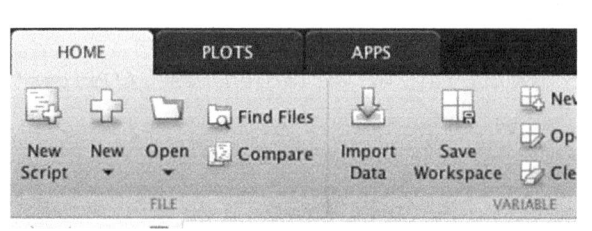

图 1.11　数据导入工具

（图片经过 MathWorks 许可）

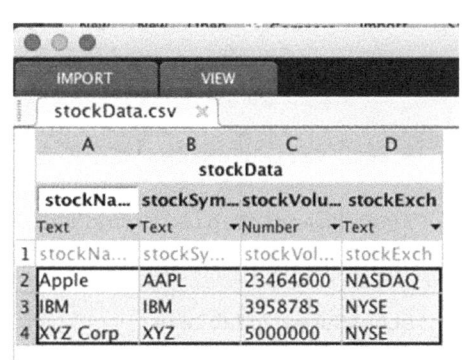

图 1.12　导入数据

（图片经过 MathWorks 许可）

（3）在"Import"（导入）选项卡（位于文件名选项卡的左上方）中，设置好分隔符、导入数据的范围、输出类型，以及 NaN 处理方式。然后点击"Import Selection"（导入所选内容）图标，如图 1.13 所示。

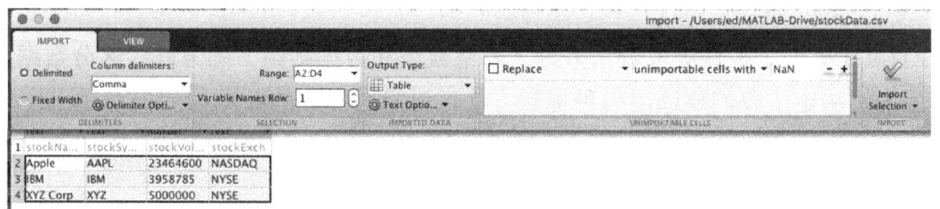

图 1.13　数据导入选项（图片经过 MathWorks 许可）

导入完成后，你会在工作区中看到新创建出来的表格数组名，它和源文件名是一样的。

5．使用 array2table 函数

我们可以使用 array2table 函数把一个数值数组转换成表格，并且可以使用可选参数添

加多个变量名。

> **array2table**(数组,可选参数)：使用工作区中的数值数组创建表格。

在下面的例子中，我们会把一个新向量（stockPrices）连接到已有的 stockVolume 数组，然后把得到的新数组转换成表格：

```
stockPrices = [153.61; 152.49; 43.80];
stockNumArray = [stockPrices stockVolume]

stockNumArray =
       153.61     23464600.00
       152.49      3958785.00
        43.80      5000000.00

% 通过'VariableNames'这个可选参数指定表格标题

stockNumericTable=array2table(stockNumArray,…'VariableNames',{'Prices',
'Volume'})

stockNumericTable =
  3×2 table
    Prices      Volume
    _____    _____

    153.61    23464600.00
    152.49     3958785.00
     43.80     5000000.00
```

6. 从表格提取数据

MATLAB 提供了多种提取表格数据（表格数组和数据数组）的方法。区分数据格式很重要，因为它决定了我们要选用哪种提取方法，以及被提取的数据如何保存在工作区中。

7. 提取表格格式的数据

提取表格格式数据时，我们既可以使用行列索引（使用时行列索引要放入圆括号中），也可以使用变量名，并且使用变量名要比使用行列索引简单一些，因为你不必准确地记忆行列索引是多少。在下面的例子中，我们演示如何从 stocksData 表格获取数据：

```
stocksData =
  3×4 table
    stockNames    stockSymbols    stockVolume    stockExch
```

```
    "Apple"           "AAPL"              23464600.00      "NASDAQ"
    "IBM"             "IBM"                3958785.00      "NYSE"
    "XYZ Corp"        "XYZ"                5000000.00      "NYSE"

% 提取所有名称
stocksData(:,1)       % 所有行,1 列
ans =
  3×1 table
    stockNames
    _____

    'Apple'
    'IBM'
    'XYZ Corp'

% 提取部分名称
stocksData(1:2,1)     % 前两个名称
ans =
  2×1 table
    stockNames
    _____

    'Apple'
    'IBM'

% 通过变量名提取数据
stocksData(:,'stockSymbols')
ans =
  3×1 table
    stockSymbols
    _____

    'AAPL'
    'IBM'
    'XYZ'
% 使用{}提取多个变量
stocksData(:,{'stockNames','stockSymbols'})
ans =
  3×2 table
    stockNames     stockSymbols
    _____     _____

    'Apple'        'AAPL'
    'IBM'          'IBM'
    'XYZ Corp'     'XYZ'
```

8. 提取数组格式的数据

在做数据分析时，有时需要把一部分数据提取到变量而非表格中。为此，你可以使用点操作符，也可以使用花括号索引方式。

```
% 提取单个变量
stocksData.stockNames
ans =
  3×1 cell 数组
    'Apple'
    'IBM'
    'XYZ Corp'


stocksData.stockNames(1:2)
ans =
  2×1 cell 数组
    'Apple'
    'IBM'

% 使用花括号
stocksData{1:2,'stockNames'}
ans =
  2×1 cell 数组
    'Apple'
    'IBM'
```

当多个变量的数据类型相同时，你可以同时访问它们：

```
% 同时访问两个数据类型不同的变量会出现错误
stocksData{2:3,{'stockVolume','stockExch'}}
stocksData{2:3,{'stockVolume','stockExch'}}
```

我们无法串联表变量'stockVolume' 和 'stockExch'，因为这两个变量的类型为 double 和 cell。

```
% 两个变量类型相同
stocksData{2:3,{'stockNames','stockExch'}}
ans =
  2×2 cell 数组
    'IBM'          'NYSE'
    'XYZ Corp'     'NYSE'
```

9. 表格属性

使用表格的另一个好处是,我们可以使用 summary 函数对表格的数据变量做摘要以及修改表格属性。

10. 使用 summary 函数

顾名思义,summary 函数用来显示与表格及其变量有关的概要信息:

```
summary(stocksData)
Variables:
    stockNames: 3×1 cell array of character vectors
    stockSymbols: 3×1 cell array of character vectors
    stockVolume: 3×1 double
        Values:
            Min          3958785.00
            Median       5000000.00
            Max         23464600.00
    stockExch: 3×1 cell array of character vectors
```

11. 使用表格属性

每个创建好的表格都带有属性信息。我们可以使用点操作符来访问这些属性:

```
stocksData.Properties
ans = 
  struct with fields:

              Description: ''
                 UserData: []
           DimensionNames: {'Row' 'Variables'}
            VariableNames: {1 x 4 cell}
     VariableDescriptions: {}
            VariableUnits: {}
                 RowNames: {}
```

在访问或修改特定属性时,我们可以通过点操作符在属性中进行索引。在下面的例子中,显示出了变量名,并使用花括号在数组中索引。把名字改为 Symbols,这只会修改表格中的变量名,对工作区中的变量名无影响。

```
% 使用点操作符显示 VariableNames
stocksData.Properties.VariableNames
```

```
ans =
  1 × 4 cell 数组
  Columns 1 through 3
    'stockNames'  'stockSymbols'  'stockVolume'
  Column 4
    'stockExch'
```

% 找到 VariableNames 第 2 个元素，将其从 stockSymbols 改为 Symbols
```
stocksData.Properties.VariableNames{2}='Symbols'
stocksData =
  3 × 4 table
    stockNames      stockSymbols     stockVolume      stockExch
    _____      _____     _____      _____

    'Apple'         'AAPL'           23464600.00      'NASDAQ'
    'IBM'           'IBM'             3958785.00      'NYSE'
    'XYZ Corp'      'XYZ'             5000000.00      'NYSE'
```

% 再次显示 VariableNames，可以看到修改成功
```
stocksData.Properties.VariableNames
ans =
  1 × 4 cell 数组
  Columns 1 through 3
    'stockNames'  'Symbols'  'stockVolume'
  Column 4
    'stockExch'
```

12．导出表格

在 MATLAB 中，我们可以使用 writetable 函数把表格数据轻松地导出到电子表格或文本文件中，这正好和 readtable 函数相反。

> **writetable**(源表名,目标文件名,可选参数)：把表格数据保存到目标文件。

writetable(stocksData,'stocksData.txt')

或

writetable(stocksData,'stocksData.xls')

上面两条语句分别把表格数据导出到一个文本文件或电子表格中。你可以通过可选参数对导出数据和表格格式做进一步控制。

1.5 参考资料

[1] The MathWorks® Inc. 2017. "Getting Started with MATLAB;".

[2] NYU Stern. 2017. "Annual Returns on Stock, T.Bonds and T.Bills: 1928–Current."

1.6 扩展阅读

The MathWorks® Inc. 2017. MATLAB Academy. 这是一个 MATLAB 入门和高级自学课程，包括免费的 MATLAB Onramp 课程。

第 2 章 使用日期和时间

2.1 简介

在金融领域中，正确使用日期相当重要，许多金融计算都要求日期准确。本章介绍 MATLAB 中用来处理、转换和计算日期的方法。

本章主要内容如下：

- 金融领域中日期和时间的重要性；
- MATLAB 如何处理日期和时间。

本章要用到的软件：MATLAB 软件、MATLAB 金融工具箱。

2.2 金融背景：日期和时间为何重要

假设你在一家大公司的资金部工作，这家公司不久前通过发行债券市值飙升到 30 亿美元。按照 3.5%计算，发售 30 亿美元债券，年度利息支出为 1.05 亿美元。按一年有 365 天计算，每天的利息支出为 287671 美元，因此准确计算日期对于及时计算利息、支出、现金流管理至关重要。世界上最大的企业债券发售额超过了 100 亿美元，每日的利息支出达到或超过 100 万美元。

对带时间戳的交易来说，精确跟踪也十分重要，比如证券市场中交易订单的处理顺序。2016 年 4 月，美国国土安全部和纽约证交所宣布：UTC（协调世界时）标准时间计时信息系统测试成功，这个系统的误差小于 30 纳秒（$3×10^{-8}$ 秒）[1]。

---

[1] 美国国土安全部 "DHS S&T Demonstrates Precision Timing Technology at the New York Stock Exchange." 2016 年 4 月 20 日。

2.2.1 第 1 个挑战：天数计算惯例

既然年历和天数都是提前知道的，那为什么计算天数会是个难题？你有这个疑问很正常。一年有 365 天，闰年有 366 天，因为闰年时 2 月份有 29 天，比平年多出了一天，每天有 24 小时。那在金融计算中计算天数时，使用当年的实际天数不是挺合情合理的吗？

然而，事情并没有那么简单，原因有二：首先，每年有 365 天，这只是一个近似的说法，严格地说应该是 365.2425 天，因此需要闰年来做调整；其次，证券市场使用多种方法（天数计算惯例）来计算天数。OpenGamma 在 2013 年末发表的研究报告[①]中列出 14 个天数计算惯例，还有 5 个工作日调整办法，用来在指定的日期不是工作日，比如在某个休假日使用。

在计算天数时，不但要求计算精确，而且各方还要达成一致意见，这点十分重要，因为债务的支付和贴现值都是根据天数计算的。在前面的例子中，债券代表的是投资人借给借款人的贷款。贷款（未清余额）每天都会产生利息，借款人要根据约定日期支付利息。但是，如果投资人想在利息支付中间卖掉债券，那卖家和买家之间应该如何分派应计利息？此外，交易日债券本金价值是多少？第 6 章我们会学到，债券价值（以及一些其他证券价值）与债券还有多长时间到期密切相关。天数计算惯例能够让买家和卖家在交易时间处理等方面达成一致意见。

债券应计利息（每半年支付一次，即一年支付两次）的计算公式很简单，如下：

应计利息=年度息票支付/2×从上一次息票支付到现在的天数/两次息票支付之间的天数

在使用这个公式时，我们会遇到的一种情况是，债券和金融证券市场有可能使用了不同的天数计算惯例，这样在把相关数值代入公式最后一部分时就会出现问题。表 2.1 列出了几种最常用的方法。

表 2.1　　　　　　　　　　计算天数的常用方法

惯例	说明
30/360	每个月有 30 天，一年有 360 天
30/365	每个月有 30 天，一年有 365 天
Actual/360	计算两个日期间的实际天数（除以 360）
Actual/365	计算两个日期间的实际天数（除以 365）
Actual/actual	计算两个日期间的实际天数（除以当年的实际天数）

---

① OpenGamma Ltd.2013 年 11 月. "Interest Rate Instruments and Market Conventions Guide," 2nd ed.

这些惯例可能令人困惑，但只要市场参与者和贸易伙伴就他们使用的日期惯例达成一致，选用这些方法时就不会出现什么问题。一旦你了解了市场使用何种方法计算天数，就可以在每次需要时使用那个方法。MATLAB 默认采用的方法是"Actual/actual"，但除此之外，还有其他许多可以选用的方法及变体（有关这些内容，在 MATLAB 金融工具箱的说明文档中有详细的介绍，后续章节中我们会举一些例子）。

请注意：这些说明是根据定义来的，并且做了简化，在实际使用中可能会有所修改。

2.2.2　第 2 个挑战：日期格式

人类和计算机面临的另一个挑战是：不仅在书写中，在作为计算输入时，日期格式都是多种多样的。例如，在美国，我们经常用的日期格式是"月/日/年"。因此，大多数美国读者都会把 1/6/2018 解释成"1 月/6 日/2018 年"。但是，其他国家的人可能会使用"日/月/年"这种日期格式，因此会把 1/6/2018 解释成"1 日/6 月/2018 年"。MATLAB 金融工具箱中的金融函数支持多种日期格式，这不仅大大简化了日期的输入，还使得日期的计算更加准确。

关于日期格式的误解也有可能出现在软件的输入过程中。输入日期时，日期既可以作为字符串（1 月 1 日，2018 年）输入，也可以作为数值输入。软件程序必须提供相应的机制来区分不同的日期格式，比如 1/6/2018、1/6/18、1-6-18、Jan-1-18、Jan 1,2018 等。序列日期使用一个基准日期来计算到目标日期的天数。MATLAB 中的第一个序列日期是"公元 0000 年 1 月 1 日"，Windows 平台下的 Microsoft Excel 采用的基准日期是"1900 年 1 月 1 日"，Mac 平台下的 Microsoft Excel 采用的基准日期是"1904 年 1 月 1 日"。

2.3　MATLAB 中的日期和时间

在日常生活中，我们用来描述日期和时间的词汇大都是模糊不明确的，比如"一会儿""大约 2 点""几年前"等。但是，在金融计算和计算机领域中，要求输入的日期和时间必须是精确的。MATLAB 提供了 3 种与日期和时间相关的数据类型，用来满足精确表达日期和时间的需求。表 2.2 列出了这些数据类型，后面我们会详细讲解这些数据类型的用法。

表 2.2　日期和时间变量

数据类型	说明
Datetime	特定的时间点
Duration	固定时间间隔（并非按照日历）
Calendar duration	日历时间间隔

2.3.1 Datetime 变量

Datetime 变量表示的是时间的某个特定时刻，比如，东部标准时间 2018 年 1 月 12 日 6:35:15 AM。我们可以使用 datetime 函数创建 datetime 数组。

> **Datetime**(year 年, month 月, day 日, hour 时, minutes 分, seconds 秒)

在创建 datetime 变量时，你可以直接创建它，也可以从其他数组转换，或者从文件导入。datetime 函数支持时区和夏令时，并且精度达到了纳秒级别，但这里举的例子精度只达到秒级。另外，你可以使用 datetime 数组进行绘图、排序、数学计算，以及处理全球时间。

1. 创建 datetime 变量

在创建 datetime 变量时，我们需要按照 datetime 函数指定的参数顺序为其提供相应参数：

```
% 以数值形式提供参数：(年,月,日)
t = datetime(2018,1,1)
t =
  datetime
    01-Jan-2018

% 提供更多时间参数：(年, 月, 日, 时, 分, 秒)
t = datetime(2018,1,1, 14,25,47)
t =
  datetime
    01-Jan-2018 14:25:47
```

当然，你也可以用字符串形式提供日期：

```
t = datetime('Jan 1, 2018')
t =
  datetime
    01-Jan-2018
```

还可以使用字符数组：

```
cashFlowDates = ['01-Jan-2018'; '01-Jan-2019']
cashFlowDates =
  2×11 char 数组
    '01-Jan-2018'
    '01-Jan-2019'

t = datetime(cashFlowDates)
```

```
t = 
  2 × 1 datetime 数组
   01-Jan-2018
   01-Jan-2019
```

在创建 datetime 变量时,你可以像创建数组那样使用冒号(:)和 linspace。

```
% 创建一个跨越多个年份的数组
t = datetime(2017:2020,2,1)'
t = 
  4 × 1 datetime 数组
   01-Feb-2017
   01-Feb-2018
   01-Feb-2019
   01-Feb-2020

% 跨越多个月份
t = datetime(2018,2:5,1)'
t = 
  4 × 1 datetime 数组
   01-Feb-2018
   01-Mar-2018
   01-Apr-2018
   01-May-2018

% 创建不连续的年份
t = datetime([2018;2020],2,1)
t = 
  2 × 1 datetime 数组
   01-Feb-2018
   01-Feb-2020

% 创建连续的几天
t = datetime(2018,1,1:5)'
t = 
  5 × 1 datetime 数组
   01-Jan-2018
   02-Jan-2018
   03-Jan-2018
   04-Jan-2018
   05-Jan-2018
```

你还可以在 datetime 数组中使用 Linspace。

```
t = datetime(linspace(2015,2030,4),2,1)
t =
  1 × 4 datetime 数组
   01-Feb-2015   01-Feb-2020   01-Feb-2025   01-Feb-2030
```

datetime 还支持当前日期的快捷输入方法：

```
% 当前日期
t = datetime('today')
t =
  datetime
   30-May-2017

% 当前日期和时间
t = datetime('now')
t =
  datetime
   30-May-2017 10:02:17

% 昨天的日期
t = datetime('yesterday')
t =
  datetime
   29-May-2017

% 明天的日期
t = datetime('tomorrow')
t =
  datetime
   31-May-2017
```

2. 格式化 datetime 输入和输出

datetime 对参数输入格式有特定的语法要求。如果 datetime 函数不认识参数的输入格式，它就会报错：

```
t = datetime('1 Jan 2018')
Error using datetime (line 614)
Could not recognize the date/time format of '1 Jan 2018'.
You can specify a format character vector using the
'InputFormat' parameter. If the date/time text contains day,
month, or time zone names in a language foreign to the
'en_US' locale, those might not be recognized. You can
specify a different locale using the 'Locale' parameter.
```

根据错误信息的提示，要想让 datetime 函数正确识别出你输入的日期，可以使用 InputFormat 参数指定日期格式。

```
% 使用 InputFormat 指定输入的日期格式
t = datetime('1 Jan 2018','InputFormat','d MMM yyyy')
t =
  datetime
   01-Jan-2018
```

InputFormat 参数是可选的，通过这个参数，你可以使用日期格式标识符来指定日期字符串的输入格式。表 2.3 列出了一些常用的日期格式标识符，在 datetime 属性文档中你可以找到完整的日期格式标识符列表。

表 2.3　　　　　　　　　　　常用的日期格式标识符

标识符	说明
yy	年份的最后两位（比如：18）
yyyy	表示年份的 4 位数字（2018）
MM	使用两位数字表示月份（01）
MMM	月份的英文缩写（Jan）
MMMM	月份完整的英文名称（January）
dd	月份中的某一天，用两位数字表示（01）
hh	使用两位数字表示小时数（12 小时制）（09）
mm	使用两位数字表示分钟数（10）
ss	使用两位数字表示秒数（45）

通过使用 InputFormat 参数，我们就可以使用多种日期格式来输入日期了。

```
t = datetime('01/01/2018','InputFormat','MM/dd/yyyy')
t =
 datetime
  01-Jan-2018

t = datetime('01-Jan-2018','InputFormat','dd-MM-yyyy')
t =
 datetime
  01-Jan-2018
```

```
t = datetime('January 1, 2018','InputFormat','MM dd, yyyy')
t =
 datetime
  01-Jan-2018
```

借助 InputFormat 参数，当输入日期时，你可以使用一些非约定的日期格式：

```
t = datetime('010118','InputFormat','MMddyy')
t =
 datetime
  01-Jan-2018
```

我们可以通过调整 datetime 变量的 Format 属性来修改变量的输出格式：

```
t = datetime(2018,1,1)
t =
 datetime
   01-Jan-2018

% 修改 t 的 Format 属性（注意字母 F 要大写）
t.Format = 'MMMM dd, yyyy'
t =
 datetime
   January 01, 2018
```

3．导入 Datetime 数据

导入金融或其他基于时间的数据时，你可能会遇到 datetime 变量。在下面这个例子中，亚马逊（AMZN）股价数据存储在一个.csv（逗号分隔值）文件中。数据导入工具（第 4 章）把第 1 列——Date 列看作文本，数据描述如图 2.1 所示。

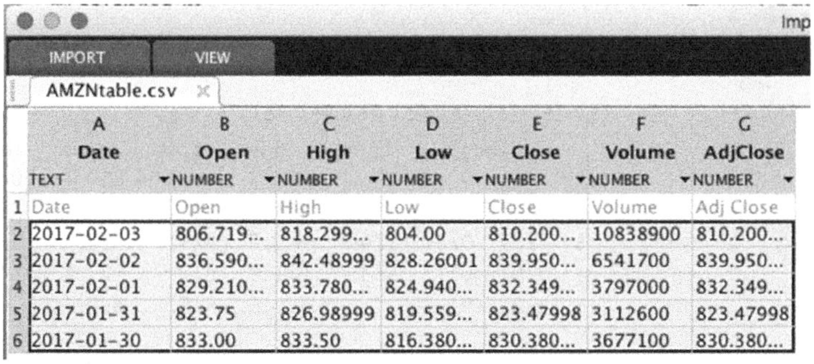

图 2.1　数据导入工具（图片已经过 MathWorks 许可）

使用数据导入工具把以文本形式存在的日期转换为 datetime 变量有如下几个步骤：

首先，点击 Text 右侧的下拉箭头，在菜单底部选择“更多日期格式”，如图 2.2 所示。

接下来，向下拖动右侧的滑动条，点击底部的“在此输入自定义格式”（Custom Data Format），输入“yyyy-MM-dd”，这是要匹配的日期文本格式，如图 2.3 所示。

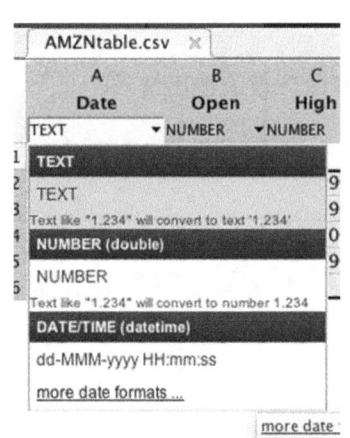

图 2.2 更多日期格式

（图片已经过 MathWorks 许可）

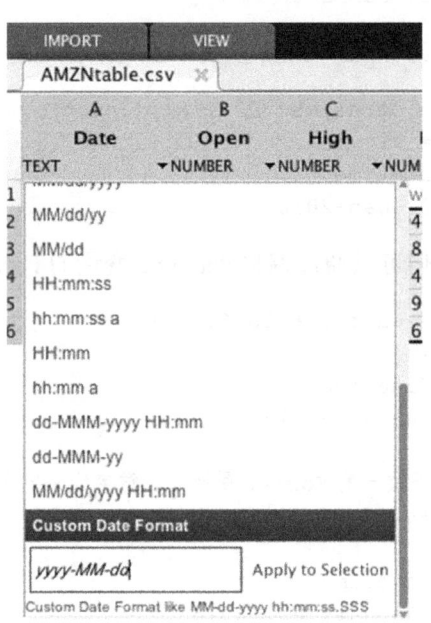

图 2.3 输入自定义日期格式

（图片已经过 MathWorks 许可）

按回车键后，文本形式的日期数据就转换成了 datetime 格式，它在一个 5×7 的表格中，如图 2.4 所示。图 2.5 显示的是导入后的表格。

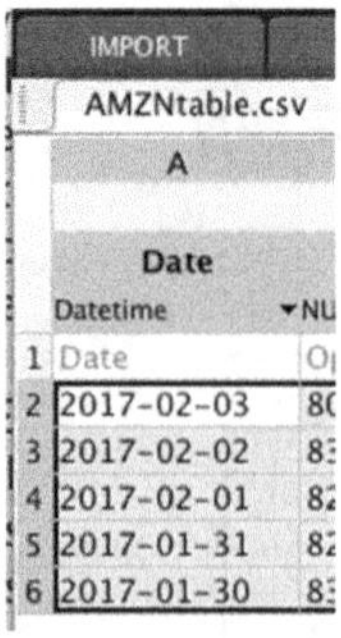

图 2.4 转换成 Datetime 格式

（图片已经过 MathWorks 许可）

AMZNtable

5x7 table

	1 Date	2 Open	3 High	4 Low	5 Close	6 Volume	7 AdjClose
1	2017-02-03	806.7...	818.3...	804	810.2...	10838900	810.2000
2	2017-02-02	836.5...	842.4...	828.2...	839.9...	6541700	839.9500
3	2017-02-01	829.2...	833.7...	824.9...	832.3...	3797000	832.3500
4	2017-01-31	823.7...	826.9...	819.5...	823.4...	3112600	823.4800
5	2017-01-30	833	833.5...	816.3...	830.3...	3677100	830.3800

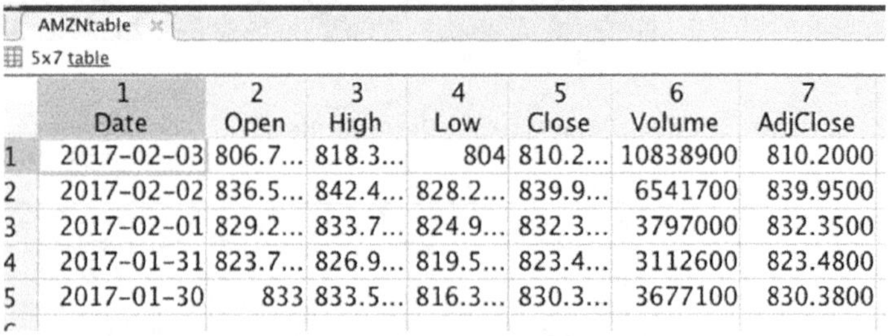

图 2.5 导入后的表格

（图片已经过 MathWorks 许可）

4. 提取日期的各个部分

一个标准的 datetime 变量包括年、月、日、时、分、秒几个部分。我们可以从一个 datetime 变量中提取其中一个或多个部分，获取所需要的特定信息。下面举几个例子：

```
t = datetime(2017,10,4,13,27,0)
t = 
  datetime
   04-Oct-2017 13:27:00

% 提取年份
year(t)
ans = 
        2017

% 提取月份（数字形式）
month(t)
ans = 
     10

% 使用 name 提取月份
month(t,'name')
ans = 
  cell
    'October'

% 一年中的第几周
week(t,'weekofyear')
ans = 
     40

% 当月第几天
day(t,'dayofmonth')
ans = 
     4

% 当年第几天
day(t,'dayofyear')
ans = 
    277

% 使用 hms 函数提取时、分、秒并放入单独的数组中
[hr,min,sec]=hms(t)
```

```
hr =
    13
min =
    27
sec =
     0
```

5. 推移日期

我们经常需要沿着时间推移日期，比如把付款时间从今天改到本月最后一天，计算 180 天是截止到哪一天，等等。dateshift 函数用来把日期推移到时间单位的开头或结尾，或指定的星期几。

这个函数使用类似的参数结构来实现不同的目的。

> **dateshift**(array, time shift, time unit)

例如，今天是 2018 年 3 月 13 日，你打算把付款安排到接下来的 4 个星期四。（显然，你可以在日历上查找日期，这里假设你要创建由付款程序或例程读取的数组变量。）

```
t = datetime(2018,3,13)
t =
  datetime
   13-Mar-2018

payDates = dateshift(t,'dayofweek','Thursday',1:4)
payDates =
  1 × 4 datetime 数组
   15-Mar-2018    22-Mar-2018    29-Mar-2018    05-Apr-2018


% 创建一个数组，里面包含每个月的最后一天
endOfMonth = datetime(2018,1:12,1);
monthlyInvoices=dateshift(endOfMonth,'end','month')'
monthlyInvoices =
  12 × 1 datetime 数组
   31-Jan-2018
   28-Feb-2018
   31-Mar-2018
   30-Apr-2018
   31-May-2018
   30-Jun-2018
   31-Jul-2018
   31-Aug-2018
```

```
30-Sep-2018
31-Oct-2018
30-Nov-2018
31-Dec-2018
```

2.3.2 日期转换

从前面例子可以看出，最后得到的日期可能是非 datetime 格式。MATLAB 为我们提供了多个函数，用来在不同日期格式之间进行转换。

1. 日期序列

当你从电子表格这类程序导入数据，或者把数据导出到电子表格这类程序时，就可能会遇到日期序列。日期序列有一个基准日期，后面的日期都是在前一个日期的基础上加 1 得到的。在 MATLAB 中，第 0 天是 0000 年 1 月 0 日，第 1 天是 0000 年 1 月 1 日。与此不同，Microsoft Excel 的基准日期是 1900 年 1 月 1 日和 1904 年 1 月 1 日。日期序列还可以表示一天的一部分，比如 0.5 表示中午。

到底选用日期字符向量（比如 Januar 1, 2017 或 01/01/2017）还是日期序列数字（736696）取决于具体情况。当导入大量日期时（比如从网上下载历史价格数据），最后得到的日期数据很可能就是日期序列。就大型数据集来说，使用日期序列还会大大提高运算性能。但是，当使用手工输入少量日期时，使用日期字符可以更方便地查看你的输入并检查日期的准确性，仅仅通过查看日期很难将连续日期转换为可理解的格式。

日期序列主要有表 2.4 所示的几个转换函数。

表 2.4　　　　　　　　　　日期序列的转换函数

datenum	把日期字符向量转换为日期序列
datestr	把日期序列转换为日期字符
m2xdate	把 MATLAB 日期序列转换为 Excel 日期序列
x2mdate	把 Excel 日期序列转换为 MATLAB 日期序列

2. datenum 函数

datenum 函数用来把各种格式的日期字符向量转换为日期序列。下面是一些常用格式：

```
t = datenum(2018,1,1)
t =
```

```
        737061

t = datenum('01/01/2018')
t =
        737061

t = datenum('01-Jan-2018')
t =
        737061

t = datenum('January 1 2018')
t =
        737061
```

类似于 datetime 函数,有些日期输入格式会得到错误结果:

```
t = datenum(010118)
t =
        10118
```

使用 datenum 函数时,我们可以在日期字符串后面指定正确的日期格式:

```
t = datenum('010118','ddmmyy')
t =
        737061
```

当然,我们还可以先把日期格式指派给一个变量,然后再把这个变量传递给 datenum 函数。在处理多个日期输入时,这种方法会更方便。

```
formatIn = 'mmddyy';
t = datenum('010118',formatIn)
t =
        737061

t = datenum({'010118', '020118'},formatIn)
t =
        737061
        737092
```

在下面的例子中,datenum 能够接收 6:45 a.m.和 p.m.这样的时间输入,其返回的结果包含小数,其中小数部分表示流逝的小时数。

```
t = datenum(2018,1,1,6,45,0)
t =
        737061.28
```

```
t = datenum('01-Jan-2018, 6:45:00 am')
t =
    737061.28

t = datenum('01-Jan-2018, 6:45:00 pm')
t =
    737061.78
```

此外，我们还可以使用 ConvertFrom 参数实现从 datenum 到 datetime 的转换，ConvertFrom 参数后面跟着原始数组类型：

```
t
t =
    737061.28

datetime(t,'ConvertFrom','datenum')
ans =
  datetime
   01-Jan-2018 06:45:00
```

3. datestr 函数

datestr 函数用来把日期序列和 datetime 数组转换成日期字符向量，其基本形式为：datestr(DateNumber)。

```
% 单个日期输入
datestr(737061)
ans =
    '01-Jan-2018'

% 日期向量输入
datestr(dates)
ans =
  5 × 11 char 数组
    '01-Jan-2018'
    '02-Jan-2018'
    '03-Jan-2018'
    '04-Jan-2018'
    '05-Jan-2018'
```

当你需要使用用户友好的格式显示日期信息时，这个函数会非常有用。"日-月-年"是 datestr 函数的默认输出格式，datestr 函数带有多个可选参数，允许我们使用多种日期字符格式。我们可以使用 datestr 函数和相应的日期字符格式提取日期的特定部分，比如：

```
% 提取月份名（缩写）
datestr(737061,'mmm')
ans =
    'Jan'

% 提取月份名（全名）
datestr(737061,'mmmm')
ans =
    'January'

% 月/日（数字）
datestr(737061,'mm/dd')
ans =
    '01/01'

% 完整的月、日、年
datestr(737061,'mmmm dd, yyyy')
ans =
    'January 01, 2018'

% 把日期向量转换为表示日期的文本（月/日/年）
datestr(dates,'mmmm dd, yyyy')
ans =
  5 × 16 char array
    'January 01, 2018'
    'January 02, 2018'
    'January 03, 2018'
    'January 04, 2018'
    'January 05, 2018'
```

datestr 函数有一个 formatOut 参数，该参数允许你使用指定输出格式转换日期。

```
formatOut = 'mmmm-dd-yyyy';
t = datestr(737061,formatOut)
t =
    'January-01-2018'
```

formatOut 参数有一系列预设格式，更多细节请查看 datestr 函数的说明文档。下面是使用"mm/dd/yy"（使用两位数字表示）格式进行转换的例子：

```
t = datestr(737061,2)
t =
    '01/01/18'
```

datestr 函数还可以处理包含时、分、秒的时间戳数据。在下面的例子中,先使用 datenum 把日期和时间转换为 datetime,然后使用 datestr 转换成文本形式。

```
t = datenum('01-Jan-2018, 6:45:00 am')
t =
      737061.28

datestr(t)
ans =
    '01-Jan-2018 06:45:00'
```

4．char 和 cellstr 函数：转换日期到字符

有时,你可能想把 datetime 数组当作一个字符或字符串数组使用。这时,你可以使用 char 和 cellstr 函数做转换。

char	把目标数组转换为字符数组
cellstr	把目标数组转换为元胞数组

假设你想在一段文本中插入一个日期：

"Report date: date"

当你试图连接字符数组和 datetime 数组时,MATLAB 就会报错：

```
t = datetime(2018,1,1)
t =
  datetime
   01-Jan-2018

['Report date: ',t]
Error using datetime/horzcat (line 1278)
Could not automatically convert the text 'Report date: ' to a
 datetime
value because its format was not recognized.
```

解决这个问题的办法是使用 char 函数把 datetime 变量转换成字符数组。

```
['Report date: ',char(t)]
ans =
    'Report date: 01-Jan-2018'
```

char 和 cellstr 函数分别用来把多个日期转换为字符和元胞数组。

```
t =
  3 × 1 datetime 数组
    01-Jan-2018
    01-Jan-2019
    01-Jan-2020

tDates = char(t)
tDates =
  3 × 11 char 数组
    '01-Jan-2018'
    '01-Jan-2019'
    '01-Jan-2020'

tDates = cellstr(t)
tDates =
  3 × 1 cell 数组
    '01-Jan-2018'
    '01-Jan-2019'
    '01-Jan-2020'
```

2.3.3 日期生成函数

日期生成函数用来产生日期序列，这很适合用来做计算机输入，但是如果你需要读取日期，那可以使用 datestr 函数把它们转换为可读格式。表 2.5 列出了一些日期序列转换函数，有关这些函数的更多细节，请参考 MATLAB 金融工具箱的说明文档，说明文档中还列出了其他一些相关函数。

表 2.5　　　　　　　　　　　　　日期序列转换函数

函数	说明
fbusdate(year, month)	返回指定年份指定月份的第一个工作日（日期序列）
lbusdate(year, month)	返回指定年份指定月份的最后一个工作日（日期序列）
holidays(startDate, endDate)	列出假日和其他非交易日
nyseclosures(startDate, endDate)	返回纽约证交所闭市的日子

```
% 返回 2018 年每个月的第一个工作日
firstBusDay = datestr(fbusdate(2018,1:12))
firstBusDay =
  12 × 11 char 数组
    '02-Jan-2018'
```

```
    '01-Feb-2018'
    '01-Mar-2018'
    '02-Apr-2018'
    '01-May-2018'
    '01-Jun-2018'
    '02-Jul-2018'
    '01-Aug-2018'
    '04-Sep-2018'
    '01-Oct-2018'
    '01-Nov-2018'
    '03-Dec-2018'

% 返回 2018 年每个月的最后一个工作日
lastBusDay = datestr(lbusdate(2018,1:12))
lastBusDay =
    12 × 11 char 数组
    '31-Jan-2018'
    '28-Feb-2018'
    '29-Mar-2018'
    '30-Apr-2018'
    '31-May-2018'
    '29-Jun-2018'
    '31-Jul-2018'
    '31-Aug-2018'
    '28-Sep-2018'
    '31-Oct-2018'
    '30-Nov-2018'
    '31-Dec-2018'

% 返回 2018 年的假期和非交易日(交易所休市)
holidays2018 = datestr(holidays('01 Jan 2018','31 Dec 2018'))
holidays2018 =
    9 × 11 char 数组
    '01-Jan-2018'
    '15-Jan-2018'
    '19-Feb-2018'
    '30-Mar-2018'
    '28-May-2018'
    '04-Jul-2018'
    '03-Sep-2018'
    '22-Nov-2018'
    '25-Dec-2018'

% 返回 2018 年 NYSE 假日
```

```
exchClosed = datestr(nyseclosures('01 Jan 2018','31 Dec 2018'))
exchClosed =
  9 × 11 char 数组
    '01-Jan-2018'
    '15-Jan-2018'
    '19-Feb-2018'
    '30-Mar-2018'
    '28-May-2018'
    '04-Jul-2018'
    '03-Sep-2018'
    '22-Nov-2018'
    '25-Dec-2018'
```

1．m2xdate

m2xdate 函数用来把 MATLAB 日期序列转换为 Excel 日期序列。如果你需要经常在两个程序之间来回移动日期数据，m2xdate 及其对应的 x2mdate 会非常有用，它们有助于你导入和导出数据。使用 m2xdate 函数时，你可以在数组名称之后添加一个可选标准：0（默认）或 1。如果 Excel 用户使用 1900 作为基准日期，那你就不需要使用这个标志。但是，如果用户使用的是 Mac 系统，并且以 1904 年为基准日期，那么你就应该把这个标志设为 1。

```
t = datenum('01-Jan-2018')
t =
    737061

% 转换成 Excel 日期（不带标志）
excelDate = m2xdate(t)
excelDate =
    43101.00
```

图 2.6 显示的是一个 Excel 电子表格，其中单元格 A1 存放的是转换后的日期，单元格 B1 是把 A1 格式化为日期后的结果。

使用 m2xdate 函数时，若使用 1904 标志（1），则转换得到的日期序列会晚一些：

```
excelDate1904 = m2xdate(t,1)
excelDate1904 =
    41639.00
```

图 2.6　在 Microsoft Excel 中日期转换
（来源：Microsoft Excel）

我在两台 Mac 上都安装了 Excel，并且把两台机器的默认基准年份都设置成了 1900。用户必须选择 1904 这个基准年份，才能使用上面那个约定。

2. x2mate 函数

x2mate 函数用来把 Excel 日期序列转换为 MATLAB 日期序列。如图 2.7 所示，在 Microsoft Excel 电子表格的单元格 A2 和 A3 中依次输入 2016 年 12 月 31 日和 2017 年 1 月 1 日。

使用 MATLAB 数据导入工具导入表格，这时日期以 Excel 序列编号的形式导入，并保存在 ExcelDates 变量中，如图 2.8 所示。

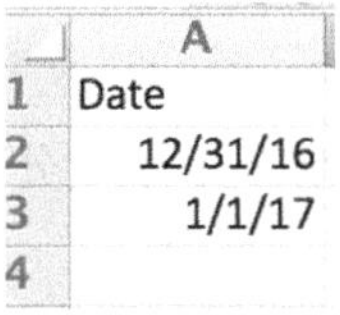

图 2.7　x2mate Excel 到 MATLAB 的转换

（来源：Microsoft Excel）

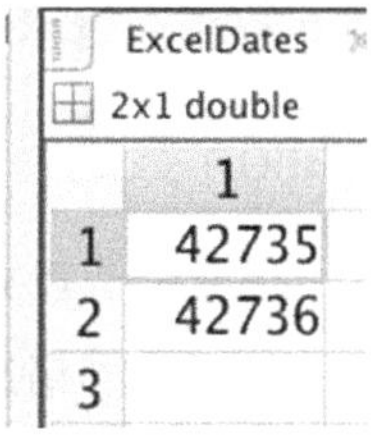

图 2.8　MATLAB 中的 Microsoft Excel 日期

（图片已经过 MathWorks 许可）

然后，使用 x2mdate 转换这些序列日期，但最终结果取决于你选用哪种约定：Excel 1900 或 1904，这可以从输出结果中看出来。在本例中，调用 x2mdate 时并没有使用可选参数，最后得到的结果是正确的。

```
% 使用 Excel 1900
mlDates = x2mdate(ExcelDates)
mlDates =
    736695
    736696

% 使用 Excel 1904
mlDates = x2mdate(ExcelDates,1)
mlDates =
    738157
    738158
```

x2mdate 还可以把 ExcelDates 转换为 datetime 数组格式，它的第 2 个参数是空的，第 3 个参数是可选的，如下：

```
mlDateTimes = x2mdate(ExcelDates,[],'datetime')
mlDateTimes =
 2 x 1 datetime array
   31-Dec-2016
   01-Jan-2017
```

2.3.4 Duration 数组

通常，知道两个日期与时间之间的时间间隔是很有用的。为此，MATLAB 为我们提供了两种方法用以计算时间间隔。Duration 数组处理的是固定时间间隔：两年、5 个月、6 天等。计算这些时间间隔时并非基于日历上的时间间隔，因为日历上的时间间隔存在差异。例如，在日历上，一个月份的天数从 28 天到 31 天不等，具体有多少天要看是哪一个月。MATLAB 使用 calendarDuration 数据类型来计算基于日历的时间间隔，相关内容会在下一节讲解。

1. 创建 Duration 数组

我们可以使用 duration 函数来创建 duration 数组，这个函数前 3 个参数分别为时、分、秒，此外，它还有一个可选的格式参数。

```
duration(hours, minutes, seconds, optional format)
```

duration 函数可以接收一系列输入，以及用来调整这些输入的常见方法。

```
% 单个持续时间，默认输出
t = duration(6,5,4)
t =
  duration
   06:05:04

% 输入多个小时，创建 duration 数组
t = duration(3:6,5,4)
t =
  1 × 4 duration 数组
   03:05:04 04:05:04 05:05:04 06:05:04

%输入多个分钟，创建 duration 数组
t = duration(6,15:20,0)'
t =
  6 × 1 duration 数组
   06:15:00
   06:16:00
   06:17:00
   06:18:00
   06:19:00
   06:20:00
```

你可以使用 h（小时）、m（分钟）、s（秒）对输出进行格式化。

```
% 默认输出格式
t = duration(6,5,4,'Format','hh:mm:ss')
t =
  duration
   06:05:04

% 修改输出格式
t = duration(6,5,4,'Format','hh:mm')
t =
  duration
   06:05
```

2. 创建多种持续时间

创建 duration 数组时，我们可以使用不同的计时单位，比如年、天、小时、秒等。如果你想分别创建一个两年、两天、两小时、两秒的持续时间，你可以使用表 2.6 中的这些函数。

表 2.6 用于创建持续时间的函数

函数	说明
days	创建一个 duration 数组，以天计算
duration	创建 duration 数组
hours	创建一个 duration 数组，以小时计算
minutes	创建一个 duration 数组，以分钟计算
seconds	创建一个 duration 数组，以秒计算
years	创建一个 duration 数组，以年计算

例子：

```
durationTwo = years(2)+days(2)+hours(2)+minutes(2)+seconds(2)
durationTwo =
  duration
   2.0057 yrs
```

请注意，我们不能把 months 和 weeks 作为函数来创建 duration 变量。MATLAB 中有 months 这个函数，但这个函数并不是用来创建 duration 数组的，并且 MATLAB 中根本没有 weeks 这个函数。把这些名字当作函数来创建持续时间会导致错误：

```
months(2)
Error using months (line 39)
```

```
The MONTHS function computes the number of months between two
 serial date numbers, and requires two inputs. To create an array
 of calendar months from one numeric array, use the CALMONTHS
 function.

weeks(3)
Undefined function or variable 'weeks'.
```

在 2.3.6 节我们会详细讲解日期运算，这里先举一个简单的例子，讲一讲如何从一个日期上减去另一个日期，得到一个 duration 变量。

```
% 创建两个日期: 1/1/2018 and 2/10/2018
t1 = datetime(2018,2,10)
t0 = datetime(2018,1,1);
elapsed = t1 - t0
elapsed =
  duration
    960:00:00
```

上面的结果是一个 duration 数组，以小时计算。我们可以使用 days 函数把它从小时数转换成天数：

```
elapsedDays = days(elapsed)
elapsedDays =
    40
```

3. 提取 duration 数组各个部分

你可以使用创建持续时间的函数反转创建过程，并从持续时间提取各个组成部分：

```
durationTwo = years(2)+days(2)+hours(2)+minutes(2)+seconds(2)
durationTwo =
  duration
    2.0057 yrs

yDTwo=years(durationTwo)
yDTwo =
    2.0057

dDTwo = days(durationTwo)
dDTwo =
    732.5697

hDTwo = hours(durationTwo)
ans =
```

```
        17581.67

mDTwo = minutes(durationTwo)
mDTwo =
      1054900.43
```

如果你只需要小时数、分钟数、秒数，那么，你可以使用 hms 函数来提取它们：

```
[h,m,s]=hms(durationTwo)
h =
      17581.00
m =
          40.00
s =
          26.00
```

2.3.5 日历持续时间

calendarDuration 和 duration 函数最大的不同是，calendarDuration 可以使用可变长度的时间单位，比如月、闰年、夏令时。在下面的例子中，我们会演示在处理 2020 年 2 月（闰年）时如何使用 years（duration 函数）得到不同于 calyears 函数（alendarDuration 函数）的结果。

```
t0 = datetime(2020,2,1)
t0 =
  datetime
   01-Feb-2020

t0 + years(1)
ans =
  datetime
   31-Jan-2021 05:49:12

t0 + calyears(1)
ans =
  datetime
   01-Feb-2021
```

1. 创建日历持续时间数组

创建 calendarDuration 数组的方法和创建 duration 数组的方法类似。创建时，你既可以提供 3 个输入（年、月、日），也可以提供 6 个输入（年、月、日、时、分、秒），输入格式化可做可不做。

> **calendarDuration**(years, months, days, hours, minutes, seconds, optional format)

```
% 单个日历持续时间，默认输出
t = calendarDuration(6,5,4)
t =
  calendarDuration
   6y 5mo 4d

% 提供多个输入年份
t = calendarDuration(3:6,5,4)
t =
  1 × 4 calendarDuration 数组
   3y 5mo 4d   4y 5mo 4d   5y 5mo 4d   6y 5mo 4d

% 完整输入
t=calendarDuration(6,5,4,8,3,45)
t =
  calendarDuration
   6y 5mo 4d 8h 3m 45s

% 使用完整输入，创建 calendarDuration 数组
t = calendarDuration(4:6,5,4,8,3,45)'
t =
  3 x 1 calendarDuration 数组
   4y 5mo 4d 8h 3m 45s
   5y 5mo 4d 8h 3m 45s
   6y 5mo 4d 8h 3m 45s
```

格式显示控制参数允许你指定一种格式把 calendarDuration 数组以月、周、日、时间的形式显示出来。calendarDuration 函数有一个可选的"Format"参数，这个参数后面跟着代表日期或时间单位的字符。这些字符是各个时间单位单词的第一个字母，比如，y 代表年，d 代表天数等，格式必须包含"mdt"（月、日、时间）。

```
% 显示月数
t = calendarDuration(6,5,4,8,3,45,'Format','mdt')
t =
  calendarDuration
   77mo 4d 8h 3m 45s
```

2. 指定日历持续时间

日历持续时间函数和前面 duration 相应的函数类似，但是它们都以 cal 开头，而且还有

months 函数：calyears、calquarters、calmonths、calweeks、caldays。

```
% 创建一个日历持续时间：2年2个月2周2天
durTwoCalYrs = calyears(2)+calmonths(2)+calweeks(2)+caldays(2)
durTwoCalYrs = 
  calendarDuration
   2y 2mo 2w 2d
```

3. 提取日历持续时间数组的各个部分

你可以使用创建日历持续时间的函数来提取各部分的数据，但并非所有函数都可以。例如：

```
% 提取年数
yCDTwo = calyears(durTwoCalYrs)
yCDTwo = 
         2.00

% 提取月数（全部）
yCDTwo = calmonths(durTwoCalYrs)
yCDTwo = 
         26.00
```

但使用另外一些函数可能会引起错误：

```
yCDTwo = calweeks(durTwoCalYrs)
Error using calendarDuration/calweeks (line 304)
cannot convert a calendarDuration to days or weeks when it contains
a non-zero
number of months. Use SPLIT instead.
```

> **split**(string, delimiter)

我们可以使用 split 函数从一个 calendarDuration 变量提取特定的部分。下面我们举个例子进行说明：

```
durCalYrs = calyears(5)+calmonths(4)+calweeks(3)+caldays(2)
durCalYrs = 
  calendarDuration
   5y 4mo 3w 2d

% 显示在两个输入行
[yrs,mos,wks,dys] = split(durCalYrs,{'years','months','weeks',
 'days'})
```

```
yrs =
      5.00
mos =
      4.00
wks =
      3.00
dys =
      2.00
```

2.3.6 日期计算和操作

MATLAB 为我们提供了许多用来做日期和时间计算的函数。例如，你要借款 180 天，选择本息到期还款。如果你在 2018 年 6 月 8 日借款，那该什么时候还款呢？回答这个问题，要用到下面几个函数：

1. 加法

```
% 把 180 加到 datetime 变量上
repaymentDate = datetime(2018,6,8)+180
repaymentDate =
  datetime
   05-Dec-2018 00:00:00

% 加上 180 天
repaymentDate = datetime(2018,6,8)+days(180)
repaymentDate =
  datetime
   05-Dec-2018 00:00:00

% 加上 caldays(180)
repaymentDate = datetime(2018,6,8)+caldays(180)
repaymentDate =
  datetime
   05-Dec-2018
```

2. 减法

```
loanDate = repaymentDate-180
loanDate =
  datetime
   08-Jun-2018 00:00:00

loanDate = repaymentDate-days(180)
```

```
loanDate =
  datetime
    08-Jun-2018 00:00:00

loanDate = repaymentDate-caldays(180)
loanDate =
  datetime
    08-Jun-2018
```

3. 乘法

duration 和 calendarDuration 数组可以做乘法运算：

```
days(7)*52
ans =
  duration
    364 days

calmonths*12
ans =
  calendarDuration
    1y
```

4. 统计函数

其他一些函数（包括几个统计函数）也可以应用到 datetime 数组上：

```
% 创建一个 datetime 数组
dates=datetime(2018,[3 5 9],15)
dates =
  1 × 3 datetime 数组
    15-Mar-2018  15-May-2018  15-Sep-2018

% 使用基本的统计函数
mean(dates)
ans =
  datetime
    04-Jun-2018

median(dates)
ans =
  datetime
    15-May-2018

max(dates)
```

```
ans =
  datetime
   15-Sep-2018

min(dates)
ans =
  datetime
   15-Mar-2018
```

5. 日期之差

你可以使用下面函数计算日期之差（见表 2.7）。

表 2.7　　　　　　　　　　　　日期间的时间计算

函数	说明
between(date1,date2)	从两个数组计算相应的 datetime 元素之差
caldiff(array)	在同一个数组中，计算连续的 datetime 元素之差
diff(array)	在 datetime 或 duration 数组中，计算连续元素之差

```
% 创建一个包含 3 个元素的 datetime 数组
t = datetime(2018,[1 5 8],15)
t =
  1 × 3 datetime 数组
   15-Jan-2018 15-May-2018 15-Aug-2018

between(t(1),t(2))
ans =
  calendarDuration
   4mo

caldiff(t)
ans =
  1 × 2 calendarDuration 数组
   4mo   3mo

diff(t)
ans =
  1 × 2 duration 数组
   2880:00:00 2208:00:00

% diff 转换成天数
```

```
days(diff(t))
ans =
       120.00          92.00
```

MATLAB 金融工具箱为我们提供了一些用来计算实际经过时间的函数，它们可以处理不同的日期格式（见表 2.8）。

表 2.8　　　　　　　　　　用来处理不同日期格式的经过时间函数

函数	定义
Days360(startDate, endDate)	经过的天数（按一年 360 天算）
Days365(startDate, endDate)	经过的天数（按一年 365 天算）
Daysact(startDate, endDate)	实际经过的天数
Daysadd(startDate, number of days, basis)	从 startDate 开始的天数，带有可选的计日参数
Daysdif(startDate, endDate, basis)	计算经过的天数，带有可选的计日参数（basis）

下面例子演示了这些函数的用法。

```
% 创建 3 个 datetime 变量。2020 年是闰年。
startDate = datetime(2018,1,1);
endDate1 = datetime(2018,11,15);
endDate2 = datetime(2020,6,1);

% 使用 days360 函数
days360(startDate,endDate1)
ans =
       314.00

days360(startDate,endDate2)
ans =
       870.00

days365(startDate,endDate1)
ans =
       318.00

% 使用 days365 函数
days365(startDate,endDate2)
ans =
       881.00

% 使用 daysact 函数
```

```
daysact(startDate,endDate1)
ans =
       318.00

daysact(startDate,endDate2)
ans =
       882.00

% 使用 daysadd 函数，更多内容请参考该函数的说明文档。
daysadd(startDate,180)
ans =
  datetime
   30-Jun-2018
```

通过提供可选的计日参数（basis），daysdif 函数可以得到和 days360、days365、daysact 函数一样的结果。默认的 basis 值为 0，使用的是 "actual/actual"。下面例子演示了不同的 basis 方法，取值从 0 到 3。关于 basis 参数值的完整列表，请参考 daysdif 函数的说明文档。（SIA 是 Securities Industry Association 的缩写，即证券业协会）

```
daysdif(startDate,endDate2,0) % actual/actual
ans =
       882.00

daysdif(startDate,endDate2,1) % 30/360 (SIA)
ans =
       870.00

daysdif(startDate,endDate2,2) % actual/360
ans =
       882.00

daysdif(startDate,endDate2,3) % actual/365
ans =
       882.00
```

6．对日期变量排序

datetime 数组另一个有用的特征是，你可以向其应用 sort 和 sortrows 函数。在下面的例子中，我们创建了一个 datetime 数组，里面的日期是随机生成的（在同一个月内）。

```
randDates=datetime(2018,randi(12,1,1),randi(30,10,1))
randDates =
  10 × 1 datetime 数组
   05-Aug-2018
```

```
04-Aug-2018
15-Aug-2018
29-Aug-2018
11-Aug-2018
18-Aug-2018
07-Aug-2018
23-Aug-2018
08-Aug-2018
16-Aug-2018
```

你可以向 randDates 应用 sort 函数，对其按升序或降序排列。sortrows 也可以对表格和矩阵执行类似的操作。

```
sort(randDates)
ans =
  10 × 1 datetime 数组
    04-Aug-2018
    05-Aug-2018
    07-Aug-2018
    08-Aug-2018
    11-Aug-2018
    15-Aug-2018
    16-Aug-2018
    18-Aug-2018
    23-Aug-2018
    29-Aug-2018
sort(randDates,'descend')
ans =
  10 × 1 datetime 数组
    29-Aug-2018
    23-Aug-2018
    18-Aug-2018
    16-Aug-2018
    15-Aug-2018
    11-Aug-2018
    08-Aug-2018
    07-Aug-2018
    05-Aug-2018
    04-Aug-2018
```

2.3.7 绘制日期

我们将在第 4 章和第 7 章详细介绍 MATLAB 的绘图功能，但这里我们还是先简单地介绍一下如何绘制日期。基本绘图函数会根据 x（自变量）来绘制 y（因变量）。y 值位于竖轴上，x 值位于横轴上。下面例子中，x 值表示的是日期数组，y 值表示的是股票价格：

```
» dates=datetime(2010:2017,1,1)'
dates =
  8 × 1 datetime 数组
    01-Jan-2010
    01-Jan-2011
    01-Jan-2012
    01-Jan-2013
    01-Jan-2014
    01-Jan-2015
    01-Jan-2016
    01-Jan-2017

» stkprice=[100; 85; 93; 110; 123; 102; 118;130];
```

我们会在第 4 章详细讲解有关绘图结构和定制的内容。如图 2.9 所示，我们可以直接根据 datetime 变量来绘制数值（stkprice），而无须修改数据。

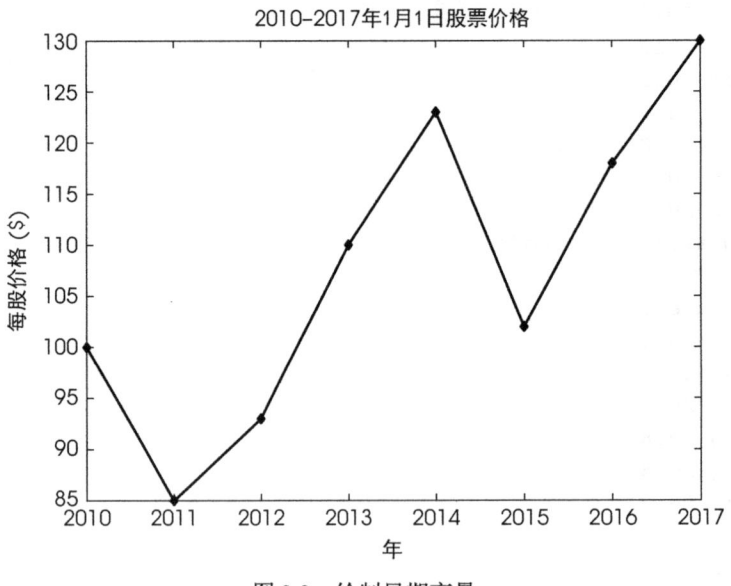

图 2.9　绘制日期变量

2.4　参考资料

The MathWorks® Inc. 2017. "Dates and Time."在线教程和文档资料。

第 3 章
MATLAB 基本编程

3.1 简介

在前面几章的例子中,我们演示了如何与 MATLAB 进行手动交互,这可以是交互式的,也可以键入命令。但这些方法一般只适用于基本计算或一次性计算,实际工作可能需要连续运行多个命令。在 MATLAB 中,你可以先编写好这些命令序列,而后将它们保存为脚本和函数供以后使用。

本章介绍如何在 MATLAB 中创建脚本和函数,在实际工作中运用这些知识和方法能够帮你大大提高工作效率。本章内容包括:

- 理解算法;
- 自己编写函数并使用 MATLAB 金融函数;
- 编写脚本和函数实现自动化;
- 流程控制;
- 模块化程序设计;
- 与用户交互;
- 调试代码。

本章所用软件:MATLAB 软件。

3.1.1 算法

"算法"这个词经常出现,甚至在 Netflix 上还有一部专门介绍算法的纪录片。有些人认为，算法深刻地影响着我们的生活，其影响程度可能比我们意识到的还要深。但什么是算法呢？从本质上说，它们是解决问题所遵循的一系列步骤或过程。在模块化编程方法中，用户开发算法时要把所需要的计算分解成相互独立且易于管理的模块。

这里我们举一个简单的金融例子。假设你想为某种证券实现一个实时的计价公式，你期望的结果或输出是一个价格。为了计算价格，你要创建 3 个模块。

- 模块 1：收集所需数据。
- 模块 2：调用计算引擎，将输入的数据应用在价格公式或某个分析方法中。
- 模块 3：输出计算结果，用来展示或后续使用。

上面这个过程非常简单，也是高度概括的，但这只是解决问题的第一步。每个步骤都可以看成一个模块，反过来，每个模块都可以有子模块，这个过程可以不断分下去，直到你得到更易管理的代码片段，这些代码片段就是算法的构建块。当然，这种描述让整个代码的开发过程听上去好像很简单，但是许多程序都有数千行代码，据说有些大型应用程序的代码行数超过了 5000 万行。

3.1.2 自己动手编写还是使用内置代码

如果不怕麻烦，你完全可以自己动手编写代码，用来解决你在金融领域中遇到的许多计算问题。例如，你可以下载并使用 C++、Java 或 Python 来编写代码，当然前提是你得会用它们，并且具备相应的编程知识。最后你很可能会自己（或者使用开源代码）编写程序以实现算法，从而获得自己想要的结果。

但是，从效率角度看，那是利用时间的最有效方式吗？使用 MATLAB 的一个重要好处是，它可以让你使用专门工具箱，其中包括用于特定学科的函数和程序。例如，本书的好几章内容会用到 MATLAB 金融工具箱，这个工具箱中包括大量用于金融领域的函数。阅读本书时，如果你是个 MATLAB 新手，或者搞金融的新人，那么我认为，直接购买能够帮助你完成工作的工具箱是更高效的做法（至少初期是这样）。工具箱提供的代码都是经过测试和优化过的，使用这些代码可以加快你的开发工作，并能大大减少出错的风险。当然，购买工具箱的费用也是一个要考虑的因素，但是在成本效益分析中不要忽略你的时间价值。

3.2 MATLAB 脚本和函数

MATLAB 代码文件称为脚本或函数，它们以 .m 为扩展名进行保存。打个不太确切的比方，你可以把 MATLAB 的脚本看成是 Microsoft Excel 中的宏，因为它们会"复制"你在命令提示符中输入的用来完成某个任务的命令。一旦你把这些命令保存到脚本文件中，就可以在命令行中键入脚本名称，或者单击脚本文件名，脚本文件中的命令就会逐行得到执行。

前面几章内容中有大量使用 MATLAB 内置函数的例子。本章我们会讲解用户自定义脚本和函数，它们通常比脚本更灵活，更容易扩展。函数可以接受不同数量的输入，暂停和提示用户进行其他输入，并与其他函数交互。但这不是非此即彼的选择，常见的做法是使用脚本运行包含函数的文件。

3.2.1 脚本

在下面的例子中，我们创建了一个脚本，用来计算一笔钱的未来价值。这是一种基本的金融计算，需要有如下输入：

$FV =$ 终值

$PV =$ 现值

$r =$ 利率（利率也可以用 i 表示）

$t =$ 时间

计算公式如下：

$$FV = PV \times (1 + r)^t$$

如果你以前没有用过这个公式，那我可以用一个例子来解释一下。假如你把 1000 美元存入一个储蓄账户，年利率是 3%，那一年后是多少钱？在这个例子中，有 3 个输入，分别是：

$PV = 1000$

$r = 0.03$

$t = 1$

一年后，这个账户中将有 1030 美元，即 $1000 \times (1 + 0.03)^1$。假设你的利息一直存在这个账户中，并在第 2 年获得利息（即利滚利），那么到第 2 年年底，你的账户将有 1060.90 美元。这个结果你可以手算出来：

$PV = 1000$

$r = 0.03$

$t = 2$

$$FV = 1000 \times (1 + 0.03)^2 = 1060.90$$

接下来，我们创建一个名为 FV1.m 的脚本文件，用来把上面的计算过程自动化。在命令行窗口中，输入 edit FV1，打开编辑器窗口，这个文件以 FV1.m 形式保存。在编辑器中，你会看到工具条和行号 1，如图 3.1 所示。

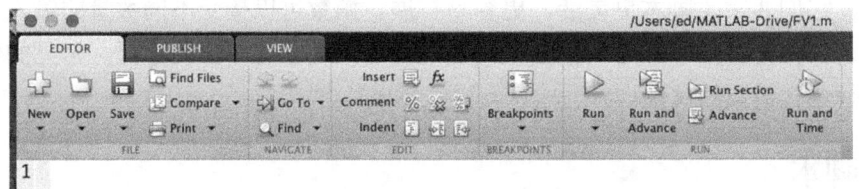

图 3.1　编辑器工具条（图片已经过 MathWorks 授权）

编辑器工具条中包含了创建和运行脚本所需的操作。对于上面的例子，我们会为变量赋值，输入计算公式，并保存脚本文件，如图 3.2 所示。如果脚本文件已经存在，那你可以直接单击 Run 按钮运行脚本，而无须先保存文件，MATLAB 会在执行脚本之前自动把所做的修改保存到文件中。但是，先保存脚本文件再运行是个好习惯。

在图 3.2 中，赋值号（=）是高亮显示的，这是因为 MATLAB 认为在行尾添加分号是个好的编程习惯，它建议我们这样做。我们可以忽略 MATLAB 的这个建议，直接运行脚本，即可得到 FV 的结果。

图 3.2　终值脚本
（图片已经过 MahtWorks 授权）

运行一个脚本有如下 4 种方法：（1）直接按编辑器工具条中的 Run 图标；（2）在命令行窗口中输入脚本名；（3）在脚本文件所在的目录中，找到脚本文件并双击它；（4）在脚本文件上单击鼠标右键，选择"Run"（运行）。然后，MATLAB 会逐行检查脚本代码，顺序执行每行命令，遇到问题时会返回错误信息。如果所输入的脚本代码没有问题，那么在命令行窗口中，你会看到如下结果：

```
FV1
FV =
    1060.90
```

要在命令行窗口中查看脚本文件，你可以在其中输入"type 文件名"。

```
type FV1

PV = 1000;
r = 0.03;
```

```
t = 2;
FV = PV * (1 + r)^t
```

要编辑脚本并更改变量的值,请在命令行窗口中键入"edit 文件名"(不带.m 扩展名),这样脚本文件就会在编辑器中打开。但是,当你想更改变量时,打开文件的过程中会很容易出现问题,并有可能会导致输入错误。为此,我们可以在命令窗口中为变量赋值,这些变量会存储在工作区中,脚本运行时可以从工作区中调用它们。下面举个例子,首先删除脚本中的变量,将脚本文件保存为 *FV2*,然后在命令窗口中输入变量值,再根据脚本名称调用脚本:

```
% 本金 3000 美元,利率 3%,存款 1 年后有多少钱
% 在命令行窗口中为 3 个变量赋值:
PV=3000;
r=0.03;
t=1;

% 运行 FV2
FV2
FV =
      3090.00
```

虽然使用这种方法不需要再编辑脚本文件,但它仍然很麻烦,而且变量值还有被覆盖的风险,因为这些变量都存储在工作区中。

1. 用户输入提示

在脚本中添加用户输入提示可以增加脚本的灵活性。另外,为脚本代码添加注释也是一个好的编程习惯。下面我们修改一下 **FV2.m** 脚本文件,这里直接把脚本内容贴出来,就不在编辑器中截图了。

```
FV2.m
% FV2 用来计算一笔钱的终值

% 用户输入 PV、r、t 值时的提示
PV = input('Enter the present value: ');

% 把用户输入的年利率除以 100
r = input('Enter the annual interest rate percentage: ')/100;

t = input('Enter the number of years: ');
```

```
% 计算和输出终值
FV = PV * (1+r)^t
```

在修改后的脚本代码中，大家可以看到以%开头的注释行，在%和注释文本之间会有一个空格，这种注释行是用来解释代码的。第 1 个注释行用作整个脚本的说明文档。当在命令行窗口中输入 help FV2 之后，所返回的就是第 1 行注释。

```
help FV2
  FV calculates the future value of a single sum
```

input 函数用来接收用户输入，里面的文字用来对用户进行提示。当用户输入完毕，并按回车键时，用户输入的值就会被赋给=左侧的变量。请注意，使用 input 函数接收了用户输入的年利率之后还要除以 100 才赋给变量 r，比如用户输入的年利率是整数 5，那相应的 r 值就是 0.05。

> **input(prompt)**：显示输入提示，请求用户进行输入（本例中等待用户输入数值）。

在命令行窗口中，输入 *FV2*，运行脚本，脚本先给用户一段提示，然后等待用户进行输入。当用户输入完成后，脚本会算出最终结果：

```
FV2
Enter the present value: 1000
Enter the annual interest rate percentage: 3
Enter the number of years: 2
FV =
       1060.90
```

这个脚本有一个问题，那就是它无法处理用户的输入错误。后面我们会解释如何捕获输入错误并请求修改。

2. 输出格式化

输出结果 *FV* = 1060.90 是对的，但是我们还可以修改一下脚本，让显示结果更易读。为此，你可以使用 disp 函数：

```
% 修改 FV2 脚本，添加 disp 函数
% 计算并输出终值
FV = PV * (1+r)^t;

disp(FV)
```

> **disp(value)**：显示变量的值，不包括变量名。

输出结果只显示了 3150.00 这个数字，却不带变量名，其所表达的含义很令人困惑。

```
FV2
Enter the present value: 3000
Enter the annual interest rate percentage: 5
Enter the number of years: 1
      3150.00
```

另一种格式化方法是在脚本的最后一行使用 fprintf 函数，这个函数会把文本字符串和 FV 的值结合起来一并输出，产生对用户更友好的输出结果。

```
fprintf('The future value is: $%.2f\n', FV)
```

结果是：

```
FV2
Enter the present value: 1000
Enter the annual interest rate percentage: 3
Enter the number of years: 2
The future value is: $1060.90
```

> **fprintf(output)**：把格式化好的输出显示到屏幕上。

在本例中，待输出的文本以字符串的形式传入 fprintf 函数，后面跟着 FV 值。文本末尾的格式化字符需要解释一下：

$：美元符号，非格式化代码

%.2f：这是一个占位符，用来打印一个实数，带有两位小数。下面还有一些占位符：

%d：整数

%f：实数

%c：字符

%s：字符串

\n 是换行符，遇到这个符号时，MATLAB 会在函数执行完毕后把输入提示符（>>）移到下一行。如果不添加换行符，输入提示符会紧接在函数的输出结果之后，看起来十分别扭，如下：

```
The future value is: $1060.90»
```

3. MATLAB 搜索路径

创建并保存好一个脚本或函数后，当运行它时，MATLAB 可能会因为找不到这个文件而无法加载这个脚本或函数。产生这个问题最可能的原因是文件没有保存在当前文件夹中，或者你没有把文件或其所在文件夹的位置添加到软件搜索路径中。

搜索路径是 MATLAB 用来定位文件夹和文件的。要查看所用系统的搜索路径，请在 Home 选项卡下单击 Environment（环境）中的 Set path（设置路径）图标，或者在命令窗口中键入 pathtool。这会打开 Set Path（设置路径）对话框，如图 3.3 所示。

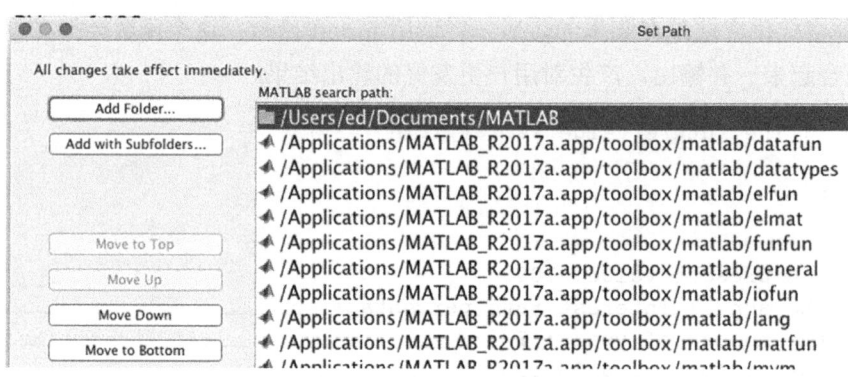

图 3.3　设置路径对话框（图片已经过 MathWorks 许可）

如果 MATLAB 搜索路径中没有列出函数所在文件的位置，那么你需要单击 Add Folder 或 Add with Subfolders 按钮，打开系统中的文件管理对话框，找到目标文件夹，并把目标文件夹或连同子文件夹一起添加进去。防止出现文件路径问题的一种简单方法是在项目开始之前就对文件的存储位置进行映射。当然，你也可以使用 MATLAB Drive，它是一个基于云的服务，非常有用。截至 2017 年中期，每个 MATLAB 许可证都会免费得到一个 5GB 大小的在线存储空间，相比之下，每个 MATLAB 账号用户只有 250MB 空间可用。MATLAB Drive 连接器能够很好地和 MATLAB 协同工作，你可以把它放到计算机桌面上便于使用。

3.2.2　编写函数

到现在为止，我们使用的函数都是 MATLAB 软件或附加工具箱提供的。前面我们提到过，MATLAB 内置函数的优点是它们都经过了严格的测试并且有着丰富的说明文档。但是你可能会遇到一些特殊问题，这些问题需要自己动手编写代码才能解决，即编写自定义函数。

在编写自定义函数时，我们要把函数代码保存在一个以 .m 为扩展名的 MATLAB 文件中，这和编写脚本时是一样的。如果你编写的函数可以正常工作，那用户就可以像使用内置函数一样调用你的函数。

1. 函数结构

在 MATLAB 中编写函数时要遵守特定格式，通过下面的操作，你可以看到 MATLAB 默认的函数结构：在 Home 选项卡下，单击 New（新建）下方的箭头，在弹出的菜单中，选择"函数"，打开编辑器窗口，你就能看到 MATLAB 默认的函数格式（见图 3.4）。

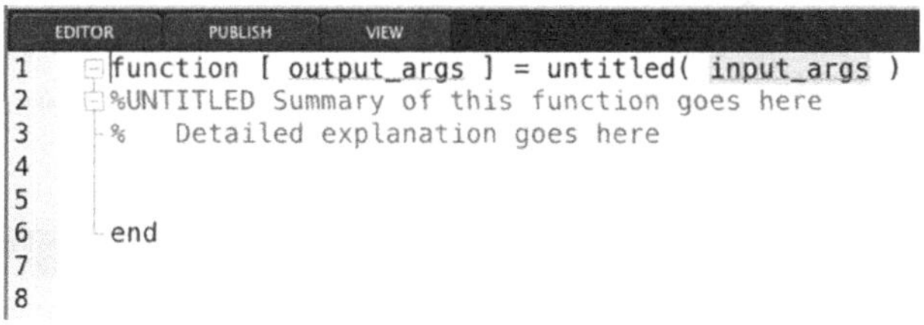

```
1  function [ output_args ] = untitled( input_args )
2  %UNTITLED Summary of this function goes here
3  %   Detailed explanation goes here
4
5
6  end
7
8
```

图 3.4　函数模板（图片已经过 MathWorks 许可）

图 3.4 中展现了一个标准函数的语法。

- function：这个关键字是必需的，它表示我们要定义一个函数，这个关键字必须使用小写形式。

- [output_args]：函数拥有一个或多个输出参数。输出参数是可选的，这可以从前面使用的 fprintf 函数得到印证。

- function name (untitled)：这是必需的，并且函数名要遵循变量命名约定。

- (input_args)：输入参数必须放在圆括号内，不同的输入参数使用逗号分隔。输入参数也是可选的。比如，在调用 rand 函数时，就不需要提供输入和输出参数。

- end：在某些情况下，end 语句是可以省略的，即便如此，我还是建议你保留它，这可以提高代码的可读性。

你还可以在新的脚本窗口编写 MATLAB 函数。在使用这种方法时，先打开一个空的编辑器窗口，里面是没有函数模板的。下面示例使用脚本窗口创建一个函数，这个函数用来计算一笔钱的终值，功能和前面一样。

计算公式由如下几部分组成。

- FV：终值。
- 输入：
  - t：时间。
  - i：利率。

- *PV*:本金。

有了上面 3 个输入后,我们就可以计算一笔钱的终值了,计算公式为:$FV = (1+i)^t \times PV$。在图 3.5 所示的编辑器窗口中,你可以看到函数代码,它被保存为 futureValueCalc.m。

用户通过函数名来调用这个函数,并且要提供 *i*、*t*、*pv* 这 3 个参数。下面例子中,我们把函数的计算结果赋给 fv 变量:

```
fv=futureValueCalc(0.05,5,100)
fv =
    127.63
```

```
function fv=futureValueCalc(i,t,pv)
% This function calculates and returns
% the future value of a single sum.
% The required inputs are:
% i=interest rate, t=time, pv=present value

% Calculate the future value
fv=(1+i)^t*pv;

end
```

图 3.5 futureValueCalc 函数(图片已经过 MathWorks 许可)

2. 函数模板

接下来,逐行解释上面的函数代码。

第 1 行:这是函数头,包括关键字 function、输出参数名(fv)、赋值号(=)、函数名(futureValueCalc)、输入参数。函数的输入参数(*i*、*t*、*pv*)要按指定的顺序放在圆括号中,不同参数之间用逗号分隔。函数输入参数的顺序很重要,必需的输入参数放在前面,可选参数放在后面,这样用户在调用函数时就可以不提供可选参数。此外,用户必须按指定的顺序提供参数,否则函数无法正常运行。

第 2~5 行:这 4 行是函数的注释行,描述了函数的功能,它们以百分号(%)开头。在函数或脚本中,注释不是必需的,但是在函数或脚本中添加注释是个好的编程习惯,这样其他人就可以通过注释来读懂你的代码了。这些注释行也用来向用户显示函数的细节,如图 3.6 所示。

第 7 行:这个注释行用来说明计算的功能。

第 8 行:计算公式。请注意,接收计算结果的 *fv* 要和函数定义第 1 行中指定的输出参数保持一致。

第 10 行：函数结束。

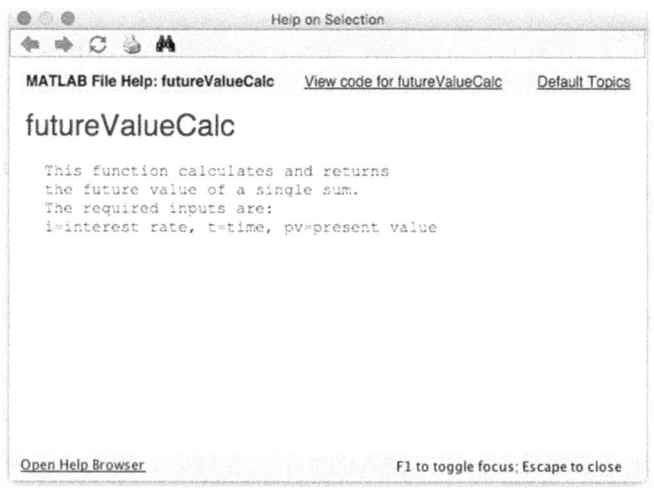

图 3.6　futureValueCalc 函数的帮助页面（图片已经过 MathWorks 授权）

在下面的例子中，调用函数时在输入参数中提供了两个本金：

```
fvVals=futureValueCalc(0.05,5,[100,200])
fvVals =
        127.63        255.26
```

3. 函数参数输入提示

那些认为用户要了解函数结构和所需参数的想法是有风险的，并且很不明智。例如，如果有人在调用 futureValueCalc 函数时输入了 5（他认为 5 代表的就是 5%）而非 0.05 作为利率参数，那计算结果就会出错：

```
futureValueCalc(5,5,100)
ans =
    777600
```

在这种情况下，函数仍然能正常工作，但是实际计算结果时函数使用的利率是 500%，而非 5%。降低这种"错入错出"（garbage in，garbage out）风险的方法是对用户进行提示，要求用户按照指定的格式输入数据。当用户输入不满足函数的要求时，就返回一条错误信息。编写用户输入提示的方法和前面讲脚本时所用的方法类似。

接下来，我们会依次讲解这些内容。首先，函数提示用户输入参数时要遵循指定的格式，后面会详细讲解如何使用流控制来捕获错误。

4. 基本输入提示

我们要修改一下 futureValueCalc 函数,提示用户按指定的要求输入 i、t、pv 值。与前面脚本的例子一样,提示内容如下:

- "Enter the interest rate as a percentage (0.05, for 5 percent, for example):"意思是"请输入利率百分数,比如 0.05 表示 5%:";
- "Enter the number of periods as years:"意思是"请输入年数";
- "Enter the amount in today's dollars:"意思是"请输入当前金额(单位为美元)"。

请注意,这里要求用户在输入利率时要使用百分数,这与前面脚本的例子有所不同,前面脚本中要求用户输入一个整数,计算时程序会把用户输入的整数除以 100。这两种方法都可以,但最好还是要明确告诉用户输入的数字代表什么。我们会使用 MATLAB 的 input 函数把相应输入分别保存到 i、t、pv 变量中,然后再使用这些变量值进行计算,修改后的函数名为 futureValueCalc2。

在下面的代码中,执行函数时要求用户输入数字:

```
function fv=futureValueCalc2(i,t,pv)
% 该函数用来计算并返回
% 一笔钱的终值
% 要求提供如下参数:
% i=利率、t=时间、pv=现值

% 利率输入提示
% \n 表示换行
i = input(['Enter the interest rate as a percentage'…
'\n(0.05, for 5 percent, for example): ']);

% 时间输入提示
t = input('Enter the number of periods as years: ');

% 现值输入提示
pv = input('Enter the amount in dollars: ');
% 计算终值
fv=(1+i)^t*pv;

end
```

我们可以使用两种方式来运行函数。一种是在命令行窗口中直接输入函数名,不把计算结果赋给某个变量。这么做不太好，不建议大家这样做，结果如下：

```
futureValueCalc2
Enter the interest rate as a percentage
(0.05, for 5 percent, for example): 0.05
Enter the number of periods as years: 5
Enter the amount in dollars: 100
```

在默认情况下，MATLAB 会把 futureValueCalc2 函数的计算结果赋给 ans 变量：

```
ans =
      127.63
```

相比之下，通常的做法是，把函数的输出结果赋给一个变量，并且在调用函数的同时提供输入参数。

```
fv2=futureValueCalc2(0.05,5,100)
fv2 =
      127.63
```

在调用函数时，当你输入左括号并暂停输入，MATLAB 就会给出有关函数输入参数的提示，如图 3.7 所示。

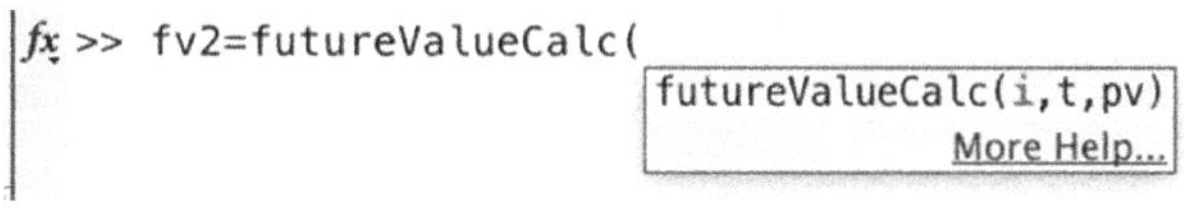

图 3.7 输入提示（图片已经过 MathWorks 许可）

5. 减少输入错误

有些输入错误会自动触发错误信息。例如，在输入时间 t 时，如果用户错误地输成了一个字符，MATLAB 就会产生一个错误码，因为它希望用户输入一个数值：

```
futureValueCalc2
Enter the interest rate as a percentage
(0.05, for 5 percent, for example): .05
i =
     0.0500
Enter the number of periods as years: s
Error using input
Undefined function or variable 's'.
Error in futureValueCalc2 (line 12)
t = input('Enter the number of periods as years: ')
Enter the number of periods as years:
```

上面这种方式在一定程度上起到了防止输入类型错误的作用，但是它不能防止前面那种把5%输成了500%的错误。对此，一种积极的应对办法是使用输入错误检查，这种检查会给输入添加约束，或者要求用户检查所输入的数据。例如，你可能希望把 futureValueCalc2 的输入限制为正数，并要求用户检查输入的利率是否大于 20%或其他限制值。为此，你可以通过 if 语句添加这些输入测试条件，并使用 fprintf 函数向用户显示输入提示。

3.2.3 if 语句

基本 if 语句格式如下：

```
if 条件为真
    做这个（代码块）
elseif 条件为真
    做这个（代码块）
else
    做这个（代码块）
end
```

if 语句的执行流程非常简单。如果第一个指定条件为真，就执行紧接在这个条件之后的语句，然后退出 if 语句。否则，继续检查下一个条件。当遇到 end（MATLAB 保留关键字），就会回到包含该 if 语句的函数。一个 if 语句中还可以包含其他 if 语句，用来检查更多条件。

在下面的 futureValueCalc3 函数中，用户输入利率后，if 语句就会对用户输入的利率进行检查。如果 i 在指定的范围内（0.00~0.20），则条件表达式的结果为假，if 语句就不会执行，继续执行后面的代码。如果变量 i 的值小于 0 或（MATLAB 使用||表示）大于 0.20，则 if 语句块中的语句就会得到执行，先把用户输入的 i 显示出来，要求用户进行检查，并再次输入 i 值，最后退出 if 语句。

随后代码使用 if 语句检查用户输入，并使用 fprintf 函数把结果回显给用户，以便用户检查所输入的值是否在指定的范围之外。

```
function fv=futureValueCalc3(i,t,pv)
% 该函数用来计算并返回
% 一笔钱的终值
% 要求提供如下参数：
% i=利率、t=时间、pv=现值

% 利率输入提示
i = input(['Enter the interest rate as a percentage'…
```

```
'\n(0.05, for 5 percent, for example): '])

% 检查 i 的值是否小于 0 或大于 20%
if i < 0 || i > 0.20
  fprintf('You entered %.4f\n',i)
  fprintf('Is that correct?\n')
  i=input('Please verify or correct the interest rate: ')
end

% 时间输入提示
t = input('Enter the number of periods as years: ')

% 检查 t 的值是否小于 0 或大于 50
if t < 0 || t > 50
  fprintf('You entered %.1f\n',t)
  fprintf('Is that correct?\n')
  t=input('Please verify or correct the period: ')
end

% 现值输入提示
pv = input('Enter the amount in dollars: ')

% 检查 pv 值是否小于 0
if pv < 0
  fprintf('You entered a negative amount.\n')
  pv=input('Please enter a positive value: ')
end

% 计算终值
fv=(1+i)^t*pv;

end
```

运行 futureValueCalc3 函数，输入参数和前面例子一样，如下：

futureValueCalc3
```
Enter the interest rate as a percentage
(0.05, for 5 percent, for example): 0.05
i =
          0.05
Enter the number of periods as years: 5
t =
          5.00
Enter the amount in dollars: 100
```

```
pv =
        100.00
ans =
        127.63
```

函数的计算结果是正确的。接下来，我们测试一下代码中的 if 语句。这次我们分别输入 0.25（25%）和 -0.025，if 语句块就会得到执行，要求用户检查输入是否有问题：

```
futureValueCalc3
Enter the interest rate as a percentage
(0.05, for 5 percent, for example): .25
i =
    0.2500
You entered 0.2500
Is that correct?
Please verify or correct the interest rate:
```

For a negative interest rate:

```
futureValueCalc3
Enter the interest rate as a percentage
(0.05, for 5 percent, for example): -0.025
i =
        -0.03
You entered -0.0250
Is that correct?
Please verify the interest rate:
```

用来检测 t 和 pv 值的 if 语句也使用类似的方法来捕获错误。请注意，这些语句并不会拒绝接收用户输入，它们只用来对用户的输入做检查。如果用户输入符合要求，程序就会继续往下执行。

3.2.4 模块化编程

为了方便查看和讲解，本章中的函数示例都有意做得很短。但在实际编程过程中，随着算法越来越复杂，相应的函数会变得过分冗长和笨拙。这种复杂性还让我们在调试时很难查找和修改代码错误，代码管理变得更困难。

模块化编程方法通过将代码细分为单独的模块来解决复杂性问题，每个模块通常都作为一个功能单一的函数来实现，其中可能还包含子函数。这种方法还允许你复制和粘贴代码片段，以便在另一个函数中重用它们。我们通过下面的例子来阐释"模块化编程"

这个概念。

假设你希望用户可以在计算现值和终值之间自由选择。为此，你可以把问题分解成如下几部分：

- 一个调用函数的脚本；
- 一个指定所需计算的函数；
- 一个用来接收现值输入、计算和显示的函数；
- 一个用来接收终值输入、计算和显示的函数。

下面脚本文件及其 3 个子函数用来完成这个任务。（当然，通常情况下，你会直接调用 MATLAB 金融工具箱中相应的函数来计算终值和现值，而不会自己动手编写函数来实现同样功能。）所有代码都存储在 FinCalc2.m 文件中，下面我们详细讲一讲。

FinCalc2 脚本启动计算器，调用 inputOption 函数，请求用户从如下 3 个选项中做出选择：

- 计算现值；
- 计算终值；
- 退出脚本。

FinCalc2 会根据用户选择，调用 calculatePV 或 calculateFV 函数，或者终止执行，返回到命令行窗口中。

FinCalc2 脚本使用 while 和 switch 语句来判断要调用哪个计算函数。while 语句是一个带条件的循环，其基本格式如下：

```
while 条件为真
    执行这里
end
```

在本例中，脚本会检查 selection 变量的值，如果不等于（~=）3（即用户输入了 1 或者 2），就会执行 switch 语句。如果等于 3，就退出 while 循环。

switch 语句用来检查某个值或表达式是否等于几个指定值中的一个。在 FinCalc2 函数中，如果 selection 等于 1，它就会调用 calculatePV 函数；否则，它会继续检查 selection 是否等于 2，若是，它就会调用 calculateFV 函数。

```
%% FinCalc2
% 这个脚本会启动金融计算器
```

```
% 输入 FinCalc2 运行它

%% 用户输入提示
% 这会启动金融计算器

% 调用函数显示主菜单，
% 用户可以选择现值或终值

selection = inputOption;

% 选择 3 会退出计算器

while selection ~= 3
  switch selection
    case 1
      % 计算现值
      calculatePV;
    case 2
      % 计算终值
      calculateFV;
  end

  % 显示菜单和用户选择提示
  selection = inputOption;
end
```

inputOption 函数用来显示带提示信息的选择菜单。如果用户输入的值不是 1、2、3，inputOption 函数就会不断提示用户输入合法值，直到它接收到合法输入为止。用户输入的值存储在 selection 变量中，FinCalc2 脚本会使用这个变量。

inputOption 函数中的 while 语句使用 any 函数来检查用户的输入是否有误。在 inputOption 函数中，首先调用 printselection 函数，并把用户输入保存在 selection 变量中，然后运行 while 语句，使用 any 函数检查用户输入是否有误。如果 selection 的值介于 1~3 之间，~any 会返回 0（即 false），就不再执行 while 循环。如果 selection 的值不在 1~3 之间，~any 会返回 1（即 true），并执行 while 语句，告诉用户重新输入，直到接收到合法值。下面两行代码用来演示当 selection 分别为 1 和 4 时，~any 会返回什么。

```
selection=1;
  ~any(selection==1:3)
ans =
  logical
  0
```

```
selection = 4;
  ~any(selection==1:3)
ans =
  logical
    1

function selection= inputOption
% inputOption 显示选择菜单,
% 并请求用户从中选择一个
% 通过错误检查确保用户从给定菜单中选择一项
% 格式: inputOption

printselection
selection = input('');

while ~any(selection==1:3)
  fprintf('Incorrect response. Try again.\n')
  % fprintf('Please choose one of the following options.\n')
  printselection
  selection=input('');
end
end

% 显示选择菜单
function printselection
fprintf('Please choose one of the following options:\n');
fprintf('1: Present value\n')
fprintf('2: Future value\n')
fprintf('3: End function\n\n')
end
```

编写 calculatePV 和 calculateFV 函数时,我们会重用前面例子中用来计算现值和终值的代码。

```
%% 计算现值
function pv=calculatePV
%这个函数用来计算并返回
%一笔钱的现值
%需要 3 个输入参数:
% i = 利率, t = 时间, fv = 终值

% 提示用户输入利率
i = input(['Enter the interest rate as a percentage'...
```

```
'\n(0.05, for 5 percent, for example): '])

% 判断 i 的值是否小于 0 或大于 20%
if i < 0 || i > 0.20
  fprintf('You entered %.4f\n',i)
  fprintf('Is that correct?\n')
   i=input('Please verify the interest rate: ')
end

%提示输入时间
t = input('Enter the number of periods as years: ')

% 判断 t 的值小于 0 或大于 50
if t < 0 || t > 50
  fprintf('You entered %.1f\n',t)
  fprintf('Is that correct?\n')
  t=input('Please verify the period: ')
end

% 提示输入终值
fv = input('Enter the future amount in dollars: ')

% 若 fv 小于 0
if fv < 0
  fprintf('You entered a negative amount.\n')
  fv=input('Please enter a positive value: ')
end

pv=(1+i)^-t*fv;

fprintf('\nThe present value is: $ %.2f\n\n',pv)

end


%% 计算终值
function fv=calculateFV
% 这个函数用来计算并返回
% 一笔钱的终值
% 需要 3 个输入参数:
% i = 利率, t = 时间, pv = 现值

% 提示用户输入利率
```

```
i = input(['Enter the interest rate as a percentage'…
'\n(0.05, for 5 percent, for example): '])

% 判断 i 的值是否小于 0 或大于 20%
if i < 0 || i > 0.20
  fprintf('You entered %.4f\n',i)
  fprintf('Is that correct?\n')
  i=input('Please verify the interest rate: ')
end

%提示输入时间
t = input('Enter the number of periods as years: ')

% 判断 t 的值小于 0 或大于 50
if t < 0 || t > 50
  fprintf('You entered %.1f\n',t)
  fprintf('Is that correct?\n')
  t=input('Please verify the period: ')
end

% 提示输入现值
pv = input('Enter the amount in dollars: ')

% 若 pv 小于 0
if pv < 0
  fprintf('You entered a negative amount.\n')
  pv=input('Please enter a positive value: ')
end

fv=(1+i)^t*pv;

fprintf('\nThe future value is: $ %.2f\n\n',fv)

end
```

使用这种方法的缺点是：如果不运行脚本，你就无法直接访问 calculatePV 和 calculateFV 函数。如果你想在脚本外部使用这些函数，可以考虑把它们保存为独立的函数文件，然后根据需要从当前脚本或函数调用它们。

运行脚本

运行 FinCalc2 脚本的方法有两种：一种是在命令行窗口中直接输入 FinCalc2，另一种是右键单击 FinCalc2.m 文件名，在弹出的菜单中选择 "Run"（运行）。下面有两个例子，第 1 个例子演示用户输入合法时，选择每个菜单项的输出结果。第 2 个例子演示用户输入不合法时程序的反应。

```
% 合法输入
FinCalc2
Please choose an option:
1: Present value
2: Future value
3: End function

1
Enter the interest rate as a percentage
(0.05, for 5 percent, for example): 0.05
i =
      0.0500
Enter the number of periods as years: 1
t =
     1
Enter the future amount in dollars: 100
fv =
    100
The present value is 95.24

Please choose an option:
1: Present value
2: Future value
3: End function

2
Enter the interest rate as a percentage
(0.05, for 5 percent, for example): 0.05
i =
      0.0500
Enter the number of periods as years: 1
t =
     1
Enter the amount in dollars: 100
pv =
    100
The future value is 105.00:

Please choose an option:
1: Present value
```

```
2: Future value
3: End function

3
```

当输入不合法时：

```
FinCalc2
Please choose one of the following options:
1: Present value
2: Future value
3: End function

2
Enter the interest rate as a percentage
(0.05, for 5 percent, for example): 0.05
i =
        0.05
Enter the number of periods as years: -3
t =
       -3.00
You entered -3.0
Is that correct?
Please verify the period: 3
t =
        3.00
Enter the amount in dollars: -1000
pv =
     -1000.00
You entered a negative amount.
Please enter a positive value:
```

3.2.5　图形交互方式

在上面的例子中，函数接收用户输入以及返回错误信息都是在命令行窗口中进行的。除此之外，MATLAB 还为我们提供了好几种图形交互方式，通过图形方式接收用户输入以及显示输出结果。

1. 图形输入

inputdlg(提示信息,窗口标题)：显示提示信息并请求用户进行输入。

inputdlg 函数用来创建一个对话框，用户可以在这个对话框中做输入，对话框的窗口标题是可选的。用户在对话框中输入值之后，单击 OK（确定）按钮，输入值就会被保存到指定的变量中。整个执行过程大致如下：

（1）调用 inputdlg 函数，创建一个对话框，请求用户输入现值。

pv=inputdlg('Enter present value: ', 'PV')

（2）用户输入值之后，单击 OK 按钮，如图 3.8 所示。

（3）用户输入的值被赋给变量 PV：

```
pv =
  cell
    '1000'
```

2．警告对话框和错误对话框

下面两个函数分别用来创建警告对话框和错误对话框。

warndlg(警告信息,窗口标题)：创建警告对话框，显示警告信息。

errordlg(错误信息,窗口标题)：创建错误对话框，显示错误信息。

你可以根据需要把这些对话框插入到代码中，如图 3.9～图 3.11 所示。

warndlg('Verify input')

errordlg('Invalid input')

窗口标题是可选的：

errordlg('Invalid input','Input Problem')

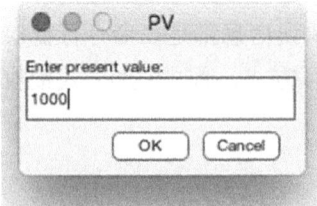

图 3.8　请求输入

（图片已经过 MathWorks 许可）

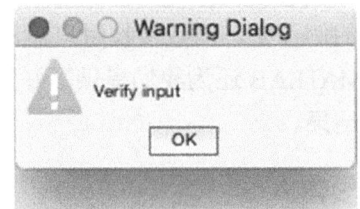

图 3.9　警告对话框

（图片已经过 MathWorks 许可）

图 3.10　错误对话框

（图片已经过 MathWorks 许可）

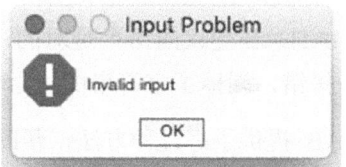

图 3.11　输入错误对话框

（图片已经过 MathWorks 许可）

3.2.6　测试和调试

无论在设计算法和输入代码时多么小心仔细，你都会遇到一些问题，而这些问题会妨碍函数或脚本的正常运行。为此，MATLAB 提供了一些有用的工具，使用它们可以帮助我们发现程序中的错误并帮助我们调试。

1．测试代码模块

编写小代码模块的一个优点是，你可以在把每个模块组合成一个更大的程序之前分别测试它们。本章和后面章节所举的例子都涉及了计算金钱的时间价值问题，我们一般可以使用财务计算器或电子表格手工计算出来，这样方便你把手动的计算结果和函数的输出做比较。这样做需要多花一些时间，但有助于你快速找到函数中的错误。

2．调试代码

MATLAB 中的代码错误大致可以分为语法错误和运行时错误两大类。程序要求其中包含的每个指令都是精确的，那些包含语言错误的输入被称为语法错误。当发现语法错误时，MATLAB 会将其标记出来并生成错误消息。在下面的例子中，右圆括号错写成了方括号，这时 MATLAB 会给出错误信息，并给出它认为你想输入的命令的提示。

```
x=randi(10,10,1];
x=randi(10,10,1);
            ↑
Error: Unbalanced or unexpected parenthesis or bracket.

Did you mean:
x=randi(10,10,1);
```

另一个常见的语法错误是把内置函数名拼写错了：

```
stdv(x)
Undefined function or variable 'stdv'.
Did you mean:
std(x)
```

如果 MATLAB 建议的命令是对的，你可以接受它，并按回车键。其他常见的语法错误还有变量名拼错，漏掉了字符串的引号等。

MATLAB 提供了好几种方法，帮助我们快速找出语法错误。其中一种是语音提示：当程序遇到一个可能的输入错误时，你的计算机就会发出错误提示音。例如，在命令行窗口中，输入 randi(10,10,1)，然后敲回车键，计算机就会发出错误提示音。

3. 运行时错误

当一个错误阻止了脚本或函数的执行时，就会出现运行时错误。图 3.12 中用来计算终值的 fvCalc 函数说明了这一点。fvCalc 函数有 3 个输入参数 i、t 和 pv，但是在第 3 行代码中却使用了未定义的变量 r 代替了 i。MATLAB 功能强大，它可以在运行代码之前发现并修复这些错误。请注意，在你保存函数之前，编辑器就把变量 i 高亮突显出来了，目的是告诉你函数中并未使用这个变量，它把 r 用作了利率。

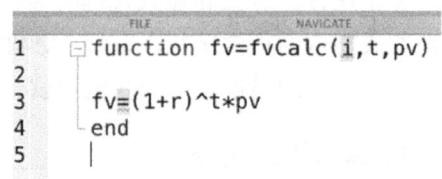

图 3.12　潜在错误高亮显示

（图片已经过 MathWorks 许可）

要了解出现高亮显示的原因，只要把光标悬停在高亮区域之上，就能查看到更多细节。图 3.13 显示出了参数 i 的出错信息，并提供了一个解决方案。你可以单击 Fix（修复）按钮接受 MATLAB 提供的修改建议，在本例中更正就是指把 i 或 r 统一成一个变量，而不是同时使用二者，如图 3.13 所示。图 3.14 指出第 3 行代码出现了问题，这行没有以分号结束。

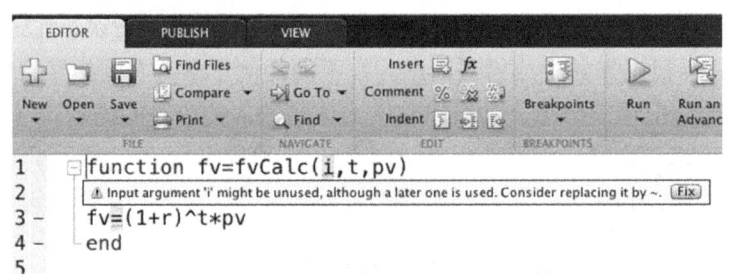

图 3.13　修复潜在错误（图片已经过 MathWorks 许可）

如果你忽略错误警告并尝试运行函数，函数就会运行失败，同时 MATLAB 会给出相应的错误信息。

```
fvCalc
Undefined function or variable 'r'.
Error in fvCalc (line 3)
fv=(1+r)^t*pv
```

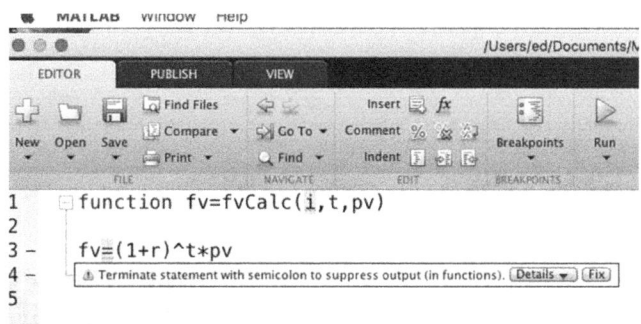

图 3.14　代码修改建议（图片已经过 MathWorks 许可）

如上所示，错误信息指出了出现问题的代码行。修改完问题之后，编辑器右上角（即第 1 行最右边）的状态指示图标（方框）会从橙色（潜在问题）变成绿色。这只意味着代码可以运行，并不代表运行结果一定对，因为代码中还可能包含逻辑错误。（红色方框表示编辑器发现了严重错误。）

4．逻辑错误

逻辑错误可能会很难发现，尤其当写代码的人和检查错误的人是同一个人时，更是如此。逻辑错误是指代码的逻辑出现了问题，这些问题不是语法或其他编码错误，包含逻辑错误的软件能够运行，但所产生的结果并不是我们期望的。

防止出现这类错误的一个方法是对输入进行检查，判断输入是否在预期范围内，前面例子就是这样做的。如果输入超出预期范围，程序就会提示用户进行确认或更正。我们的金融计算器函数就是使用这种方法对用户输入的利率进行检查的：

```
% 提示用户输入利率
i = input(['Enter the interest rate as a percentage'…
'\n(0.05, for 5 percent, for example): '])

%检查 i 值是否小于 0 或大于 20%
if i < 0 || i > 0.20
  fprintf('You entered %.4f\n',i)
  fprintf('Is that correct?\n')
  i=input('Please verify the interest rate: ')
end
```

3.3　参考资料

The MathWorks® Inc. 2017. "Programming Scripts and Functions."在线课程和文档。

第 4 章
处理金融数据

4.1 简介

本章学习如何导入、处理和可视化金融数据,这些数据的外部来源包括 FRED(圣路易斯联邦储备银行)、Google、Microsoft Excel、Money.Net、Yahoo! Finance 等。

本章涉及的主要概念和函数有:

- 下载和组织证券及经济数据;
- 导入数据到 MATLAB;
- 内置绘图函数;
- 使用绘图工具;
- 使用命令绘图;
- 内置金融图表。

本章所需软件:MATLAB 软件、MATLAB 工具箱和 MATLAB 金融工具箱。

4.2 获取金融数据

前几章的例子要么提供了用于计算的数据,要么就请用户根据函数要求输入数据。但是大多数情况下,你都需要把较大的数据集导入到 MATLAB 中,数据来源通常由你的雇主、学校或供应商安排。不过,有些证券和经济数据可以从网上免费获得,本章示例将主要使用这些数据集。MATLAB 可以处理来自于彭博社(Bloomberg)、Money.Net、路透社(Reuters)等多家商业供应商的数据。(根据 MATLAB 用户论坛上的留言,MATLAB 可以处理 EOD

历史数据，但我没有用过。）你可以在 MATLAB Datafeed 工具箱的文档中找到其支持的完整的数据供应商列表。

诚然，数据传送和可视化不是计算金融中最令人兴奋的部分，但它们是至关重要的。俗话说"种瓜得瓜，种豆得豆"（garbage in, garbage out），数据错误会导致决策错误。随着基于计算机的分析交易在金融管理和市场中应用得越来越普遍，获取准确数据和管理这些数据的能力会变得越来越重要。

4.2.1 股票收盘价和调整后的收盘价

从谷歌或 Nasdaq 网站获取证券价格的历史数据，从中你会发现每个交易日的开盘价、最高价、最低价、收盘价和成交量。但在 Yahoo!Finance 的数据中，你还会看到每日收盘价、调整后的收盘价，它可能与当天收盘价有很大不同。例如，我在 2017 年 6 月 17 日的一次搜索中发现，IBM 在 2017 年 2 月 1 日的收盘价为 174.58 美元，调整后的收盘价为 171.25 美元。那么，哪个价格是正确的呢？

如果你在 2017 年 2 月 2 日闭市后把 IBM 股票代码输入金融网站，你会看到股价是 174.58 美元，这是当天的市场收盘价。调整后的收盘价与市场收盘价不同，在本例中，它是一个推定价格，反映了在 2017 年 2 月 1 日之后受到了股票分割和股息的影响。每当支付股息或分割股票时，过去的调整收盘价会根据股息或整个股价历史中的分割情况做相应调整。因此，如果你回望过去，比较定期派息的股票的收盘价和调整后的收盘价，会发现两者之间存在很大的差异。

在计算股票总收益时，调整后的收盘价非常有用，股票总收益由股价升值和股息收入组成，下面举例说明一下。假设 5 年前你购买了一只股票，每股价格为 100 美元，每年获得 4 美元的股息，股息总额为 20 美元，这样调整成本达到每股 80 美元（100 美元–20 美元）。如果股票今天的交易价格是 150 美元，那么根据 100 美元的购买价，回报率是 50%，但根据调整后的价格，回报率是 87.50%。（这个例子只是大致描述了价格调整的过程，有关计算的更多细节，你可以在 Yahoo!Finance 网站上找到。）本章例子使用的是股票收盘价。

4.2.2 下载数据

下面例子会用到一个小型数据集，这个数据集只包含 Apple（股票代码：AAPL）、Amazon（股票代码：AMZN）、Alphabet Inc./Google（股票代码：GOOG）、IBM（股票代码：IBM）这几支股票 2017 年 6 月份的价格，数据来自于 Goolge、Yahoo!、FRED（10 年期美国国债固定到期收益率，DGS10）。

1．从 Google 下载股票数据到文件

（1）转到 Google Finance 页面（www.google.com/finance）。

（2）在搜索框中输入股票代码（AAPL）。

（3）从左侧菜单中选择历史价格。

（4）输入下载的日期范围（本例是 2017 年 6 月 1 日到 6 月 16 日）

（5）在导出的下面选择下载到电子表格，并保存文件（本例是 AAPLJune2017G.csv）。

2．从 Yahoo!下载股票数据到文件中

（1）进入 Yahoo!Finance 页面（finance.yahoo.com）

（2）在搜索框中输入股票代码（AAPL）。

（3）在顶部菜单中选择历史数据，保存并应用日期范围。

（4）输入下载日期范围（本例是 2017 年 6 月 1 日到 6 月 16 日）。

（5）点击下载数据并保存文件（本例是 AAPLJune2017Y.csv）。

从上面两个网站下载的数据都是 CSV 格式的，接下来是检查下载文件，这很容易完成，因为文件很小。如果是大型文件，就得用自动化检查程序了。查看文件的方法有很多，在 Mac OS 下，你可以使用快速查看（Quick Look）功能，当然也可以使用文本编辑器或 Excel 来打开文件。图 4.1 和图 4.2 演示的是使用快速查看功能来查看文件。

Date	Open	High	Low	Close	Volume
16-Jun-17	143.78	144.50	142.20	142.27	50361093
15-Jun-17	143.32	144.48	142.21	144.29	32165373
14-Jun-17	147.50	147.50	143.84	145.16	31531232
13-Jun-17	147.16	147.45	145.15	146.59	34165445
12-Jun-17	145.74	146.09	142.51	145.42	72307330
9-Jun-17	155.19	155.19	146.02	148.98	64882657
8-Jun-17	155.25	155.54	154.40	154.99	21250798
7-Jun-17	155.02	155.98	154.48	155.37	21069647
6-Jun-17	153.90	155.81	153.78	154.45	26624926
5-Jun-17	154.34	154.45	153.46	153.93	25331662
2-Jun-17	153.58	155.45	152.89	155.45	27770715
1-Jun-17	153.17	153.33	152.22	153.18	16404088

图 4.1　Google 财经（来源：Google 财经）

从数据集可以知道以下信息。

- 它们使用的日期格式不同。Google 是按日期递减排序（最近的日期在上方），而 Yahoo!是按日期递增排序。
- Yahoo!数据保留 6 位小数，而 Goolge 保留两位。
- Yahoo!数据中多出了一列——Adj Close（调整后的收盘价）。

AAPLJune2017Y.csv Open with Microsoft Excel

Date	Open	High	Low	Close	Adj Close	Volume
2017-06-01	153.169998	153.330002	152.220001	153.179993	153.179993	16404100
2017-06-02	153.580002	155.449997	152.889999	155.449997	155.449997	27770700
2017-06-05	154.339996	154.449997	153.460007	153.929993	153.929993	25331700
2017-06-06	153.899994	155.809998	153.779999	154.449997	154.449997	26624900
2017-06-07	155.020004	155.979996	154.479996	155.369995	155.369995	21069600
2017-06-08	155.250000	155.539993	154.399994	154.990005	154.990005	21112300
2017-06-09	155.190002	155.190002	146.020004	148.979996	148.979996	64882700
2017-06-12	145.740005	146.089996	142.509995	145.419998	145.419998	72307300
2017-06-13	147.160004	147.449997	145.149994	146.589996	146.589996	34165400
2017-06-14	147.500000	147.500000	143.839996	145.160004	145.160004	31531200
2017-06-15	143.320007	144.479996	142.210007	144.289993	144.289993	32165400
2017-06-16	143.779999	144.500000	142.199997	142.270004	142.270004	50207400

图 4.2 Yahoo!Finance（来源：Yahoo!Finance）

使用这种方式查看数据有助于理解文件的格式，即使你只使用少量数据。通过查看文件，我们知道无法简单地把两个文件连接起来，因为它们使用了不同的排序方法。

对于从 Yahoo!导入证券数据，以前我们可以使用 MATLAB Datafeed 工具箱以交互和程序化的方式导入 Yahoo!历史数据。这十分方便，但遗憾的是，在 2017 年初 Yahoo!使用的技术发生了变化，使得 Datafeed 工具箱失去了这一功能。

从 FRED 下载数据

FRED 网站提供了大量经济数据。你需要在这个网站注册，但访问网站不收取任何费用。本例的目标下载是 2016 年 6 月 1 日至 2017 年 6 月 1 日的 10 年期美国国债固定到期收益率（DGS10）。你可以下载多种格式（包括 Excel），本例使用 CSV 格式。图 4.3 是使用快速查看工具（Quick Look）查看文件，数据是按日期升序排列的。

DGS10June 2016June2017.csv Open w

DATE	DGS10
2016-06-01	1.85
2016-06-02	1.81
2016-06-03	1.71
2016-06-06	1.73
2016-06-07	1.72
2016-06-08	1.71
2016-06-09	1.68
2016-06-10	1.64
2016-06-13	1.62

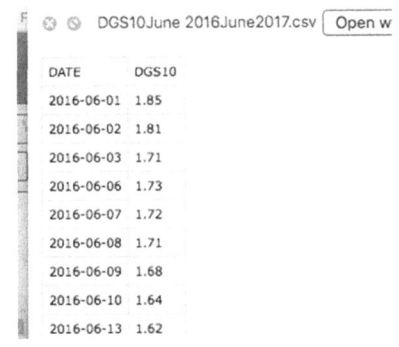

图 4.3 10 期国债收益率（来源：FRED）

接下来要做什么取决于你的流程。如果你习惯使用 Microsoft Excel，完全可以使用 Excel 打开数据文件。或者，你可以直接把数据导入到 MATLAB 工作区。

4.2.3 以交互方式导入数据

第 1 章我们简单介绍了 MATLAB 的 Import Data（导入数据）工具，使用这个工具可以导入多种类型的数据，并且允许你以多种 MATLAB 数据格式保存导入的数据。在 MATLAB 的 Home 选项卡下，单击“Import Data”（导入数据）图标，即可启动数据导入流程（见图 4.4）。

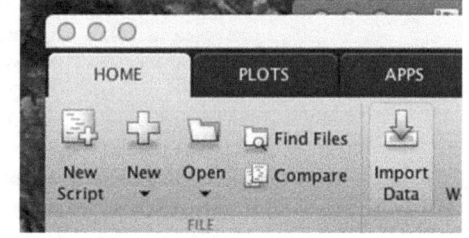

图 4.4 数据导入工具

（图片已经过 MathWorks 许可）

在“导入数据”对话框中，找到并选中待导入的文件。然后，单击“打开”，打开导入窗口，在其中你可以看到待导入的数据（见图 4.5）。

在导入窗口中，显示待导入的文件名，并且待导入的数据以高亮显示，你可以拖动列以增加其宽度。请注意，导入工具能够识别第 1 列中的日期数据，并且会把它们作为日期时间变量导入。如果你想修改变量名称，只要使用鼠标双击相应变量名，然后修改即可（见图 4.6）。

	A	B	C	D	E	F	G
	Date	Open	High	Low	Close	AdjClose	Volume
	Datetime	Number	Number	Number	Number	Number	Number
1	Date	Open	High	Low	Close	Adj Close	Volume
2	2017-06-01	153.169...	153.330...	152.220...	153.179...	153.179...	16404100
3	2017-06-02	153.580...	155.449...	152.889...	155.449...	155.449...	27770700
4	2017-06-05	154.339...	154.449...	153.460...	153.929...	153.929...	25331700
5	2017-06-06	153.899...	155.809...	153.779...	154.449...	154.449...	26624900
6	2017-06-07	155.020...	155.979...	154.479...	155.369...	155.369...	21069600
7	2017-06-08	155.250...	155.539...	154.399...	154.990...	154.990...	21112300
8	2017-06-09	155.190...	155.190...	146.020...	148.979...	148.979...	64882700
9	2017-06-12	145.740...	146.089...	142.509...	145.419...	145.419...	72307300
10	2017-06-13	147.160...	147.449...	145.149...	146.589...	146.589...	34165400
11	2017-06-14	147.500...	147.500...	143.839...	145.160...	145.160...	31531200
12	2017-06-15	143.320...	144.479...	142.210...	144.289...	144.289...	32165400
13	2017-06-16	143.779...	144.500...	142.199...	142.270...	142.270...	50207400

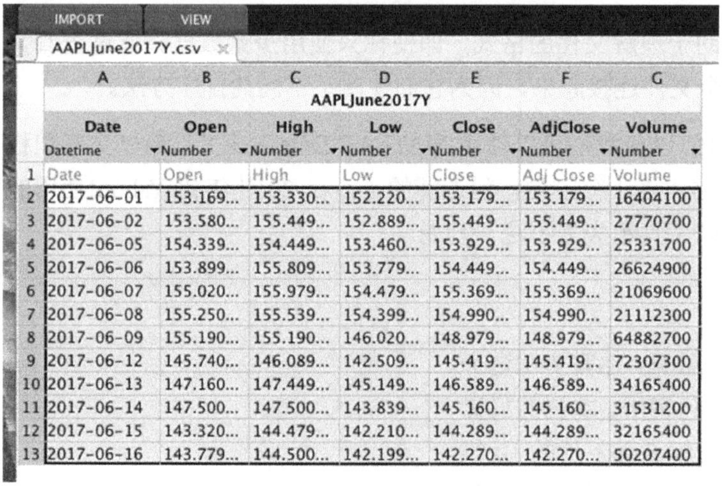

图 4.5 导入数据窗口

（图片已经过 MathWorks 许可）

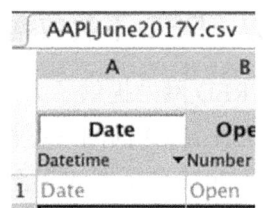

图 4.6 导入日期时间变量

（图片已经过 MathWorks 许可）

如果你想修改某个变量的数据类型，只要单击相应变量下方的向下箭头，然后在弹出的菜单中选择相应的数据类型即可（见图 4.7）。

如果你不想导入所有变量，只要使用鼠标选中想导入的列和行即可（见图 4.8）。

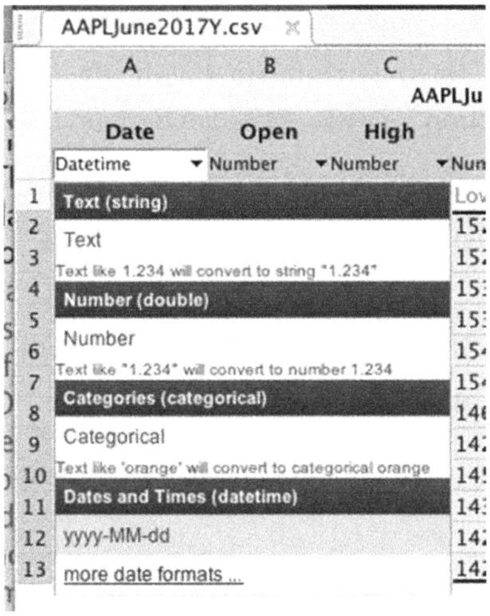

图 4.7　指定数据类型

（图片已经过 MathWorks 许可）

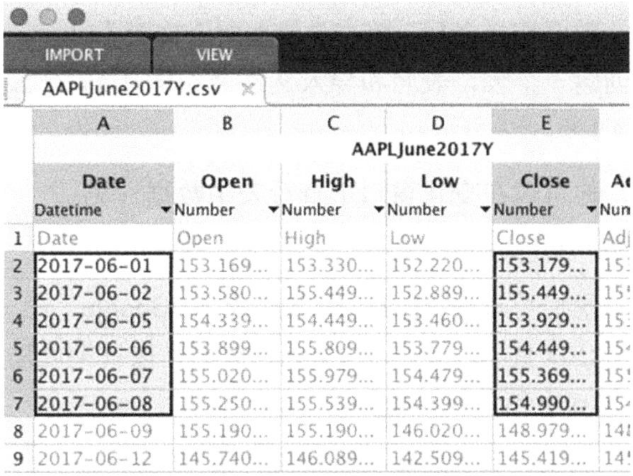

图 4.8　导入选中的变量

（图片已经过 MathWorks 许可）

确定好要导入的目标数据后，选择 Import（导入）选项卡，打开完整的导入界面（见图 4.9）。

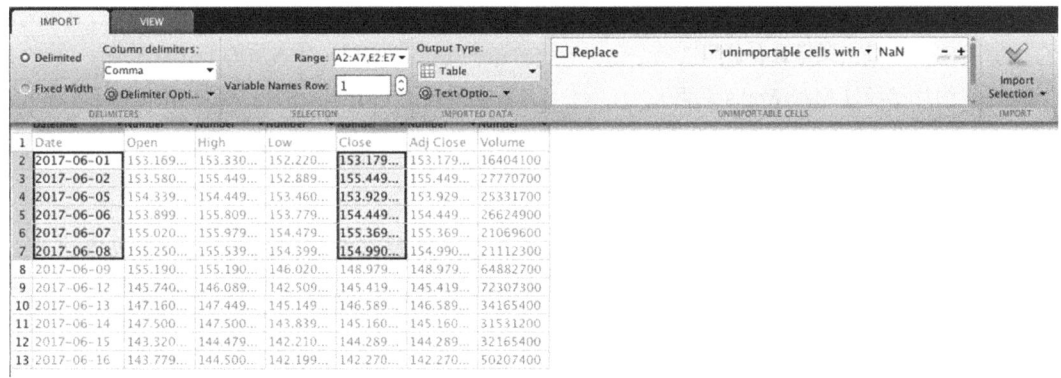

图 4.9　完整的导入界面（图片已经过 MathWorks 许可）

导入界面中包含许多选项，你可以根据需要进行选择。下面有几点需要大家注意：

- 被选中的数据以高亮形式显示，并在 Range（范围）中列出；
- 列分隔符设为逗号（你可以选择其他分隔符）；

- 第 1 行列出了变量名；
- 输出是一个 Table（表）类型；
- 无法导入的元胞替换为 NaN。

做好选择之后，单击"导入所选内容"（Import Selection）按钮。MATLAB 会在工作区中创建一个表，表名和导入文件名相同（见图 4.10）。

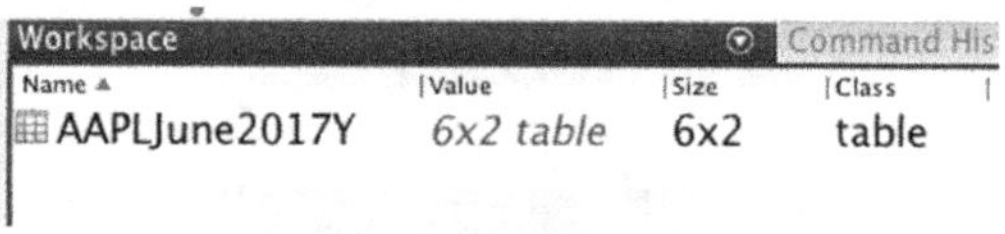

你可以在变量窗口下查看表中数据（见图 4.11）。

图 4.10　把数据导入到表中

（图片已经过 MathWorks 许可）

我们可以使用同样的方法导入 Google 和 FRED 数据，请注意 Google 数据是按日期降序排列的。图 4.12 显示的是 FRED 数据，DGS10 中包含 NaN 值。

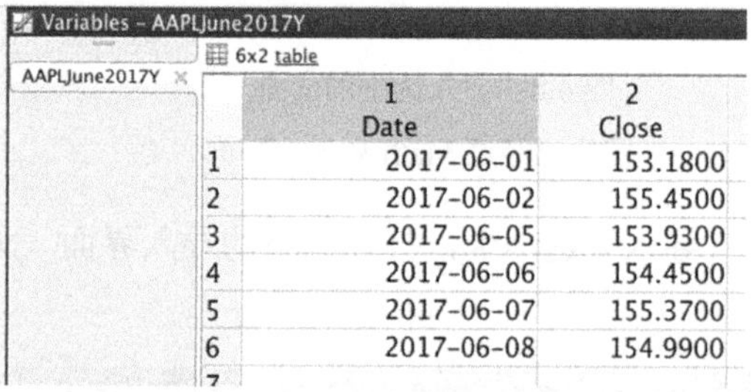

图 4.11　变量查看窗口

（图片已经过 MathWorks 许可）

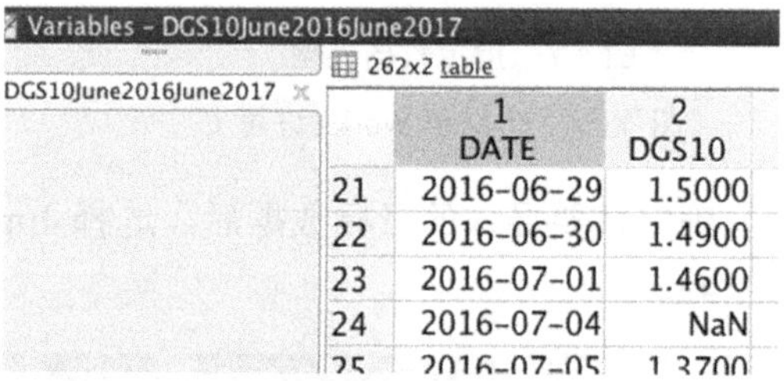

图 4.12　导入后的 FRED 数据

（数据来自于 FRED，图片已经过 MathWorks 许可）

4.2.4　使用脚本自动导入数据

当使用导入数据功能时，我们可以通过增加选择把源文件中的所有日期都包含进来。但是每次导入数据集时都要手动重复这个过程是很低效的，并且有可能带来输入错误。为此，你可以创建一个脚本或函数把这个过程自动化。

如图 4.13 所示，"导入所选内容"下有 3 个选项。若直接单击主按钮，MATLAB 会根据你在导入选项卡下所做的设置来导入数据。单击"导入所选内容"（Import Selection）右侧的向下箭头，弹出子菜单，里面包含"生成脚本"（Generate Script）和"生成函数"（Generate Function）两个选择，当选择其中一个时，

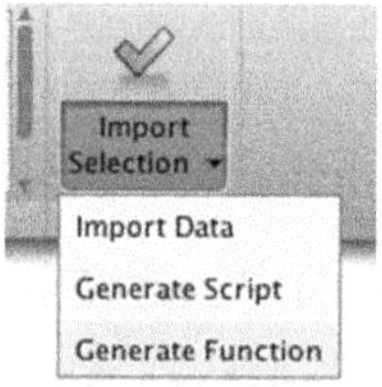

图 4.13　"导入所选内容"（Import Selection）下包含的菜单

（图片已经过 MathWorks 许可）

MATLAB 会根据你在导入选项卡下所做的设置生成一段脚本或函数。这样，每次你想导入一个新文件时，就不必再重复前面整个过程，直接运行脚本即可。

如果选择"生成脚本"，MATLAB 会生成如下脚本文件，这里将其保存为 SmallAAPLImport.m。

```
% 由导入工具生成脚本: SmallAAPLImport.m

%% 导入文本文件中的数据
% 用于从以下文本文件导入数据的脚本:
%
% /Users/ed/Documents/MATLAB Book/FINAL CHAPTERS/4 Finan-
cial Data/Data/AAPLJune2017Y.csv
%
% 要将代码扩展到其他选定数据或其他文本文件，请生成函数来代替脚本

% 由 MATLAB 自动生成于 2017/06/17 18:25:34

%% 初始化变量
filename = '/Users/ed/Documents/MATLAB Book/FINAL CHAPTERS/4 Financial Data/Data/AAPLJune2017Y.csv';
delimiter = ',';
startRow = 2;

%% 每行文本的格式:
%   列1: 日期时间 (%{yyyy-MM-dd}D)
%   列5: 双精度值 (%f)
% 有关详细信息，请参阅 TEXTSCAN 文档
formatSpec = '%{yyyy-MM-dd}D%*s%*s%*s%f%*s%*s%[^\n\r]';

%% 打开文本文件
fileID = fopen(filename,'r');

%% 根据格式读取数据列
% 该调用基于生成此代码所用的文件的结构。如果其他文件出现错误，请尝试通过导入工具重新生成代码
    dataArray = textscan(fileID, formatSpec, 'Delimiter', delimiter,
    'TextType', 'string', 'HeaderLines' ,startRow-1, 'ReturnOn-
    Error', false, 'EndOfLine', '\r\n');

%% 关闭文本文件
fclose(fileID);
```

```
%% 对无法导入的数据进行的后处理
% 在导入过程中未应用无法导入的数据的规则，因此不包括后处理代码。要生成适用于无法导入的
数据的代码，请在文件中选择无法导入的元胞，然后重新生成脚本

%% 创建输出变量
AAPLJune2017Y = table(dataArray{1:end-1}, 'VariableNames', {'Date',
'Close'});

% 对于要求日期序列(datenum)而非日期时间的代码
% 请取消注释以下行，以便以 datenum 形式返回导入的日期

% AAPLJune2017Y.Date=datenum(AAPLJune2017Y.Date);

%% 清除临时变量
clearvars filename delimiter startRow formatSpec fileID dataArray
ans;
```

上面这个脚本你可能熟悉，也可能很陌生，这要看你的 MATLAB 使用经验，这里不要求你每行代码都懂。重要的一点是，你要知道这段脚本会复制你在导入窗口中所做的设置并自动运行它们。你可以通过保存脚本、清空工作区和运行脚本来验证这一点。要重新加载数据，你可以在"当前文件夹"窗口中，双击 SmallAAPLImport（或其他你为脚本取的名字），或者右键单击脚本并选择 Run（运行）。

你可以修改脚本来导入其他数据文件，但这样做的效率并不高，因为你需要修改所有引用现有文件名和数据格式的脚本代码。一种更简单、快速的方法是为每个新数据文件单独创建一个脚本，或者创建一个灵活的函数。

4.2.5　使用函数自动导入数据

如果你想导入多个文件，一个更好的办法是让 MATLAB 根据你在导入界面中的设置生成一个函数。函数比脚本更灵活，只需做少许修改即可用来导入其他数据集。在下面的例子中，我们在从 Yahoo! Finance 导入 Apple 股价数据时，选择了"生成函数"菜单，创建一个数据文件导入函数。

```
function AAPLJune2017Y = importfile(filename, startRow, endRow)
%    IMPORTFILE 将文本文件中的数值数据作为矩阵导入
%    AAPLJUNE2017Y = IMPORTFILE(FILENAME) 从文本文件 FILENAME 中，
%    读取默认选定范围的数据
%
%    AAPLJUNE2017Y = IMPORTFILE(FILENAME, STARTROW, ENDROW) 读取文本文件 FILENAME
的 STARTROW 行到 ENDROW 行中的数据
```

```
%
% Example:
%   AAPLJune2017Y = importfile('AAPLJune2017Y.csv', 2, 13);
%
%    另请参阅 TEXTSCAN

% 由 MATLAB 自动生成于 2017/06/19 16:08:44

%% 初始化变量。
delimiter = ',';
if nargin<=2
    startRow = 2;
    endRow = inf;
end

%% 每行文本的格式:
%   列1: 日期时间  (%{yyyy-MM-dd}D)
%   列2: 双精度值 (%f)
%   列3: 双精度值 (%f)
%   列4: 双精度值 (%f)
%   列5: 双精度值 (%f)
%   列6: 双精度值 (%f)
%   列7: 双精度值 (%f)
% 有关详细信息,请参阅 TEXTSCAN 文档
formatSpec = '%{yyyy-MM-dd}D%f%f%f%f%f%f%[^\n\r]';

%% 打开文本文件。
fileID = fopen(filename,'r');

%% 根据格式读取数据列
% 该调用生成此代码所用的文件结构
% 如果其他文件出现错误,请尝试通过导入工具重新生成代码
dataArray = textscan(fileID, formatSpec, endRow(1)-startRow(1)+1, ...
    'Delimiter', delimiter, 'TextType', 'string', 'HeaderLines', ...
    startRow(1)-1, 'ReturnOnError', false, 'EndOfLine', '\r\n');
for block=2:length(startRow)
    frewind(fileID);
    dataArrayBlock = textscan(fileID, formatSpec, endRow(block)...
-startRow(block)+1, 'Delimiter', delimiter, 'TextType', 'string', ...
    'HeaderLines', startRow(block)-1, 'ReturnOnError', false, 'End-
OfLine', '\r\n');
    for col=1:length(dataArray)
        dataArray{col} = [dataArray{col};dataArrayBlock{col}];
```

```
        end
end

%% 关闭文本文件
fclose(fileID);

%% 对无法导入的数据进行的后处理
% 在导入过程中未应用无法导入的数据的规则，因此不包括后处理代码。要生成适用于无法导入的
数据的代码，请在文件中选择无法导入的元胞，然后重新生成脚本

%% 创建输出变量
AAPLJune2017Y = table(dataArray{1:end-1}, 'VariableNames', {'Date',
'Open','High','Low','Close','AdjClose','Volume'});

% 对于要求日期序列(datenum)而非日期时间的代码
% 请取消注释以下行，以便以 datenum 形式返回导入的日期

%     AAPLJune2017Y.Date=datenum(AAPLJune2017Y.Date);
```

使用这种方式生成函数的另一个好处是，函数注释中包含了如何调用该函数的例子。请注意，第 1 行代码中函数的结构：

```
function AAPLJune2017Y = importfile(filename, startRow, endRow)
```

后面几行给出了一个例子，演示了如何调用这个函数：

```
AAPLJune2017Y = importfile('AAPLJune2017Y.csv', 2, 13);
```

在本例中，我们只需要复制示例代码，将其粘贴到命令行窗口，然后按回车键，即可运行这个函数。函数运行之后，我们就得到了一个 12×7 的表格，其中包含了 Apple 股价数据，如图 4.14 所示。

	1 Date	2 Open	3 High	4 Low	5 Close	6 AdjClose	7 Volume
1	0016-06-17	143.7...	144.5...	142.2...	142.2...	50361093	NaN
2	0015-06-17	143.3...	144.4...	142.2...	144.2...	32165373	NaN
3	0014-06-17	147.5...	147.5...	143.8...	145.1...	31531232	NaN
4	0013-06-17	147.1...	147.4...	145.1...	146.5...	34165445	NaN
5	0012-06-17	145.7...	146.0...	142.5...	145.4...	72307330	NaN

图 4.14　查看导入的数据（图片已经过 MathWorks 许可）

现在有个问题：importfile 函数能够导入从 Goolge 下载的 AAPL 数据吗？如果你输入如下命令：

```
AAPLJune2017G = importfile('AAPLJune2017G.csv',2,13);
```

importfile 函数会运行，但是观察变量窗口，你会发现生成的表格有点问题，如图 4.15 所示。

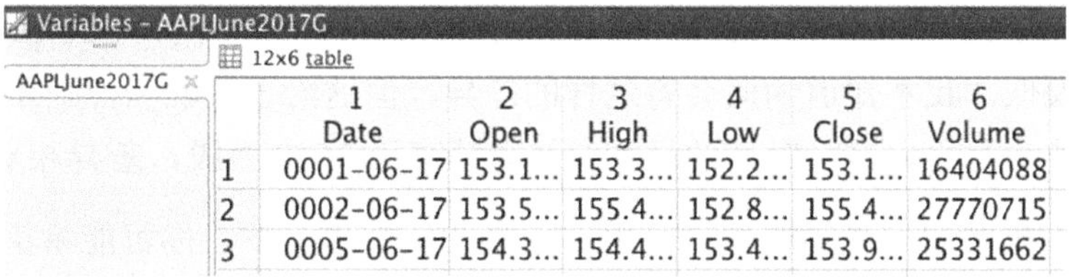
Variables - AAPLJune2017G

AAPLJune2017G ×

12x6 table

	1 Date	2 Open	3 High	4 Low	5 Close	6 Volume
1	0001-06-17	153.1...	153.3...	152.2...	153.1...	16404088
2	0002-06-17	153.5...	155.4...	152.8...	155.4...	27770715
3	0005-06-17	154.3...	154.4...	153.4...	153.9...	25331662

图 4.15 修正后的数据（图片已经过 MathWorks 许可）

从 Yahoo! Finance 下载的数据中包含一个 AdjClose 列，但是 Goolge 数据中没有这一列，因此 Volume 数据就被保存到 AdjClose 列中。为了避免出现这个问题，你可以不导入 AdjClose 列的数据，或者直接把空的 Volume 列删除，具体方法是：先选择 Volume 列，单击工具条中的“删除”按钮，或者执行如下命令：

```
AAPLJune2017G.Volume=[];

rename the AdjClose variable Volume:

AAPLJune2017G.Properties.VariableNames{'AdjClose'}='Volume';

and sort the rows by ascending dates with the partial result shown
 in Figure 4.15:

AAPLJune2017G=sortrows(AAPLJune2017G,'Date')
```

你可能已经注意到了，在 Goolge 和 Yahoo!的数据中，日成交量大部分时候差别并不大，但有两天非常明显。

```
volumeDiff= AAPLJune2017G.Volume-AAPLJune2017Y.Volume
ans =
       -12.00
        15.00
       -38.00
        26.00
        47.00
    138498.00 % June 8
       -43.00
        30.00
        45.00
```

```
     32.00
    -27.00
153693.00 % June 16
```

出于好奇，我把那两天的成交量和纳斯达克网站上的成交量进行了比较，后者是正规的官方数据。Goolge 和 Yahoo!Finance 的数据与纳斯达克有所不同，Goolge 的数值偏高，Yahoo!的数值偏低。我不知道为何会有这样的差异，但这给了我们一点启示，那就是必须对数据源做审查。总之，这一时期的日均交易量略高于 3500 万股，差异相对较小。

对于混合数据类型，表结构非常有用，但是在某些情况下，你可能希望把数据作为单独的列向量使用，或者将数据组合在一个矩阵中。MATLAB 的导入工具可以很好地把混合数据（本例中是日期和数值）放入列向量。选择目标数据，并从"输出类型"下拉菜单中选择"列向量"，如图 4.16 所示。

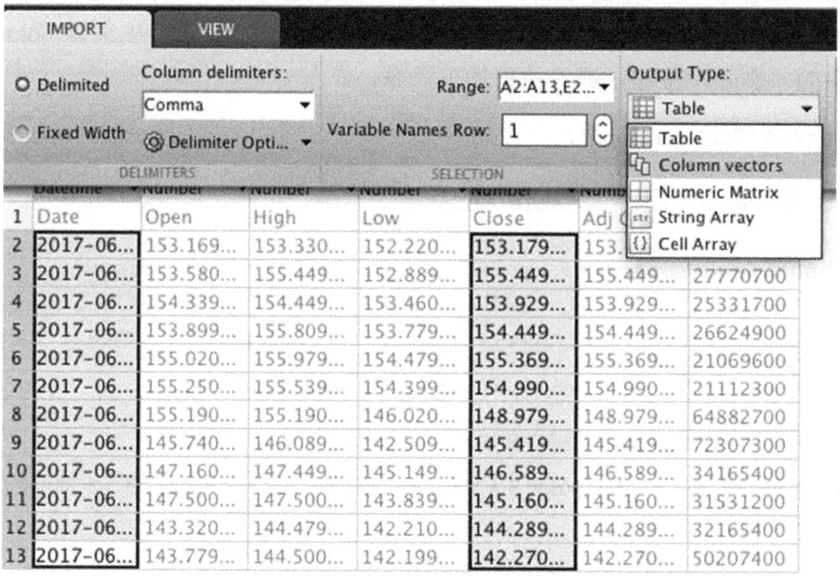

图 4.16　把数据导成列向量（图片已经过 MathWorks 许可）

在图 4.17 所示的工作区窗口中，你可以看到结果。

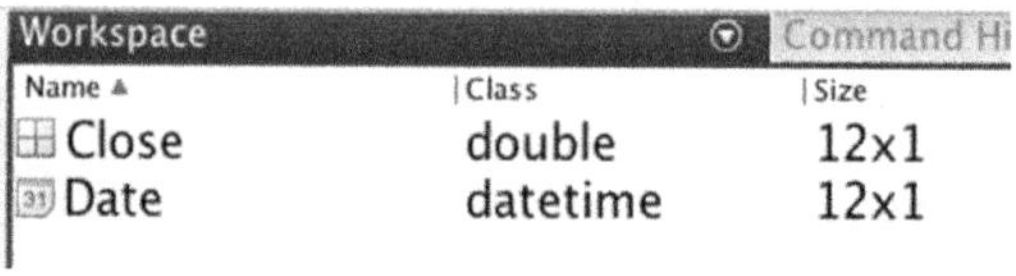

图 4.17　作为列向量导入的数据（图片已经过 MathWorks 许可）

但是，如果你想把 Date 和 Close 变量导出成数值矩阵（见图 4.18），那就无法办到了（见图 4.19），因为第 1 列中的 Date 变量并不是数值。

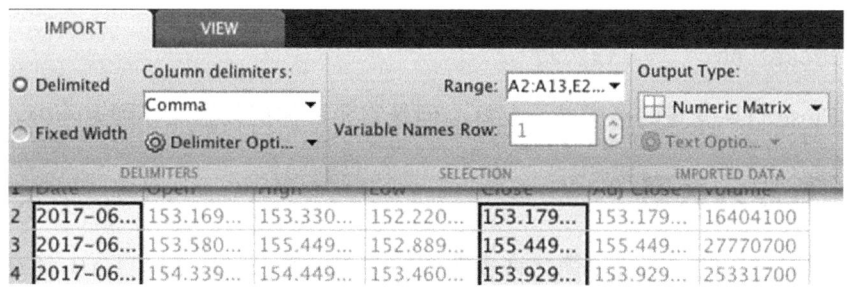

图 4.18　尝试以数值矩阵导入（图片已经过 MathWorks 许可）

如果你想把所有数据放入一个矩阵中，那可以先把数值数据导入矩阵，把日期数据导入列向量，然后使用 datenum 函数（第 2 章讲到过）把日期向量转换成日期序列，再把日期序列和其他数据连接起来。

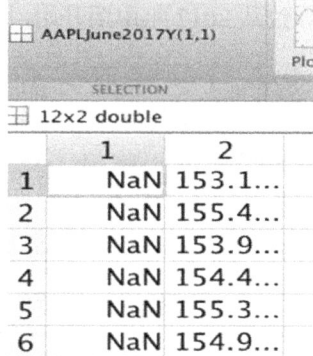

图 4.19　日期数据导入失败（图片已经过 MathWorks 许可）

```
dates=datenum(Date)
dates =
    736847.00
    736848.00
    736851.00
    736852.00
    736853.00
    736854.00
    736855.00
    736858.00
    736859.00
    736860.00
    736861.00
    736862.00

AAPLClose=[dates,Close]
AAPLClose =
    736847.00          153.18
    736848.00          155.45
    736851.00          153.93
    736852.00          154.45
    736853.00          155.37
    736854.00          154.99
    736855.00          148.98
```

```
736858.00           145.42
736859.00           146.59
736860.00           145.16
736861.00           144.29
736862.00           142.27
```

AAPLClose 日期变量的格式并不友好，但是它允许你把数据保存到矩阵中。

4.2.6 编程导入数据

导入工具是通用的，它可以简化许多数据的导入操作，但是 MATLAB 还在 Datafeed 工具箱中为我们提供了多个函数，你可以使用这些函数编写代码来导入数据。以前，Datafeed 工具箱可以以交互方式和编程方式访问 Yahoo!，这个功能非常有用。不过，MathWorks 支持团队在网上发布消息说：2017 年 4 月，Yahoo!更改了其 API（应用程序接口）和站点结构，导致从 2017 年中期开始，用户将无法使用 Datafeed 工具箱从 Yahoo! Finance 获取数据。

不过，令人欣慰的是，你仍然可以从 FRED 和 Money 等商业服务机构下载数据。下面例子演示了基本的操作步骤。其他详细信息请通过 MATLAB 帮助函数进行了解。

1. 从 FRED 获取数据

我们可以使用 fetch 函数从网上下载数据，步骤如下：

（1）创建到数据源的数据连接；

（2）指定想下载的证券数据；

（3）下载数据；

（4）关闭连接。

```
fetch(connection, data series, [dates(single or start and end)])
```

在下面的例子中，我们使用 fetch 函数从 FRED 下载 10 年期美国国债固定到期收益率数据（DGS10）。第 1 个例子返回一个结构体，其中包含相关数据信息；第 2 个例子返回从 2012 年 1 月 1 日到 2016 年 12 月 31 日之间的每日数据。

```
% 指定 FRED URL
url = 'https://research.stlouisfed.org/fred2/';

% 创建连接
conn = fred(url);
```

```
% 使用 FRED 标识符指定目标数据
dataSeries = 'DGS10';

% 调用 fetch 函数，未指定日期
data=fetch(conn,dataSeries)
data =
  struct with fields:

                 Title: ' 10-Year Treasury Constant Maturity Rate'
              SeriesID: ' DGS10'
                Source: ' Board of Governors of the Federal Reserve
  System (US)'
               Release: ' H.15 Selected Interest Rates'
    SeasonalAdjustment: ' Not Seasonally Adjusted'
             Frequency: ' Daily'
                 Units: ' Percent'
             DateRange: ' 1962-01-02 to 2017-06-16'
           LastUpdated: ' 2017-06-19 3:41 PM CDT'
                 Notes: ' For further information regarding treasury
constant maturity data, please refer to http://www
.federalreserve.gov/releases/h15/current/h15.pdf and http://www
.treasury.gov/resource-center/data-chart-center/interest-rates
/Pages/yieldmethod.aspx.'
                  Data: [14469 x 2 double]

% 关闭连接
close(conn)
```

这个初始连接除了提供数据外，还提供了有用信息。你可以看到完整数据的日期范围是从 1962 年 1 月 2 日到 2017 年 6 月 16 日（就在我写本节之前的几天）。最后一个结构体字段指明数据包含在一个 14469×2 的矩阵中。图 4.20 显示了这个矩阵的前几行。

请注意，第 1 列使用的是日期序列，第 1 行是开始日期。

```
datetime(716608,'ConvertFrom','datenum')
ans =
  datetime
   02-Jan-1962 00:00:00
```

SELECTION		
data.Data		
	1	2
1	716608	4.0600
2	716609	4.0300
3	716610	3.9900
4	716611	4.0200
5	716614	4.0300
6	716615	4.0500
7	716616	4.0700

图 4.20　下载好的 FRED 数据（来源：FRED，图片已经过 MathWorks 许可）

你可以保留完整的数据集，并根据需要提取日期或某个范围内的数据，但是你也可以不必下载整个数据集，而下载指定日期范围的数据。在下面的例子中，下载数据的日期范围是 2012 年 5 月 1 日（开始日期）到 2017 年 5 月 1 日（结束日期）。在调用 fetch 函数时，我们只改变了日期，其他没有改动。

```
% 下载 5 年期收益率数据

url = 'https://research.stlouisfed.org/fred2/';
conn = fred(url);
dataSeries='DGS10';
startDate='05/01/2012';
endDate = '05/01/2017';
rateData = fetch(conn,dataSeries,startDate,endDate)

rateData =
  struct with fields:

                    Title: ' 10-Year Treasury Constant Maturity Rate'
                 SeriesID: ' DGS10'
                   Source: ' Board of Governors of the Federal Reserve System (US)'
                  Release: ' H.15 Selected Interest Rates'
       SeasonalAdjustment: ' Not Seasonally Adjusted'
                Frequency: ' Daily'
                    Units: ' Percent'
                DateRange: ' 1962-01-02 to 2017-06-16'
              LastUpdated: ' 2017-06-19 3:41 PM CDT'
                    Notes: ' For further information regarding Treasury constant maturity data, please refer to http://www.federalreserve.gov/releases/h15/current/h15.pdf and http://www.treasury.gov/resource-center/data-chart-center/interest-rates/Pages/yieldmethod.aspx.'
                     Data: [1305 × 2 double]

close(conn)
```

Note that the Data field in the struct is now a 1305 x 2 numeric matrix. A visual inspection and check of the matrix start and end dates confirms an accurate download:

```
datetime(734990,'ConvertFrom','datenum')
ans =
  datetime
   01-May-2012 00:00:00
```

```
datetime(736816,'ConvertFrom','datenum')
ans =
  datetime
   01-May-2017 00:00:00
```

请注意，结构中的 Data 字段现在是一个 1305×2 的数值矩阵。我们可以使用如下方法检查矩阵的起始和结束日期，确定下载的数据正确：

2. 从 Money.Net 获取数据

Money.Net 是一个功能齐全的金融平台，它提供了诸多功能，包括市场报价、新闻、研究和分析等。截至 2017 年年底，订阅费用为每月 150 美元或包年 1500 美元。（此外，还有一个 14 天的免费试用期，本节使用的就是这个，并且已经取得 Money.Net 的许可）。下面的例子演示了 MATLAB 如何与平台的各个部分进行交互，你可以在 MATLAB 文档中找到更详细的例子。另外，Money.Net 还有相应的桌面应用程序和移动 App，这些例子只演示 MATLAB 如何和 Money.Net 做交互。

从 Money.Net 下载数据到 MATLAB 的基本过程和前面讲的差不多：

（1）创建到 Money.Net 的连接（需要有用户 ID 和密码）；

（2）指定需要下载的数据，既可以是实时的，也可以是历史记录的；

（3）获取数据；

（4）关闭连接。

3. 实时和当前数据

```
% 创建到 Money.Net 的连接, 需要有用户名和密码
conn=moneynet(userID,pWord)
conn =
  moneynet with properties:

    Username: '***'
        Port: 50010.00
      Server: 'NTY_RADIO_241B TCP'

% 指定数据
stock='AAPL';

% 使用实时函数获取数据
```

```
realtime(conn,stock)

% 最后关闭连接
close(conn)
```

> **realtime** 函数用来从 Money.Net 获取实时数据

上面代码的下载结果是一个 MATLAB 数据表——AAPLRealTime，其中包含近 50 个数据字段，包括股票名称、股票代号、交易所和实时交易数据。如果你对数据的实时性有怀疑，那可以看看 Volume 列。对于 Apple 这种经常交易的股票，成交量数据会不断更新。

其实，你大可不必获取所有数据，可以指定要获取的字段。在下面的例子中，我们只下载 AAPL、AMZN 和 GOOG 的当前喊价、高价、低价和成交量数据。

```
stocks={'AAPL','AMZN','GOOG'};
fields={'Open','High','Low','Volume'};
conn=moneynet(userID,pWord)

format bank %   设置显示精度为两位小数

% 调用 getdata 函数获取股票数据
data=getdata(conn,stocks,fields)
data =
  3 × 5 table
    Symbol     Open       High       Low        Volume
    _____    _____    _____    _____    _____
    'AAPL'     147.17     148.28     145.38    19250299.00
    'AMZN'    1008.50    1009.80     993.38     2423978.00
    'GOOG'     969.90     973.31     952.36     1102522.00
```

> **getdata**(connection, symbols, fields)：下载指定数据

4. 历史数据

我们可以从 Money.Net 下载历史数据，并且可以使用 MATLAB 的 timeseries 函数指定起始日期和结束日期。

> **timeseries**(connection, stock, dates, interval, fields)：指定待下载的目标数据

```
stock='AAPL';
dates=[datetime('1-June-2017') datetime('16-June-2017')];
interval='1D'; % 指定每日价格
data={'Close'};
AAPLClose=timeseries(conn,stock,dates,interval,data)
```

```
AAPLClose = 
  12 × 2 table
            Date                 Close
     _____   _____

     06/01/17 00:00:00          153.18
     06/02/17 00:00:00          155.45
     06/05/17 00:00:00          153.93
     06/06/17 00:00:00          154.45
     06/07/17 00:00:00          155.37
     06/08/17 00:00:00          154.99
     06/09/17 00:00:00          148.98
     06/12/17 00:00:00          145.42
     06/13/17 00:00:00          146.59
     06/14/17 00:00:00          145.16
     06/15/17 00:00:00          144.29
     06/16/17 00:00:00          142.27
```

你还可以指定时间间隔。在下面的例子中，我们要获取苹果公司在 2017 年 7 月 26 日最后一分钟内每 5 秒的交易数据。

```
stock='AAPL';
eod=datetime(2017,6,26,16,0,0)  % 指定交易日结束时间
interval='5S';  % 设置间隔时间为 5 秒

% 设置起始日期/时间为 3:59pm，结束日期/时间为 4:00pm
date=[eod-minutes(1) eod]
date =
  1 × 2 datetime 数组
    26-Jun-2017 15:59:00   26-Jun-2017 16:00:00

lastMinData=timeseries(conn,stock,date,interval)

lastMinData =
  12 × 6 table
         Date              High      Low       Open     Close     Volume
  _____   _____  _____  _____  _____  _____

  06/26/17 15:59:00      145.81    145.76    145.76    145.81    14185.00
  06/26/17 15:59:05      145.84    145.74    145.81    145.75    39150.00
  06/26/17 15:59:10      145.76    145.73    145.76    145.75    32135.00
  06/26/17 15:59:15      145.76    145.73    145.75    145.76    17998.00
  06/26/17 15:59:20      145.76    145.72    145.76    145.74    34522.00
  06/26/17 15:59:25      145.74    145.67    145.73    145.68    34711.00
```

```
06/26/17 15:59:30    145.72    145.67    145.67    145.72    27320.00
06/26/17 15:59:35    145.74    145.72    145.72    145.74    14981.00
06/26/17 15:59:40    145.75    145.73    145.73    145.74    28009.00
06/26/17 15:59:45    145.78    145.71    145.75    145.75    47675.00
06/26/17 15:59:50    145.77    145.71    145.74    145.75    49691.00
06/26/17 15:59:55    145.83    145.73    145.73    145.80    71420.00
```

与前面的例子一样，如果要经常从 Money.Net 下载数据，还是建议你创建一个脚本或函数。下面第 1 个脚本会提示用户输入股票代码和日期数据，第 2 个脚本要求用户手动输入股票代码、日期，以及为输出指定合适的表名。

```matlab
%% 从 Money.Net 自动下载每日股价数据

% 请求输入股票代码
ticker=input('Enter ticker symbol: ','s');

% 请求输入起始日期和结束日期

startDate=datetime(input('Enter start date as day-month-year: ','s'));
endDate=datetime(input('Enter end date as day-month-year: ','s'));
dates=[startDate endDate];

% 每日数据
interval='1D';
series={'Open','High','Low','Close'};

% 用户账户信息
user=***';
pw='***';

conn=moneynet(user,pw);

stockData=timeseries(conn,ticker,dates,interval,series);

close(conn)



%% 从 Money.Net 导入多支股票的历史价格

%% 保存股票代码
tickers={'AAPL','AMZN'};
```

```
%% 初始数据
startDate=datetime('01-June-2017');
endDate=datetime('15-June-2017');
dates=[startDate endDate];
interval='1D';
field='Close';
%% 用户数据和连接
user= '***';
pw='***';
conn=moneynet(user,pw);

%% 获取 stock1
stock1=tickers{1};
data1=timeseries(conn,stock1,dates,interval,field);

%% 获取 stock2
stock2=tickers{2};
data2=timeseries(conn,stock2,dates,interval,field);

%% 关闭连接
close(conn)
```

4.3 导入电子表格数据

在实际工作中，你可能会遇到下面一种情况：所需要的数据必须从 Excel 电子表格获取，或者必须把 MATLAB 产生的结果返回到电子表格中。在下面的例子中，我们使用的还是来自 Yahoo!Finance 的 Apple 股价数据。

4.3.1 使用导入工具导入电子表格数据

如图 4.21 所示，导入电子表格数据和 CSV 数据的最大不同是，导入工具会把第 1 列中的日期数据作为日期序列而非 Datetime 变量进行导入。

如果你想以矩阵或列向量的形式导入数据，那么序列格式会非常有用，但是它不适合用在表这种格式中，并且需要转换为日期时间格式，才能为用户所理解。(有关使用 Excel 日期序列的内容，请参阅第 2 章。)

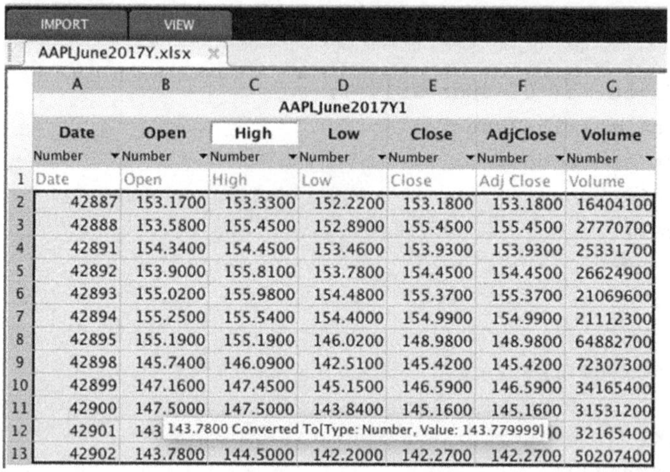

	A	B	C	D	E	F	G
	Date	Open	High	Low	Close	AdjClose	Volume
	Number	Number	Number	Number	Number	Number	Number
1	Date	Open	High	Low	Close	Adj Close	Volume
2	42887	153.1700	153.3300	152.2200	153.1800	153.1800	16404100
3	42888	153.5800	155.4500	152.8900	155.4500	155.4500	27770700
4	42891	154.3400	154.4500	153.4600	153.9300	153.9300	25331700
5	42892	153.9000	155.8100	153.7800	154.4500	154.4500	26624900
6	42893	155.0200	155.9800	154.4800	155.3700	155.3700	21069600
7	42894	155.2500	155.5400	154.4000	154.9900	154.9900	21112300
8	42895	155.1900	155.1900	146.0200	148.9800	148.9800	64882700
9	42898	145.7400	146.0900	142.5100	145.4200	145.4200	72307300
10	42899	147.1600	147.4500	145.1500	146.5900	146.5900	34165400
11	42900	147.5000	147.5000	143.8400	145.1600	145.1600	31531200
12	42901	143 143.7800 Converted To[Type: Number, Value: 143.779999]				)0	32165400
13	42902	143.7800	144.5000	142.2000	142.2700	142.2700	50207400

图 4.21 导入电子表格数据（图片已经过 MathWorks 许可）

4.3.2 编程导入电子表格数据

我们可以使用 xlsread 和 xlswrite 函数编写代码来导入或导出 Excel 数据。

xlsread(filename, optional arguments): 从 Excel 导入数据。

xlswrite(filename, matrix, optional arguments): 导出数据到 Excel 中。

下面是几个使用这两个函数的例子。

导入整个文件（包含日期序列）：

```
AAPLExcel=xlsread('AAPLJune2017Y.xlsx')
```

通过第一个可选参数，指定要导入的数据范围，即日期列：

```
AAPLExcelDates=xlsread('AAPLJune2017Y.xlsx','A2:A13')
```

xlswrite 函数用来将数据以 Excel 格式写入电子表格文件，前提是你安装了 Microsoft Excel。如果你是 Mac OS 或 Linux 的用户，调用这个函数时会出现如下信息：

```
xlswrite('AAPLTestWrite.xlsx',AAPLJune2017Y)
Warning: Could not start Excel server for export.
XLSWRITE will attempt to write file in CSV format.
> In xlswrite (line 181)
```

执行上面代码会用.csv 格式把数据保存到 Excel 文件中，非 Windows 用户必须把数据转换成标准的 Excel 格式。

4.4 数据可视化

MATLAB 提供了多种数据可视化方法。本节我们将学习使用 MATLAB 基本的绘图工具和方法来绘图。

4.4.1 内置绘图函数

相比于文字或数值数据，图形能够更快、更直观地传递信息。套用一句谚语，就是"一图胜千言"。但是图形必须设计得简单、易懂，否则反而有可能会让观众感到困惑。你可能遇到过臃肿的图表或图形，这些图表中包含了大量数据，无论你多么努力地试图读懂它们，却总是徒劳无功。避免这个问题的一个方法是，在创建图形时，要站在观众的视角上想问题，把自己想成是一个第一次看到这个图形的观众。图形是否直观，是一眼就能明白其中的含义，还是需要深入研究？在创建图形时，脑中要不断地问这个问题，这有助于你创建出好的图形来。

下面例子会用到两个变量，它们都是取自 Apple 数据集（AAPL2017Y）的列向量，分别是 Date（12×1 的日期时间向量）和 Close（12×1 的数值向量）。

首先选择工作区中的 Date 和 Close 两个变量（见图 4.22），然后单击"绘图"（PLOTS）选项卡（该选项卡位于主页选项卡的右边），进入"绘图"界面。在绘图界面的左上角，你会看到 Date 和 Close 两个变量（见图 4.23）。

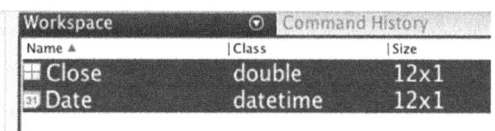

图 4.22 在工作区中选择两个变量
（图片已经过 MathWorks 许可）

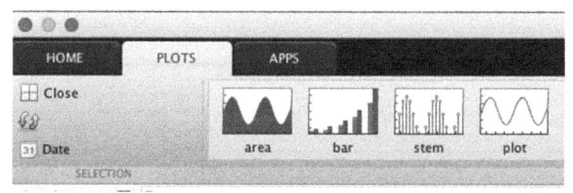

图 4.23 绘图选项卡（图片已经过 MathWorks 许可）

两个变量的纵向位置很重要，x 轴的数据必须位于上方。通常，日期是独立变量，位于 x 轴上，数据序列位于 y 轴）。如果 x-y 顺序是颠倒的，你可以单击双箭头图标来调换上下位置（见图 4.23）。坐标轴排序正确之后，单击工具条中的"绘图"按钮（从左边数第 4 个位置），这将在一个独立的窗口中生成如下折线图（见图 4.24）。

plot(Date,Close)

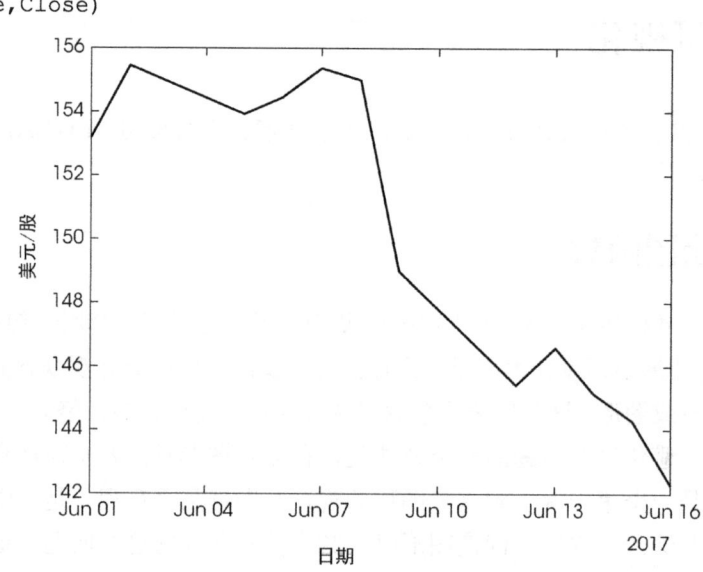

图 4.24　Apple 股票收盘价格

请注意，图 4.24 把 Date 变量分配给了 x 轴，并在折线上给出了相应的 AAPLClose 价格（y 值）。另外，图形自动确定了 y 值的最大值和最小值，以匹配数据。

为两列拥有相同 x 轴的数据绘图非常简单（见图 4.25）。只要选择日期和股票价格变量 AAPL 和 IBM，然后在工具条上确认数据顺序并单击绘图即可。

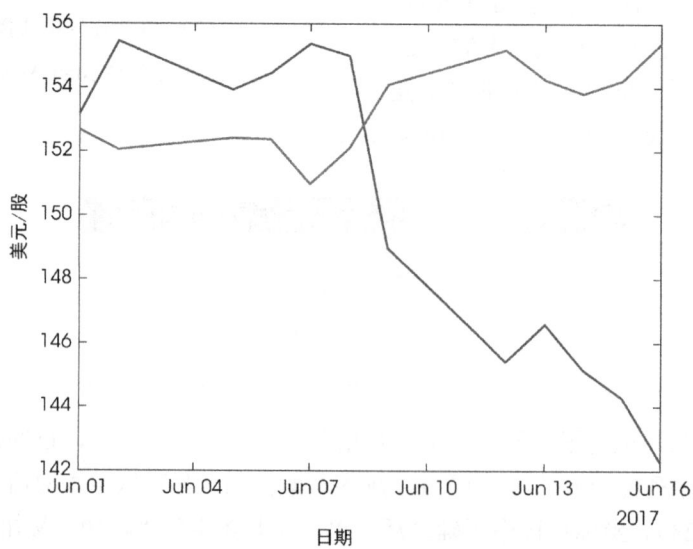

图 4.25　绘制 AAPL 和 IBM

图 4.25 清楚地描绘了股票的价格趋势及其波动变化,但是第一次看到这个图的人并不理解这个图在说什么。为了让图形易于理解,需要向图中添加注释,以向观众提供更多说明性信息。MATLAB 绘图工具允许你在图形中添加说明信息并自定义图形元素。

4.4.2 使用绘图工具

你可以通过编程方式来定制图形,但是在学会相关命令之前,使用交互式绘图工具会更简单,你可以通过单击"显示绘图工具"图标打开绘图工具(见图 4.26)。这个图标通常位于 Help(帮助)菜单的右侧,看起来像一个带有面板的窗口。通过单击"显示绘图工具"左边的图标可以隐藏绘图工具。

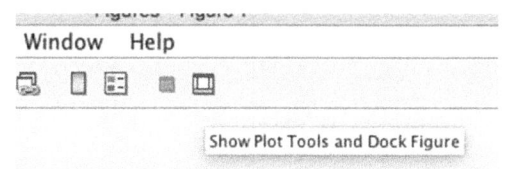

这会在图形底部打开属性编辑器对话框,单击图中某个特定元素(比如数据折线)会打开该元素的属性编辑器。图 4.27 显示的是 IBM 数据折线的属性编辑器。

图 4.26 显示绘图工具图标
(图片已经过 MathWorks 许可)

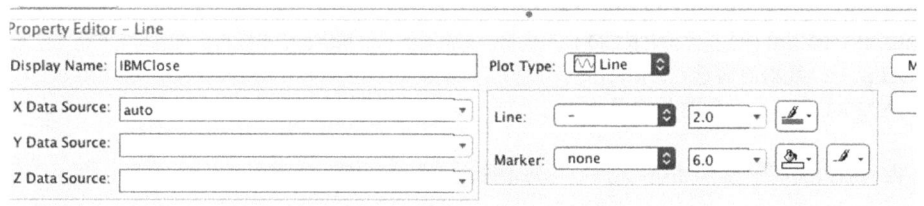

图 4.27 属性编辑器(图片已经过 MathWorks 许可)

这个对话框允许你指定绘图类型和线条属性,包括样式、粗细、颜色和用于标识数据点的标记。图中其他元素的定制过程也是一样的:选择图形中的元素,打开属性编辑器并进行更改。图 4.28 显示的是图 4.25 的修改结果,我们在图中添加了一个图例、标题、轴名称,并修改了线条类型,以便把两条趋势线更好地区分开。对于修改后的图形,你可以使用文件格式保存它。

4.4.3 使用命令绘图

在绘图窗口处于打开的状态下,依次选择"文件-生成代码"菜单,让 MATLAB 生成一段绘图函数代码,你可以把它保存下来,供以后使用。下面是用来绘制图 4.28 的代码,绘制的是 AAPL 和 IBM 的股价趋势图。

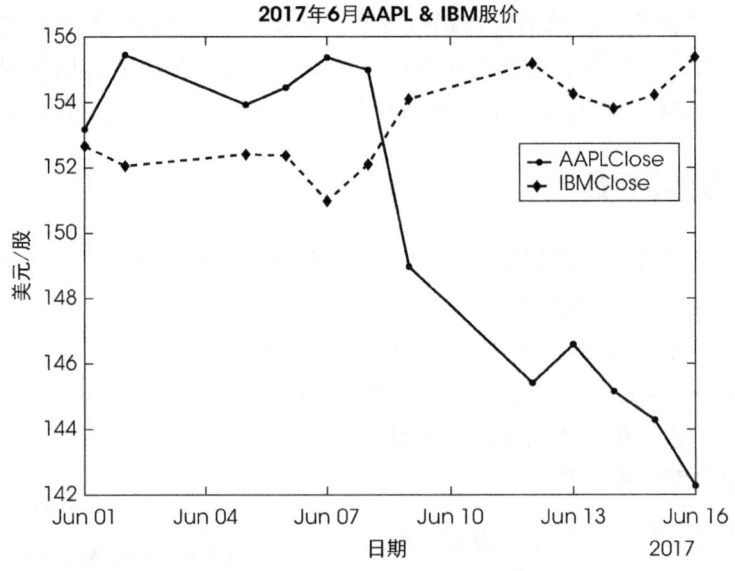

图 4.28　AAPL 和 IBM 股价

```
function createfigure(X1, YMatrix1)
%CREATEFIGURE(X1, YMATRIX1)
%   X1:    x 数据的向量
%   YMATRIX1:  y 数据的向量

%  由 MATLAB 于 21-Jun-2017 10:45:20 自动生成

% 创建 figure
figure1 = figure;

% 创建 axes
axes1 = axes('Parent',figure1);
hold(axes1,'on');

% 使用矩阵输入在图形中创建多条线
plot1 = plot(X1,YMatrix1,'LineWidth',3,'Color',[0 0 0]);
set(plot1(1),'DisplayName','AAPLClose','Marker','hexagram');
set(plot1(2),'DisplayName','IBMClose','Marker','diamond',...
    'LineStyle','-');
% 创建 x 轴标签
xlabel('Date','FontSize',14);

% 创建标题
title('AAPL & IBM Stock Prices June 2017','FontSize',16);
```

```
% 创建 y 轴标签
ylabel('$ per share','FontSize',14);

box(axes1,'on');
% 设置其他坐标轴属性
set(axes1,'YGrid','on');
% 创建图例
legend1 = legend(axes1,'show');
set(legend1,'Location','east','FontSize',10);
```

如代码所示，你可以使用属性编辑器或相应元素的函数来指定元素的属性，比如 xlabel、ylabel 和 title 都是与绘图相关的函数。这些函数的一般语法是 functionname('text', 'Property Name', 'Property Value')。例如，xlabel('Date', 'FontSize', 20)用来生成一个包含日期文本（字号为 20 磅）的 x 轴标签。通过使用绘图相关的函数，我们可以更好地控制图形的显示，但是这需要你掌握绘图函数的语法。

下面例子采用编程方式重新绘制了图 4.28 中的图形，所用的代码比使用"生成代码"菜单生成的代码更简单。更多详细信息，请参阅 MATLAB 绘图帮助文档。

了解绘图函数各个参数的含义：

plot(Date,AAPLClose,'k','LineWidth',3,'Marker','hexagram')

- Date, AAPLClose：依次是 x 轴数据和 y 轴数据。
- 'k'：代表黑色，允许使用的基本颜色有黑色、蓝色（'b'）、红色（'r'）等。你还可以直接给出 RGB（红色、绿色、蓝色）值来定制颜色。如果不指定颜色，MATLAB 会按顺序指派颜色。请注意，在使用颜色代号是使用单引号。
- 'LineWidth'：指定线条粗细。
- 'Marker'：用来指定数据点标记，允许的标记有圆圈（'o'）、星形（'*'）、菱形（'d'）等。
- hold on：用来防止新图形覆盖之前的图形，并允许在同一个图中显示多个图形。
- `plot(Date,IBMClose,'k','LineWidth',3,'LineStyle','--','Marker','diamond')`：其中的'LineStyle'默认线条类型是实线。使用虚线（'--'）有助于和 AAPL 线条区分开。
- `xlabel('Date','FontSize',14)`
- *ylabel('$ per share','FontSize',14)*

- `title('AAPL & IBM Stock Prices June 2017','FontSize',16)`

以上 3 个函数用来向坐标轴添加标签，以及添加图形标题。

- `legend({'AAPLClose','IBMClose'},'Location','east')`

legend 函数有助于帮助观众区分不同数据。

- `hold off`

使当前轴及图形不再具备被刷新的性质。

4.4.4 其他绘图工具

1．绘制矩阵

在前面的例子中，我们使用了 hold on 在同一个图形中放置两个图。如果数据保存在矩阵中，你可以在不使用 hold 命令的情况下实现相同的效果。假设 APPL 和 IBM 收盘价分别存储在单独的列向量中，分别是 AAPLClose 和 IBMClose。那么你可以把这些值连接成一个 12×2 矩阵——AAPLIBMClose，因为它们大小相同，且都是按相同日期升序排列：

`AAPLIBMClose=[AAPLClose IBMClose]`

MATLAB 支持绘制矩阵，命令如下：

`plot(Date,AAPLIBMClose)`

上面代码绘制的图形和图 4.25 完全一样。MATLAB 会把矩阵的列看成独立变量，并给它们指定不同颜色。这种方法的缺点是，相比于使用独立向量，用来定制绘图风格的选项十分有限。例如，如果你指定了线条或标记样式，它会应用到所有绘图元素上。

2．绘制日期

导入的日期有可能是以日期序列形式保存的。如果你使用日期序列把苹果股价绘制出来，那绘出的结果会很难让人理解，在图 4.29 中，x 轴上的日期和上一个例子是一样的，都是 2017 年 6 月。

一个简单的解决办法是把日期序列转换成 datetime 变量：

`calDates=datetime(serialDates,'ConvertFrom','datenum')`

你可以使用 plot 命令中的 DatetimeTickFormat 参数修改 datetime 变量的格式，格式说明符用的是 MMM（月）、dd（日）和 year（yy），这些内容已经在前面讲过。图 4.30 使用的是'M/d/yy'格式，并且旋转 45 度，代码如下：

```
plot(calDates,AAPLClose,'DatetimeTickFormat','M/d/yy')
xtickangle(45)
```

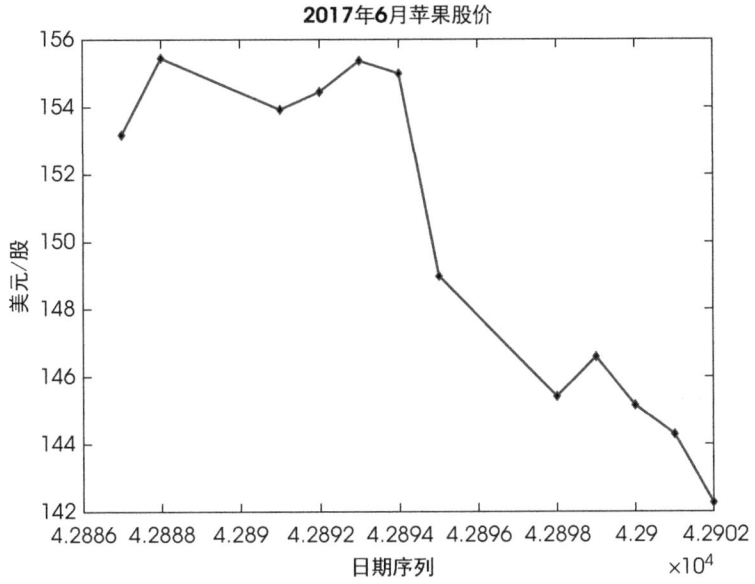

图 4.29　显示为日期序列的日期

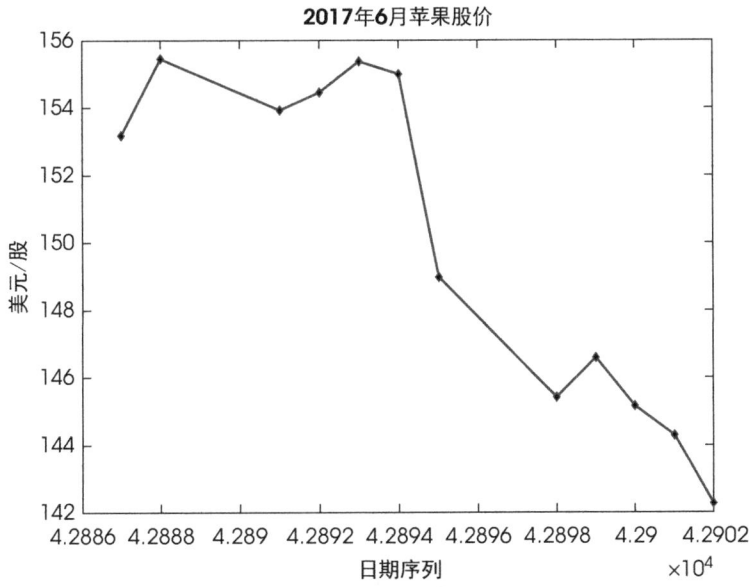

图 4.30　带有 DatetimeTickFormat 参数的日期

3. 绘制表

假设日期和股票收盘价存储在 AAPLIBMCloseTable 表中（部分数据显示如下）

```
AAPLIBMCloseTable =
  12 × 3 table
      Date          AAPLClose      IBMClose
    _____      _____      _____
    2017-06-01       153.18         152.67
    2017-06-02       155.45         152.05
```

绘制时需要使用点操作符来引用表变量。

（1）单个 y 轴变量：

plot(AAPLIBMCloseTable.Date,AAPLIBMCloseTable.AAPLClose)

（2）多个 y 轴变量：

```
plot(AAPLIBMCloseTable.Date,[AAPLIBMCloseTable.AAPLClose,AAPLIBMCloseTable
.IBMClose],'k','LineWidth', 3)
```

绘制结果和前面一样，在此不再展示。

4. 多个 y 轴

之所以能够把 Apple 和 IBM 的股价一起绘制出来，是因为它们的价格非常接近，可以共享一个 y 轴。但是当你有两个变量，y 轴变量相差很大或者尺度不同，那常见图形就无法把信息充分表达出来。假设你要把 Amazon 的收盘价添加到 Apple/IBM 表中（日期相同）。查看新表 stockPrices，你可以看到 Amazon 的股价和 APPLE、IBM 股价相差很大。

```
stockPrices =
  12 × 4 table
      Date          AAPLClose      IBMClose       AMZNClose
    _____      _____      _____       _____
    2017-06-01       153.18         152.67         995.95
    2017-06-02       155.45         152.05        1006.73
    2017-06-05       153.93         152.41        1011.34
```

图 4.31 是在相同坐标轴下绘制的 AAPLClose 和 AMZNClose。y 轴最小值和最大值之间的广阔范围掩盖了股价的变化趋势。

针对这种情况，一个更好的处理办法是分别为两支股票创建一个 y 轴。要想创建两个 y 轴，你可以使用 yyaxis 这个函数：

yyaxis (left or right)：创建带有两个 y 轴的图形。

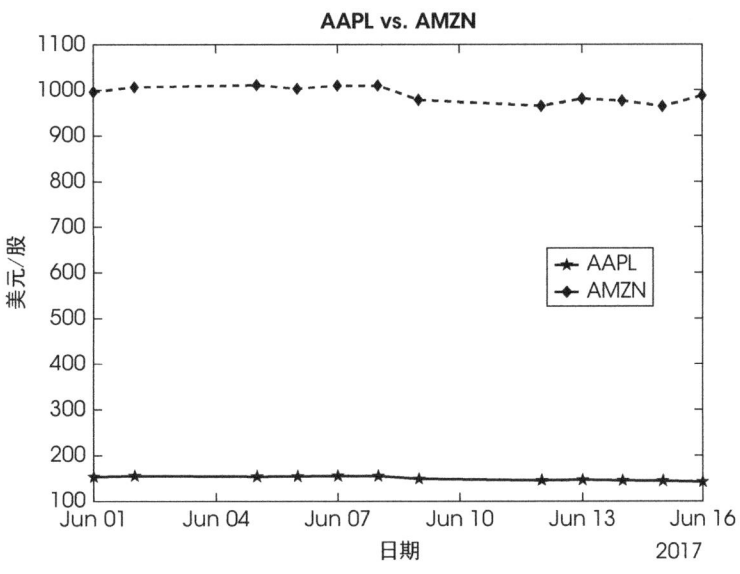

图 4.31 仅包含一个 y 轴的图形

```
% 创建左侧 y 轴（保持基本设置）
yyaxis left
plot(stockPrices.Date,stockPrices.AAPLClose,'k--','LineWidth',2)
ylabel('AAPL Price')

% 创建右侧 y 轴（保持基本设置）
yyaxis right

% 绘制右侧 y 轴
yyaxis right
plot(stockPrices.Date,stockPrices.AMZNClose,'k-','LineWidth',2)
yaxis('AMZN Price')
```

绘制结果如图 4.32 所示，里面有标题、图例和网格线。股票的走势是相互关联的，使用两个 y 轴有利于观看者更准确地把握股价的差异。

5．绘制多个图

前面例子中两组数据绘制在同一个图上，但是有时你可能需要同时处理位于不同窗口中的多个图。在 MATLAB 中，你可以同时打开多个图形并在它们之间来回切换，而非先保存和关闭一个图形才能处理另一个。

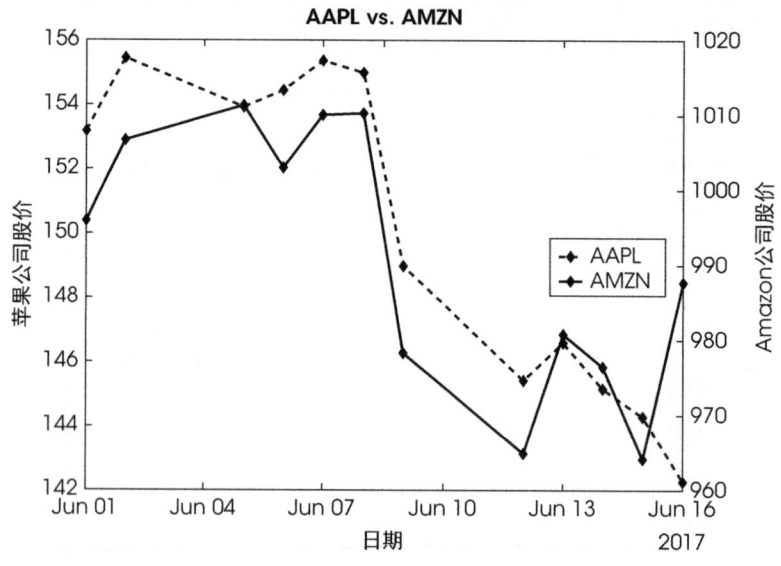

图 4.32 包含两条 y 轴的数据图

下面继续以 AAPL 和 AMZN 为例,假设你希望每组数据分别绘图。你可以分别进行创建,代码如下:

plot(stockPrices.Date,stockPrices.AAPLClose,'k--','LineWidth',2)

请注意,在图 4.33 中,窗口标题是 Figure 1,MATLAB 中的数字是从 1 开始依次绘制的。你可以使用 hold on 命令向图中添加另一组数据。否则,新图会覆盖原来的图。figure 函数允许你使用一个不同的数字打开另一个图形,或者切换到另一个已经打开的图形。

figure(number):使用数字 k 打开一个新图,或者切换到图 k(前提是它存在)。

AAPL 数据绘制在 Figure1 中。在 Figure2(你可以跳过数字)中创建和绘制 AMZN 数据的命令如下(未显示结果):

figure(2)
plot(stockPrices.Date,stockPrices.AMZNClose,'k-','LineWidth',2)

你可以输入 Figure(1)切换回 Figure 1。当 Figure 1 激活之后,你就可以调整它了。关闭图形窗口有如下 3 种方法。

- **Close**:关闭当前活动窗口
- **Close all**:关闭所有图形窗口
- **Close(number)**:关闭指定窗口

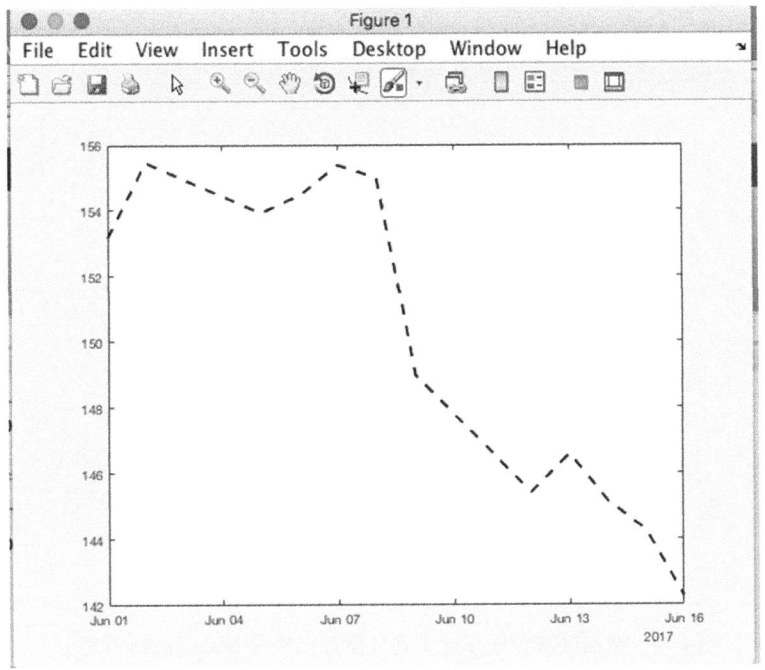

图 4.33 一组数据绘制在一个窗口中（图片已经过 MathWorks 许可）

6. 子图

在 MATLAB 中，我们可以使用 subplot 函数在同一个窗口中显示多个图形。不严格地说，你可以把 subplot 看作是在图中创建了一个数组，其中每个 plot 元素都可以单独引用。

> `subplot(r, c, k)`：把当前图分成 r×c 个网格，并在 k 指定的位置创建坐标轴。

例如，subplot(2,1,2)命令把整个绘图区域分成 2 行 1 列，并让第 2 个区域（位于下方的那一个）处于活动状态（见图 4.34）。

```
% 把整个绘图区域划分成 2 行 1 列，并激活第 2 个区域
% 使用实线在第 2 个区域中绘制 AMZN 数据
subplot(2,1,2)
plot(stockPrices.Date,stockPrices.AMZNClose,'k-','LineWidth',2)

% 切换回第 1 个区域，绘制 AAPL 数据
subplot(2,1,1)
plot(stockPrices.Date,stockPrices.AAPLClose,'k--','LineWidth',2)
```

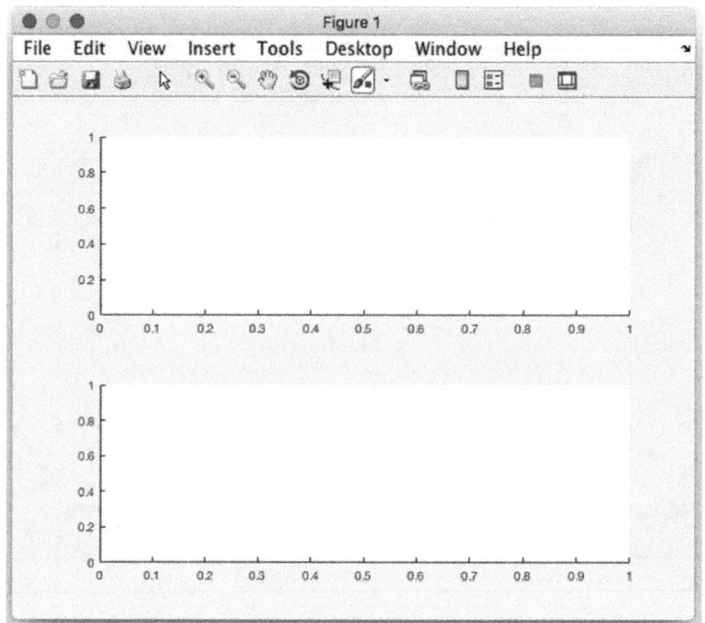

图 4.34 绘图区域分成 2 行 1 列（图片已经过 MathWorks 许可）

绘图结果如图 4.35 所示，里面没有添加其他格式和注释。

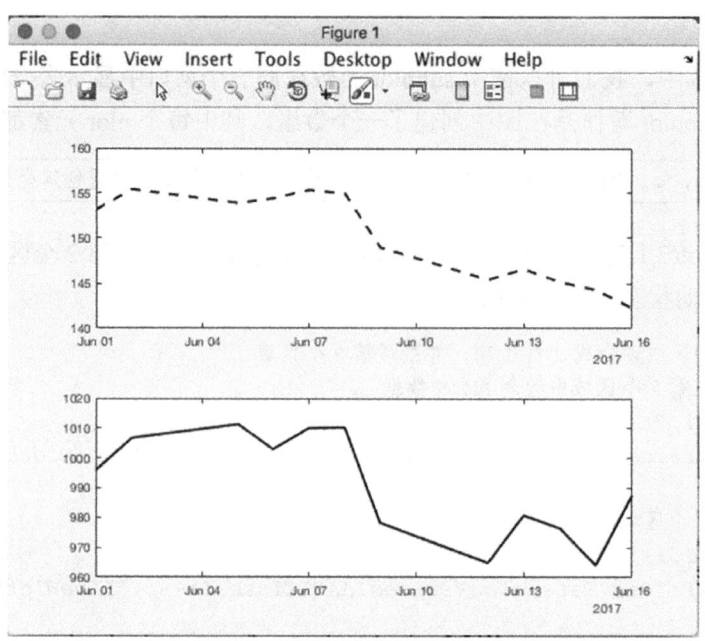

图 4.35 两组数据两个图（图片已经过 MathWorks 许可）

为了调整子图,我们可以在 MATLAB 图形编辑器中打开图形,或者使用命令在各个子图间切换。

```
% 切换到第 2 个子图
subplot(2,1,2)
```

```
% 输入格式化命令,切换到另一个图,完成后保存。
```

7．添加自定义图例

图例可以帮助观看者区分不同的图形数据。不过,如果你使用的图例含义太模糊,它们就不会有什么用,如果太长,它们还会分散你对图形的注意力。在 MATLAB 中,你可以使用交互方式和编程方式来自定义图例。

交互方式

(1) 打开属性编辑器窗口,选择图形数据,输入图例文本和显示名称(见图 4.36)。

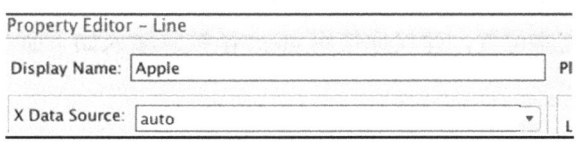

图 4.36　添加显示名称(图片已经过 MathWorks 许可)

(2) 点击"插入图例"图标(从右边数第 3 个,见图 4.37),上一步中输入的文本出现在图例中。

(3) 在本例中,MATLAB 会自动把图例显示在右上角,以灰色显示。如果你想更改图例的位置,先选中图例,激活图例属性编辑器,然后在属性编辑器中挑选放置位置(见图 4.38)。

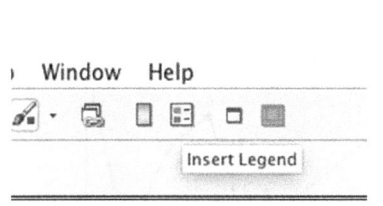

图 4.37　插入图例图标

(图片已经过 MathWorks 许可)

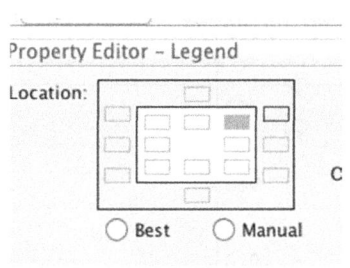

图 4.38　指定图例的放置位置

(图片已经过 MathWorks 许可)

同样,你也可以通过编写代码来设置图例,这要用到 legend 函数:

```
plot(Date,AAPLClose)

% 把图例放到图形的西南角
legend('Apple','Location','southwest')
```

> **legend** ('legends', options)：为图例指定要使用的文本字符串，位置参数是可选的。

8．向图形添加文本

除了标准注释之外，你还可以向图形中添加文本，辅助图形更有效地传递信息。向图形添加文本要使用 text 和 gtext 函数。

> **gtext(text)**：在鼠标选择的位置添加说明文本。
> **text**(x-location, y-location, text)：向数据点添加说明文本。

上面两个函数都可以用来向图形中添加文本说明，具体选用哪一个，取决于具体情况。如果你很清楚要把说明文本放在什么位置（x 坐标、y 坐标），那请你使用 text 函数。如果想以可视化方式控制文本位置，建议你使用 gtext 函数。输入如下命令：

```
gtext('Tech sector pullback')
```

并在图形上移动鼠标，这时，鼠标光标会变成一个交叉的十字线，把十字线的交叉点放到你想放置文本的地方，然后单击鼠标左键，即可把说明文本插入到指定位置，如图 4.39 所示。你可以打开图形属性编辑器来修改插入的文本。

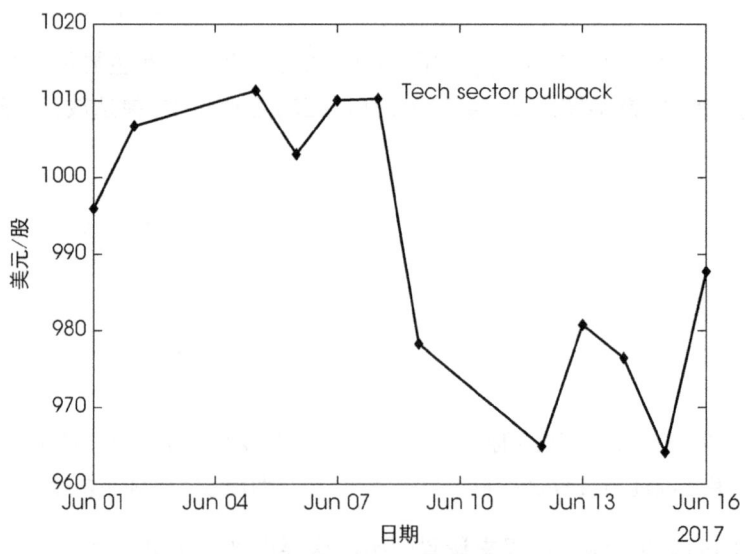

图 4.39　添加文本到图形

9. 曲面图

图 4.40 显示的是一个简单的绘制非金融数据的例子，用来演示 MATLAB 如何生成多维图形。这些图形的一个重要特征是使用颜色（前提是有颜色参数可供使用）来传递信息，这是因为黑白曲面在传递信息方面效果较差。

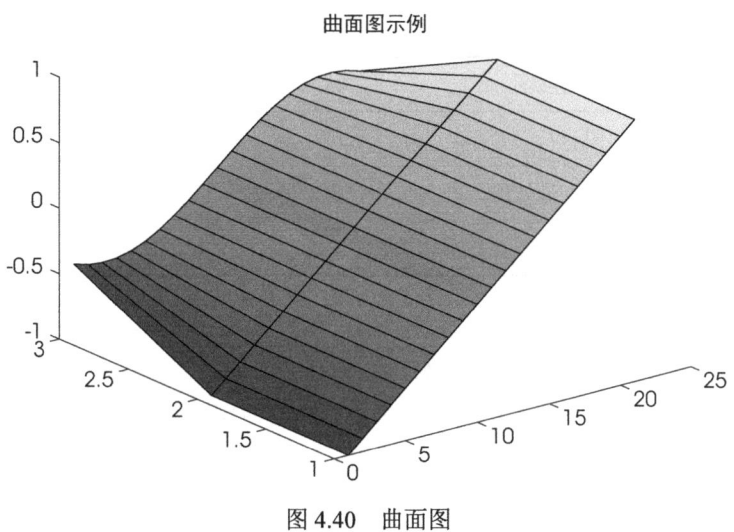

图 4.40　曲面图

绘制图 4.40 中曲面图的代码如下：

```
x=-1:0.1:1;
y=-1:0.1:1;
z=cos(x).*sin(y);
m=[x;y;z];
surf(m)
```

10. 其他图形类型

除了前面介绍的几种图形之外，MATLAB 还为我们提供了面积图、条形图、饼图和散点图等。你可以在 MATLAB 图形类型的帮助文档中找到更多细节和示例。

4.4.5　内置金融图形

MATLAB 金融工具箱为我们提供了几个用来绘制金融数据的绘图函数，如表 4.1 所示。

表 4.1　　　　　　　　　　　内置金融数据绘图函数

函数	说明
bolling	布林带图
bollinger	时间序列布林图
candle	阴阳烛图
candle (fts)	时间序列烛图
pointfig	点形图
highlow	最高价、最低价、开盘价和收盘价的图
movavg	超前和滞后的移动平均图

这些图通常用来做技术分析，根据证券的价格变动来确定买入和卖出点。你可以在帮助文档中找到每个函数的详细信息和示例。在下面的例子中，我们使用苹果 2017 年 6 月的股价数据（来自于 Yahoo！）来绘图，解释它并不需要使用多种颜色。

高低收盘图和蜡烛图

高低收盘图常用来跟踪股价变动。对于每个交易日，它会显示股票的日最高和最低价，分别用垂直线的顶部和底部表示，右侧水平短线表示收盘价，左侧水平短线表示开盘价。使用 highlow 函数时必须提供股票的最高价、最低价和收盘价，其他参数都是可选的。

```
highlow(high, low, close, open, color, dates, dateform)
```

我们可以通过导入工具导入整个数据集，并把它保存为矩阵，本例保存为 AAPLMatrix。这个矩阵的列顺序如下：

（1）日期（数字序列格式）；

（2）开盘价；

（3）最高价；

（4）最低价；

（5）收盘价；

（6）调整后的收盘价；

（7）成交量。

highlow 函数需要完整的数据集，其中的变量以列向量形式保存，不但包括前面例子使用的日期和收盘价，而且基本语法非常简单：

```
highlow(AAPLMatrix(:,3),AAPLMatrix(:,4),AAPLMatrix(:,5),…
AAPLMatrix(:,2),'k', AAPLMatrix(:,1))
```

运行这行代码，得到如图 4.41 所示的绘图结果。

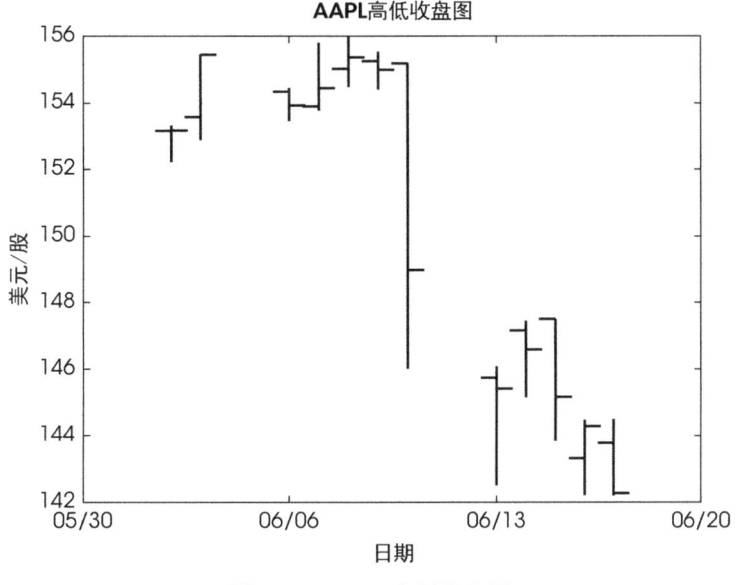

图 4.41　AAPL 高低收盘图

与其他图形一样，你可以使用交互式编辑工具为图形添加注释，以及更改图形外观。

candle 函数用来绘制烛台图（见图 4.42），其输入参数和 highlow 函数一样。对于烛台图，当股价上涨，收盘价高于开盘价时，蜡烛是空心的；而当股票下跌时，蜡烛则是实心的。

```
candle(AAPLMatrix(:,3),AAPLMatrix(:,4),AAPLMatrix(:,5),
AAPLMatrix(:,2),'k',AAPLMatrix(:,1))
```

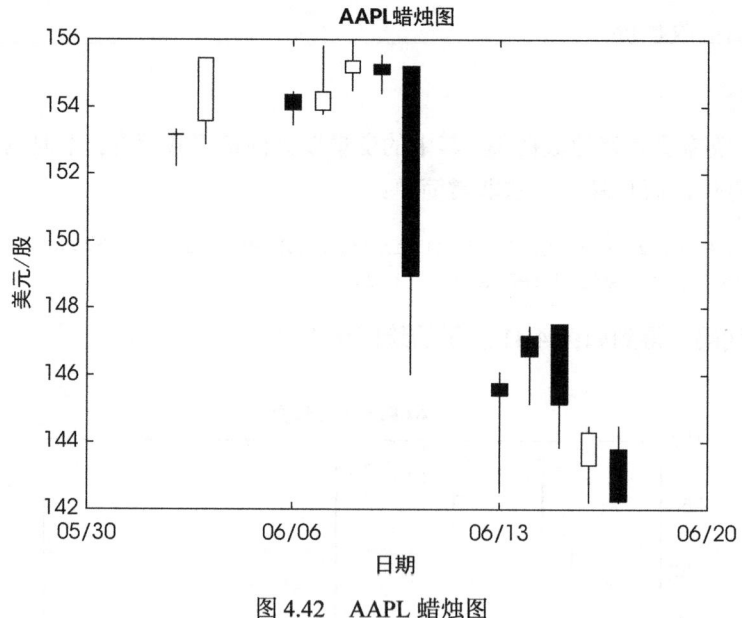

图 4.42 AAPL 蜡烛图

4.5 参考资料

[1] The MathWorks, Inc. 2017. *Datafeed Toolbox^{TM} User's Guide, R2017b ed*. Natick, MA: The MathWorks, Inc.

[2] The MathWorks, Inc. 2017. *Financial Toolbox^{TM} User's Guide, R2017b ed*. Natick, MA: The MathWorks, Inc.

第 2 部分　MATLAB 金融计算

第 5 章
货币的时间价值

5.1 简介

货币时间价值（TVM）的理论和应用是金融的基础。一方面，这个理论有点抽象；另一方面它又很直观，我们每个人都明白：现在一笔钱在经过一段时间后其价值可能会发生变化。

假设要你做个选择：今天拿到 1000 美元和一年后拿到 1000 美元，你会怎么选？假设你在这一年内工资都照常发，并且发工资的日期是有保证的。对于这个问题，我们自然的反应是：为什么有人愿意等一年才拿到同样多的钱？如果你现在就能拿到钱，那你可以把它投资到证券上，或者放在储蓄账户上赚取利息。如果你有债务，你可以用这笔钱来偿还一些债务，削减利息开支。通货膨胀是另一个需要考虑的因素，大多数商品和服务的价格都会随着时间的推移而上涨，1000 美元在一年后的购买能力可能会比现在低。这些都是合乎逻辑的想法，大多数理性的人都不愿意为了同样一笔钱而等上一年。

但是，如果一年后拿到的是 1050 美元呢？在这种情况下，你是选择现在拿 1000 美元，还是选择一年后拿 1050 美元（即等待的年回报率是 5%）？要是一年后能拿到 1100 美元（回报率为 10%）呢？那如果是 1200 美元（每月拿 100 美元，连续 12 个月）呢？有时，你可能并不看重现金流，你对它们"一视同仁"。

TVM 计算允许你随时间转移资金，并在等效基础上比较金额。TVM 应用包括预测当前一笔钱将来如何增长，或者估计某笔钱（这笔钱指将来要拿到的数额）的当前价值。其他计算还包括偿还贷款、隐含利率和回报。本章讲解基本的 TVM 计算和应用，学习如何向几个常用的 MATLAB 金融工具箱函数输入现金流量、时间、利率。本章内容对后面各章的学习帮助非常大。

本章主要概念和函数如下：

- 终值（fvfix;fvvar）；
- 现值（pvfix; pvvar）；
- 内部收益率（irr）；
- 实际利率（effrr）；
- 复合年均增长率；
- 年金和贷款计算（amortize; annuterm;annurate）。

本章所需软件：MATLAB、MATLAB 金融工具箱。

5.2 金融背景

本节介绍 TVM 计算背后的逻辑和数学知识。如果你是初次接触金融理论，或者想复习一下相关知识，那就不要错过本节内容。通过本节的学习，你会知道 TVM 理论是怎么来的以及如何进行应用。如果你有金融背景知识，可以直接跳过这部分内容，到下一节学习 MATLAB TVM 函数，其中还包括相关公式的摘要。

5.2.1 单期现金流量的终值

我们会经常计算终值。例如，如果你做了一笔投资，每年增长 6%，那么 15 年后这笔钱会变成多少？如果你预计公司的一项新业务在未来 5 年内每年销售额增长 20%，那么第 5 年会有多少预期收入？

上面两个问题的实质是：给定一组已知和假定的变量，计算未来金额。在获得了下面这些输入之后，我们就可以使用几个公式来计算终值（FV）。

- 现值：初始金额（美元），用 PV 或 P 表示。
- 支出或存款：现金流量或存款金额，$CF(t)$ 表示 t 时刻时的现金流量，$PMT(t)$ 表示 t 时刻时的支出。收入通常指定为正数，支出（即开支）为负数。
- 时间：当前和未来估值日期之间的时间量。变量 t 用在复利中，以年为单位。
- 期数：复利周期、支付或现金流的数目，用 n 表示。
- 利率或折扣率：用 r 或 i 表示，通常按年表示，并根据期数进行调整，也叫名义利率。

- 所赚利息金额：表述为货币金额 I。

1. 单利

假设你是一位银行家，一家公司申请了一笔 10 万美元的贷款。你方同意贷款利率为 8%，一年后一次性付清。那最后的还款金额是多少？

这是一个单利的例子，因为利息只在贷款有效期内从原始本金中扣除。换句话说，放款方不对累计利息收取利息。

第一年的利息支出是：

$$100000\ (P) \times 0.08\ (\text{interest rate},\ r) \times 1\ \text{year}\ (t) = 8000\ (I)\ （美元）$$

把利息加到贷款金额上，即可得到最终还款金额：100000 + 8000 = 108000（美元）

综上，我们得到如下公式：

$$I = Prt$$

$$FV = P + Prt$$

然后把右边进行因式分解，得到未来价值公式，如下：

$$FV = P \times (1 + rt)$$

有了这个公式，我们就可以计算贷款（单利贷款）2 年后公司要还多少钱：

$$FV = 100000 \times (1 + 0.08 \times 2)$$

$$FV = 116000\ （美元）$$

计算利息很简单，请参考表 5.1。

表 5.1　　　　　　　　　　　单利计算

贷款期限	本金（P）	利息（$I = Pr$）	本金+利息（$P+I = FV$）
1	100000 美元	8000 美元	108000 美元
2	100000 美元	8000 美元	116000 美元

请注意，采用年利率的单利贷款不必非得是整年，可以是几个月或者分数年。这时，贷款期 t 可以使用表 5.2 中的公式进行调整。

例子：

贷款 7 个月：$t = \dfrac{7}{12}$

贷款 200 天：$t = \dfrac{200}{365}$ 或 $t = \dfrac{200}{360}$

表 5.2　　　　　　　　　　　调整单利期

时间	t 调整
月	月数/12
天（按 1 年 360 天算）	天数/360
天（按 1 年 365 天算）	天数/365

2. 复利

复利和单利不同，它是指本金和累计利息同时要赚取或扣除利息。表 5.3 以前面例子为基础对这一点做了说明。

表 5.3　　　　　　　　　　　复利

期限（年）	本金（P）	利息（$I = Pr$）	本金+利息（$P+I = FV$）
1	100000 美元	8000 美元	108000 美元
2	108000 美元	8640 美元	116640 美元

表 5.3 中突出显示的值表示单利和复利在这个地方有不同。在复利计算中，未偿还的本金金额每期都应加上累计利息。这意味着借款人除了支付原始本金外，还要对累计利息支付利息。这也适用于储蓄或投资账户：如果每年的利息或增额还是放在账户里（即被重新存入账户），那么收益也会被计算利息。

用复利计算终值的公式是对基本终值计算公式的扩展，把变量 n 替换为 t，使用 t 指定时间。表 5.4 给出复利公式的推导过程。

表 5.4　　　　　　　　　　　复利公式推导

期限（年）	本金（P）	利息（$I = Pr$）	本金+利息（$P+I = FV$）
1	P	Pr	$P + Pr$
2	$P + Pr$	$(P + Pr)r$	$(P + Pr) + (P + Pr)r$

两年期的 FV 公式可以简化为：

$$FV = P \times (r^2 + 2r + 1) = P \times (1 + r)^2$$

如果你对连续的时间做重复计算，就会出现几何级数，可推广如下：

$$FV = PV \times (1 + r)^t$$

其中，t 表示的是复利期数，以年为单位。对于前面的例子，两年期贷款在第 2 年年底应该偿还的金额为：

$$FV = 100000 \times (1 + 0.08)^2 = 116640 \text{（美元）}$$

3．定期复利

前面例子中复利计算期按年算，但实际上，复利计算期可能有多种。例如，你当地的银行可能会向其储户宣传每日复利，常见的复利计算期有半年、每月、每天和连续。为了处理非年周期，我们要调整公式的利率和时间值，以反映如下复利计算期（m 表示计算复利的频率）。

- 半年：2。
- 按季：4。
- 按月：12。
- 按周：52。
- 按天：360 或 365。

综合考虑上面各种因素，经过修改，得到如下公式：

$$FV = PV \times \left(1 + \frac{r}{m}\right)^{mt}$$

例子：

半年复利：

$$FV = 100000 \times (1 + 0.08/2)^{(2 \times 2)} = 116985.86 \text{（美元）}$$

按月计算复利：

$$FV = 100000 \times (1 + 0.08/12)^{(2 \times 12)} = 117288.79 \text{（美元）}$$

按天（365）计算复利：

$$FV = 100000(1 + 0.08/365)^{(2\times 365)} = 117349.04（美元）$$

为简单起见，$t \times m$ 通常用 n 表示，本书遵循这个惯例。

4. 连续复利

另一种选择是连续复利，是说利息每时每刻都在增加。这是一个抽象的理论概念，但是在金融计算中会用到连续时间。其背后的数学是，m 值（即复利计算频率）可以接近无穷大。假设名义年利率用 r 表示，t 表示终值（以年为单位，可以是分数年），m 为复利计算频率。终值计算公式如下：

$$FV = PV\left(1 + \frac{r}{m}\right)^{mt}$$

m 接近于无穷大：

$$FV = \lim_{m \to \infty}\left(1 + \frac{r}{m}\right)^{mt} PV = \left[\lim_{m \to \infty}\left(1 + \frac{r}{m}\right)^{m}\right]^{t} PV$$

你可能会想起微积分中有类似的结果，把它应用到终值的计算中：

$$\lim_{m \to \infty}\left(1 + \frac{x}{m}\right)^{m} = e^{x}$$

其中，e 是自然对数的底，约为 2.718。

综上，我们得到如下计算终值（采用连续复利）的公式：

$$FV = PVe^{rt}$$

把这个公式应用到前面例子中：

$$FV = 100000 \times e^{0.08 \times 2} = 117351.09（美元）$$

5.2.2 多期现金流量终值

计算多期现金流量未来价值的方法是单值情况的自然扩展。一个不同之处在于，不是使用一个值表示一个现金流（用 P 或 PV 表示），而是用 $CF(t)$ 表示 t 时刻的现金流，或者用

PMT(t)表示 t 时刻的支出。另一个不同之处在于，现金流的时间很重要。下面这些例子假设现金流出现在周期的开始或结束，虽然这种方法对演示很有用，但它过于简单。MATLAB 中的 TVM 函数能支持不定期，这会在后面一节中讨论。

1. 不等额

假设每年年初把下列存款存入一个投资账户，用 CF(t)表示：

- $CF(0) = 500$ 美元，CF(0)代表今日现金流
- $CF(1) = 400$ 美元
- $CF(2) = 300$ 美元

假设年回报率为 6%，那么到第 2 年年底，这些现金的未来价值是多少？表 5.5 给出了计算结果。

表 5.5　　　　　　　　　　　　非等额现金流的终值

CF(t)	数额	公式	终值（3 年后）
CF(0)	500 美元	$500\times(1+0.06)^3$	595.51 美元
CF(1)	400 美元	$400\times(1+0.06)^2$	449.44 美元
CF(2)	300 美元	$300\times(1+0.06)$	318.00 美元
总额			1362.95 美元

你可以发现其中表现出的规律：

$$FV = CF(0)\times(1+r)^n + CF(1)\times(1+r)^{n-1} + CF(2)\times(1+r)^{n-2}$$

上式可简化为：

$$FV = \sum_{t=0}^{n} CF(t)\times(1+r)^{n-t}$$

使用文字表述就是：未来总价值等于各个现金流的未来价值之和。

2. 等额

还是使用前面的例子，如果每个现金流是 500 美元，那未来价值是多少？表 5.6 表明下列计算保持不变。

表 5.6　　　　　　　　　　　　　　等额现金流的终值

CF(t)	数额	公式	终值（3 年后）
CF(0)	500 美元	500×(1+0.06)^3	595.51 美元
CF(1)	500 美元	500×(1+0.06)^2	561.80 美元
CF(2)	500 美元	500×(1+0.06)	530.00 美元
总额			1687.31 美元

这个现金流是一个年金的例子，定期定额。年金有两种：普通年金和即付年金。两者的区别在于现金流的时间，普通年金的现金流发生在期末，而即付年金（本例）的现金流发生在每期的开始。

普通年金不一样，因为最后的现金流发生在 $t=n$ 时。因为现金流发生在每期末尾，所以每笔现金流要少一期利息（与即付年金相比）。

计算年金终值的两个公式如下：

$$FV（即付年金）= CF \times \frac{(1+r)^n - 1}{r} \times (1+r)$$

$$FV（普通年金）= CF \times \frac{(1+r)^n - 1}{r}$$

例子：

$$FV（即付年金）= 500 \times \frac{(1+0.06)^3 - 1}{0.06} \times (1+0.06) = 1687.31（美元）$$

$$FV（普通年金）= 500 \times \frac{(1+0.06)^3 - 1}{0.06} = 1591.80（美元）$$

5.2.3　单期现金流现值

终值的概念相对容易理解，它以某种假定的增长率把资金沿时间向前移。但是，现值理解起来可能要更难一些，因为它需要把未来现金流量或一系列现金流量折算为基准时点的价值。理解折现的一个更简单的方法是问：未来某一数额在今天或者基准点时值为多少？本章的第 1 个例子是问你：你是想今天拿 1000 美元（现值）还是等一年后拿 1050 美元（终值）。

与计算终值一样,现值公式需要现金流量、适当的时间范围和折现率,你可以认为折现率大致等价于终值的反向增长率。幸运的是,现值估值公式和那些用于计算终值的公式类似。

回想一下计算终值的基本公式:$FV = P \times (1 + rt)$。解出变量 P,我们就得到了如下计算现值的公式:

$$PV = \frac{FV}{1+rt}$$

例子:折现率为 5%,多少现值在一年后能变成 1000 美元?

$$PV = \frac{1000}{1+0.05 \times 1} = 952.38 \text{(美元)}$$

表 5.7 列出了一些现值公式。本质上,每个公式都将其等效增长因子转换为折现因子。

表 5.7　　现值公式

计算现值	公式
定期复利	$FV \times (1+r)^{-n}$
连续复利	$FV \times e^{-rt}$
即付年金	$P \times (1+r) \times \dfrac{1-(1+r)^{-n}}{r}$
普通年金	$P \times \dfrac{1-(1+r)^{-n}}{r}$

5.2.4　多期变化现金流的现值

通常,现金流量都不同,MATLAB 提供的 pvvar 函数能够支持这些变化的现金流。不过,在使用这个函数之前,要先了解一下净现值的计算机制。

净现值

假设你负责公司的业务投资决策。你的工作是决定如何在众多可选方案中分配可用资金,这些资金通常都是有限的。

例如,你可能需要在升级数百万美元的计算机网络和购买新生产设备之间做选择。

做净现值（NPV）分析时，需要比较现金流出现值和现金流入现值。从本质上讲，这种计算简化了财务决策中涉及的众多因素，只需计算成本与产出即可。流出的现金流（投资和支出）被视为负数，而流入的现金流（例如，收入和投资回报）是正数。

下式把基本的 PV 折现方法推广到多期，描述了在给定利率 r 和周期 n 的情况下对多期变化现金流的折现过程：

$$NPV(r, n) = \sum_{t=0}^{n} \frac{C_t}{(1+r)^t}$$

例子：

假设投资 1 万美元（第 0 年）产生的年回报为 3000 美元（第 1 年）、4000 美元（第 2 年）和 5000 美元（第 3 年），一年后开始。如果年折现率为 8%，那现金流的 NPV 是多少？

$$NPV = -10000 + 3000 \times 1.08^{-1} + 4000 \times 1.08^{-2} + 5000 \times 1.08^{-3}$$

经计算，得到正净现值：176.29 美元。

NPV 分析简化了不同现金流的比较。假设初期投资还是 1 万美元，第 1 年到第 4 年的现金流分别为 5000 美元、0 美元、4000 美元和 3000 美元，那 NPV 是多少？答案是 10.05 美元，这说明之前的投资更具吸引力。与基本的单次支付 PV 分析一样，NPV 计算可以对非整年日期发生的现金流进行调整。

5.3 MATLAB 中的货币时间价值函数

本章给出的公式都可以通过输入公式和所需的变量用编程方式求解，但这种方法速度慢，而且容易出现输入错误。我们通过使用 MATLAB 所提供的一组 TVM 函数可以更有效地完成相关工作，这些函数特别适合于有大量输入的情形，因为你可以不必编写循环代码，而能够直接利用这些函数处理向量的能力。此外，许多 TVM 函数的输入和输出参数非常灵活，能够适用于多种场景。

下面例子假设你是在 MATLAB 命令窗口中手动输入数据，所以都很简短。简单例子还有利于快速复制金融计算器或电子表格中的数据，帮助你了解函数的工作原理，并加强相关认识。接下来，我们会介绍这些函数，但如果想了解更多细节，还是建议你阅读相关函数的帮助文档。

5.3.1 固定现金流终值计算函数

在 MATLAB 中，我们可以使用 fvfix 函数来计算固定现金流的终值，这个函数可以处理单个或多个值。

> **fvfix**(rate, periods, payment, present value, due)：计算固定现金流的终值。

与前几章中的例子一样，在使用这个函数时，需要按照正确的顺序和格式输入参数。

- Rate（利率）：定期利率（小数格式）。
- Periods（期数）：总周期数。
- Periodic payment：定期支付。

其他可选参数如下。

- Present value（现值）：默认值为 0。
- Due：即付年金（1）或普通年金（0）标志。

例子 1：回报率 6%，5000 美元投资 1 年后的 *FV* 是多少？

```
format bank  % 设置货币输出格式
fv1=fvfix(.06,1,0,5000,1)
fv1 =
       5300.00
```

例子 2：按 6% 的复利投资 5000 美元，一年后的 *FV* 是多少？请注意，输入利率时要除以 4，期数要乘以 4。

```
fv2=fvfix(.06/4,4,0,5000,1)
fv2 =
       5306.82
```

当然，你可以先把输入分别指派给相应变量，然后使用这些保存的值代替数字输入：

```
rate=0.06;
periods=2;
pmt=0;
presVal=5000;
due=1;
fv3=fvfix(rate,periods,pmt,presVal,due)
fv3 =
       5618.00
```

当然，fvfix 函数不只应用于单笔初始投资或存款。例如，假设你开立了一个 IRA 账户，最初存入 2000 美元，随后在每个月的月底再投入 200 美元。如果这个账户的收益率是 7%，那么 5 年后里面有多少钱？

计算过程如下：

```
rate=0.07/12;
periods=60;
pmt=200;
presVal=2000;
due=0;
fv4=fvfix(rate,periods,pmt,presVal,0)
fv4 =
      17153.83
```

5.3.2 变化现金流终值计算函数

在 MATLAB 中，fvvar 函数用来计算变化现金流终值，包括定期和不定期。

fvvar(cash flows, rate, cash flow dates)

函数参数

- Cash flows（现金流）：这是一个向量。如果你想把原始现金流指定为投资，将随后金额指定为回报，请将第一个现金流设置为负值。
- Rate（利率）：定期利率（小数格式）。
- Cash flow dates：可选参数。以数字序列或日期字符串形式存在的日期向量。如果不指定和现金流相匹配的日期，则该函数假定为定期时间间隔。

在把这些金融函数应用到实际工作之前，要先对它们做一些简单的用例测试，以确保它们能够按照预期工作。下面这个例子很好地说明了这一点。

测试用例：你今天投资 1000 美元，一年增加 2000 美元，账户以每年 6% 的利率增长。fvvar 函数如何计算终值？

```
fvTest=fvvar([1000 2000],0.06)
fvTest =
       3060.00
```

你可能已经注意到了，函数先预测出 1000 美元按 6% 的利率增长一年的终值（FV = 1060

美元），然后在最后一天加上其余 2000 美元。你可以通过在输入中添加日期来确认这一点：

```
1年
cfDates1={'01-Jan-2017','01-Jan-2018'};
fvTest=fvvar([1000 2000],0.06,cfDates1)
fvTest =
        3060.00

versus 6个月：

cfDates2={'01-Jan-2017','01-Jul-2017'};
fvTest=fvvar([1000 2000],0.06,cfDates2)
fvTest =
        3029.32
```

如果最终现金流与计算终值的目标日期（可能是账户的到期日）之间有一定的时间间隔，会发生什么呢？fvvar 函数不接受带有 n 个日期和 $n-1$ 个现金流的参数。虽然函数文档中没有提到这种情况，有一个变通办法是使用零作为最终现金流，这样现金流的数量和日期就一致了。

修改一下上面的例子，添加一个 0 作为第 3 个现金流：

```
cfDates
cfDates =
  1 × 3 cell 数组
    '01-Jan-2018'  '01-Jan-2019'  '01-Jan-2020'>

fvTest2=fvvar([1000 2000 0],0.06,cfDates)
fvTest2 =
        3243.60
```

5.3.3　固定现金流现值计算函数

pvfix 函数与 fvfix 函数类似，只是它用来计算固定现金流现值。两者的关键区别是，pvfix 函数还有一个可选的 extra payment 参数，你可以把它看成是期末整付（balloon payment）。

> **pvfix**(rate, periods, payment, extra payment [optional], due [optional; default = 0期末])：用来计算固定现金流现值。

例子 1：折现率 6%，两年后得到 5000 美元，那这笔钱的 PV 是多少？（你可以把这想象成一系列的一次性付款。）

我们使用单个终值的现值公式对终值做折现，公式如下：

$$PV = (1+r)^{-t} \times FV \text{ 或者 } 1.06^{-2} \times 5000 = 4449.98 \text{（美元）}$$

如上所述，在具体应用某个函数之前，最好先做个用例测试。假设你想重复前面的计算，并输入以下参数：

pv1=pvfix(0.06,2,5000)
pv1 =
*   9166.96*

pvfix 函数把两个现值计算加起来：

$$5000 \times 1.06^{-1} + 5000 \times 1.06^{-2} = 9166.96 \text{（美元）}$$

这并不是我们想要的。下面修改一下代码，给 payment 参数赋值为 0，给 extra payment 赋值为 5000，due 保留缺省值 0（即不做输入）：

pv1=pvfix(0.06,2,0,5000)
pv1 =
*   4449.98*

例子 2：假设现金流包括未来 4 年每年年底 100 美元的收入。如果折现率为 3%，现金流的现值是多少？下面采用手工计算展示折现和求和过程：

$$PV = \frac{100}{1.03} + \frac{100}{1.03^2} + \frac{100}{1.03^3} + \frac{100}{1.03^4} = 371.17 \text{（美元）}$$

使用 pvfix 函数求解：

pv2=pvfix(0.03,4,100,0)
pv2 =
*   371.71*

5.3.4 变化现金流现值计算函数

在 MATLAB 中，我们可以使用 pvvar 函数来计算变化现金流的现值。流出现金流（投资和费用开支）被视为负数，流入现金流（例如，投资的收入和回报）是正数。

> **pvvar(cash flows, rate, dates)**：计算变化现金流现值。

这个函数有以下几个关键点。

- cash flows（现金流）：可以是单个向量或矩阵。若为矩阵，则 MATLAB 会将每一列视为不同的现金流场景。

- Rate（利率）：可以是单个利率或利率向量。若是向量，则其长度必须和现金流矩阵中的列数保持一致。
- Dates（日期）：可选参数，可以是日期序列或日期字符串。如果现金流是矩阵，那么：
    - 所有现金流共享相同日期：日期以向量形式输入，其长度与现金流矩阵中的行数一致。
    - 不同现金流有不同的日期：日期以矩阵形式输入，其尺寸和现金流矩阵一致。

下面是使用 pvvar 函数的例子。

例子 1：单折现率且无日期现金流

与前面函数一样，使用简单输入来测试函数有利于你更好地了解其工作原理。

```
cashFlows=[1000 2000];
rate=0.06
pv1=pvvar(cashFlows,rate)
pv1 =
      2886.79
```

这个例子表明，pvvar 函数会把初始现金流看作 $t = 0$ 时出现（$PV = 1000$），然后在 $t = 1$ 年时折现第 2 笔现金流（$PV = 1886.79$）。当支出或投资在 $t = 0$ 时为负数，而支出或投资回报（正值）将来才有时，这种假设是有用的。

例子 2：单折现率且无日期的未来现金流

假设 $t = 0$ 时无现金流，$t = 1$ 时收入为 1000 美元，$t = 2$ 时收入为 2000 美元。

```
cashFlows2=[0 1000 2000];
pv2=pvvar(cashFlows2,rate)
pv2 =
      2723.39
```

本例中 1000 美元和 2000 美元现金流被向后推了一年，折现率分别是 1.06 和 1.062。

例子 3：有单折现率和日期的未来现金流

```
cfDates={'01-Jan-2018','01-Jan-2019','01-Jan-2020'};
pv3=pvvar(cashFlows2,rate,cfDates)
```

```
pv3 =
       2723.39
```

例子4：有多个折现率和日期的未来现金流

计算 TVM 时需要输入增长率或折扣，如果利率与预期不同，查看计算结果发生了什么会很有用。我们可以使用 pvvar 函数实现这一点，但是需要修改一下输入。

假设你的现金流来自于前面的例子：投资 10000 美元，第 1 年的回报为 3000 美元，第 2 年为 4000 美元，第 3 年为 5000 美元，从 1 年后开始计算。前面例子中的折现率是 8%，但是如果适用的折现率下降到 6% 或者上升到 10%，投资的 NPV 会怎样？

如果新的利率向量的列数与现金流矩阵的列数相同，那么可以通过创建新利率向量来计算不同利率下的 NPV。不过，这里并非如此，因为现金流是 1×4，而 discRates 是 1×3：

```
cashFlows
cashFlows =
      -10000.00    3000.00    4000.00    5000.00

discRates
discRates =
        0.06       0.08       0.10
```

把这些输入传给 pvvar 函数会产生一个错误。

要让矩阵兼容，我们必须把 cashFlows 向量修改成一个 4×3 的矩阵。一种低效的解决方法是重新输入 cashFlows，将其存储为 cashFlows2，然后在 pvvar 函数中进行转置：

```
cashFlows2=[
-10000 3000 4000 5000
-10000 3000 4000 5000
-10000 3000 4000 5000];

NPV=pvvar(cashFlows2',discRates)
NPV =
         588.27        176.29       -210.37
```

这 3 个 NPV 对应的利率分别是 6%、8% 和 10%。但是，这是一种相当笨拙的解决办法，因为我们需要手工输入和置换大量数据点，这是非常繁琐的，而且会有输入错误的风险。我们使用 repmat 函数可以更容易地将 cashFlows 复制到一个 3 列的矩阵中。关于 repmat 函数，MATLAB 文档中有更详细的说明，在本例中，使用 repmat(cashFlows,3,1)' 就行了。这会把 cashFlows 行向量修改为一个 3×4，转置命令(')会将其转换成 4×3 的矩阵。

```
repmat(cashFlows,3,1)
ans =
    -10000.00      3000.00      4000.00      5000.00
    -10000.00      3000.00      4000.00      5000.00
    -10000.00      3000.00      4000.00      5000.00
```

目前 cashFlows 向量在 4 列中有重复,我们还要在 pvvar 函数中将其转置。结果是一个 1×3 的向量,净现值折现率分别为 6%、8% 和 10%。

```
pvvar(repmat(cashFlows,3,1)',discRates)
ans =
    588.27          176.29         -210.37
```

例子 5:单折现率多期未来现金流

如果现金流向量长度一样,你可以将它们存储在一个矩阵中,以便输入到 pvvar 函数中,这样就可以轻松地比较 NPV 了。在下面的例子中,第 2 个现金流在第 1 年现金流入最大。另外,还要注意的是,这些数据被转换为列向量,这样它们就可以在函数中使用了:

```
cashFlows3=[
    -10000.00      3000.00      4000.00      5000.00
    -10000.00      5000.00      4000.00      3000.00]'

cashFlows3 =
    -10000.00     -10000.00
      3000.00       5000.00
      4000.00       4000.00
      5000.00       3000.00

pvvar(cashFlows3,0.08)
ans =
       176.29         440.48
```

5.4 内部收益率

内部收益率(Internal Rate of Return,IRR)是一系列现金流的净现值等于零时的利率 r。换句话说,内部收益率是一项投资希望达到的报酬率,是能使投资项目净现值等于零时的折现率。下面公式描述了这个概念背后的数学原理,其中 C_t 表示现金流:

$$C_0 + C_1(1+r)^{-1} + \ldots + C_t(1+r)^{-t} = 0$$

MATLAB 为我们提供了 irr 函数,用来计算内部收益率,语法如下:

```
irr(cash flows)
```
还是用前面的例子:

```
cashFlows
cashFlows =
     -10000.00    3000.00    4000.00    5000.00

%把结果乘上100,更容易理解
irrCashFlows=irr(cashFlows)*100
irrCashFlows =
          8.90
```

5.5 实际利率(有效利率)

effrr 函数用来把名义利率 r 转换为实际利率,即指定复利周期 q 内的实际利率。对于日复利,q 为 365;对于月复利,q 为 12;对于季度复利,q 为 4,等等。转换公式如下:

$$实际利率 = \left(1+\frac{r}{q}\right)^q - 1$$

例如,一个账户每月 3% 的名义复利,其实际利率是 $(1 + 0.03/12)^{12} - 1 = 0.0304$ 或 3.04%。在 effrr 函数中,输入每月复利期为 12,得到相同结果:

```
effrr(0.03,12)
ans =
    0.0304
```

5.6 复合年均增长率

当利率或投资回报随时间变化时,复合年均增长率(CAGR)给出的是这个时期的恒定增长率。对于研究金融市场的回报来说,这个信息很有用,尤其是研究那些年同比市场回报不稳定的时期更为有用。

计算 CAGR 时,需要一个起始值(BV)、一个终值(EV)和两个日期之间的年数(t)。

假设最初投资额为 1000 美元，产生了表 5.8 所示的绩效和年终值。

表 5.8　　　　　　　　　　年终投资值

年	回报（%）	值
0	NA	1000 美元
1	31	1310 美元
2	−4	1258 美元
3	17	1471 美元
4	25	1839 美元

CAGR 计算公式如下：

$$CAGR = \left(\frac{EV}{BV}\right)^{\frac{1}{t}} - 1$$

在 MATLAB 中，做这个计算很容易。我们把结果命名为 cagr，计算时需要 3 个输入：BV、EV 和 t：

```
bv=1000;
ev=1839;
t=4;
cagr=((ev/bv)^(1/t))-1
cagr =
    0.1645
```

这个结果与同期平均收益相差很大：

```
mean([.31 -.04 .17 .25])
ans =
    0.1725
```

如果你要多次使用 CAGR 计算公式，可以考虑把计算代码放到一个函数中：

```
function growthRate=cagr(bv,ev,t)
% 这个函数用来计算复合年均增长率
% 需要提供起始值、终值、时间 3 个参数

growthRate=((ev/bv)^(1/t))-1;
```

这样，调用起来会更方便：

```
cAGR=cagr(1000,1839,4)*100
cAGR =
        16.45
```

5.7 连续利息

我们可以修改一下本章中的时间价值方程，把连续利息考虑进去，每个都使用 e——自然对数的底。例如，对于拥有连续复利的名义年利率 r，其实际利率为：

$$连续利率（r）= e^r - 1$$

你可以采用手工方式计算 7% 的连续复利，得到 0.0725。也可以使用 MATLAB 来验证这个结果：

```
exp(.07)-1
ans =
    0.0725
```

5.8 贷款

从某种意义上说，贷款与年金类似，它们通常都有一个特定的期限，有固定的支付日期和固定款项。在传统贷款中，每笔付款都包括本金和利息。在为一笔贷款（L）计算每期支付额（PMT）时，需要有利率（r）和还款数（n）。（注：金融计算器和电子表格通常使用 PV 表示贷款金额。）

例如，你申请了一笔 30 万美元的抵押贷款，年利率为 5%，期限为 30 年或 360 个月。你的月供金额计算公式为：

$$月供金额 = 贷款金额 \times \frac{r \times (1+r)^n}{(1+r)^n - 1}$$

使用 MATLAB 计算如下：

```
loan=300000;
r=.05/12;
n=360;
payment=loan*(r*(1+r)^n)/((1+r)^n-1)
payment =
```

```
        1610.46
```

如果你需要一份完整的分期还款计划，可以使用 MATLAB 的 amortize 函数，这个函数用来计算每次偿还金额和未缴余额，并在本金和利息之间分配每笔付款。

```
   [principal, interest, balance, payment] = amortize(Rate, number of
periods, present value, future value, due)
```

amortize 函数会为每个付款期返回一个值表——本金、利息、余额、还款额。在做计算时，这个函数需要有 3 个参数：利率（每期）、总期数和贷款现值（分期偿还的金额）。amortize 函数还有几个可选参数：future value 默认值为 0，假定全额还款，due 默认值为 0，表示付款期末(或者使用 1，表示起始付款期)。

使用前面的例子，调用 amortize 函数如下：

```
[p,i,b,pmt]=amortize(0.05/12,360,300000,0,0);
```

请注意，语句末尾有分号。如果不加分号，这个函数会返回一个表格，其中包含 360 笔付款的详细信息，每个变量都有详细信息。若只显示付款金额，请输入：

```
pmt
pmt =
        1610.46
```

对于贷款，还有两个 MATLAB 函数也很有用：annuterm（用来计算期数，例如直到还清贷款）和 annurate（用来计算年金的定期利率）。

```
    annuterm(rate, payment, present value, future value, due)
```

使用 annuterm 函数时，必须提供 rate（利率）、payment（付款）和 present value（现值）3 个参数，它们的含义和 amortize 函数的参数一样。此外，还有两个可选参数 future value （默认值为 0，表示全额还款）和 due （默认值为 0，表示付款期末，1 表示付款期开始）。

还是举前面申请 30 万美元抵押贷款的例子，输入参数相同，我们使用 annuterm 函数计算还清贷款需要多长时间。请注意，参数 payment 前面的负号表示现金流出：

```
annuterm(.05/12, -1610.46, 300000, 0, 0)
ans =
        360.00
```

annurate 函数用来根据给定的值来计算周期利率。

```
    annurate(number of periods, payment, present value, future value, due)
```

使用 annurate 函数时，必须提供周期数、付款和现值 3 个参数，它们的含义和 amortize 函数的参数相同。此外，还有两个可选参数 future value（默认值为 0，表示全额还款）和 due（默认值为 0，表示付款期末，1 表示付款期开始）。

使用前面例子，把计算结果乘上 12，转换成年度。

```
annurate(360, 1610.46, 300000 ,0, 0 )*12
ans =
      0.05
```

5.9 参考资料

[1] Hastings, Kevin J. 2016. *Introduction to Financial Mathematics*. Boca Raton, FL: CRC Press.

[2] Campolieiti, Giuseppe, and Roman N. Makarov. 2014. *Financial Mathematics: A Comprehensive Treatment*. Boca Raton, FL: CRC Press.

[3] The MathWorks, Inc. 2017. *Financial Toolbox^{TM} User's Guide, R2017b ed*. Natick, MA: The MathWorks, Inc.

第 6 章
债券

6.1 简介

如果你想了解债券市场在金融领域中的重要性,可以读一读政治顾问詹姆斯·卡维尔(James Carville)在 20 世纪 90 年代初发表的评论。卡维尔曾说,如果有来生,他希望来生做美国总统、教皇或棒球击球手,但是在经历了债券市场对经济和政治的影响之后,他改变了主意,他说他要进入债券市场,因为身在证券市场你可以威慑所有人。

债券或固定收益市场由美国和其他国家的许多债务子市场组成,包括政府、政府机构、公司和市政公债,这是一个巨大的市场。根据美国证券业和金融市场协会(Securities Industry and Financial Markets Association,SIFMA)2017 年发表的经济情况书,2015 年全球债券市场的未偿贷款增至 92.2 万亿美元。这一数字高于全球股市市值,后者从 2015 年的 67.1 万亿美元增至 70.0 万亿美元。

股市和大宗商品价格往往占据大部分头条,但是所有市场的投资者们都在密切关注着债券收益率,尤其是美国国债 10 年期收益率等关键利率指标,以及央行的公告。利率的变化和对未来利率的预测会对金融市场产生很大的影响。在日常生活中,它们还影响着消费者的储蓄和贷款。

本章内容是对上一章有关货币时间价值知识的进一步扩充,我们将学习如何使用 MATLAB 来评估和分析基本的债券投资。

本章涵盖如下主要概念:

1. 计算现金流的现值和终值;
2. 计算收益率和利率。

本章所需软件：MATLAB 和 MATLAB 金融工具箱。

6.2 金融背景

6.2.1 债券分类

在前面，我们使用了"债券市场"这个术语，这个词容易让人产生误解，因为债券的种类多种多样，交易市场也很多。你可以使用不同方式对债券进行分类，表 6.1 列出了一些常见的债券类型。

表 6.1　债券分类

债券类型	说明
美国短期国库券	由美国政府发行，为期不足一年，以低于到期价的价格发售
美国中期国库券	到期日为 2～10 年，利息半年一付
美国长期国库券	到期日为 10～30 年，利息半年一付
通货膨胀保值债券（TIPS）	发行期限分别为 5 年、10 年和 30 年。与消费者价格指数挂钩，本金随通胀变动而进行调整
联邦机构债券	由联邦机构发行用以资助抵押贷款，比如联邦国家抵押贷款协会（FNMA）
市政债券	由州、地方政府和机构发行，利息可以免除缴纳联邦和州所得税
国际债券	由外国政府和企业发行
企业债券	被视为投资评级较高的债券，低评级的高收益债券（也叫垃圾债券）
零息债券	债券不支付利息。贴现方式发行，到期支付全额
浮动利率债券	债券利率随市场利率定期浮动，通常根据市场基准利率加上一定的利差来确定

6.2.2 债券术语

债券有一些通用的术语来描述自身的特点。表 6.2 列出了一些关键术语，表 6.3 列出了常见术语的缩写形式以及在 MATLAB 文档中的使用形式。

表 6.2　　　　　　　　　　　　　　　　债券术语

术语	说明
债券面值	债券到期时返还给投资者的金额，通常是 1000 美元
购买价格（市场价格）	债券作为市场交易证券的价值。以 100 美元增量表示的市场报告：例如，101 表示 1010 美元
应计利息	息票支付日期之间累计的按比例计算的利息，买方必须支付卖方应计利息
息票利率（债券利率）	向债券持有人支付的利率（以面值的百分比表示）。对于 1000 美元面值债券，3%的息票利率就是每年 30 美元
息票额	向债券持有人支付的利息额，按 3%的息票利率算，投资者每半年得到 15 美元
派息频率	支付利息的频率，通常是半年
结算日	买方必须为购买债券（或证券）付款的日期
到期日（赎回日）	最终支付票面金额并将票面价值返还给投资者的日期
收益率（市场利率）	息票利率除以市场价值
基点	1%，例如，从 3%到 4%是增加了 100 个基点
贴现	低于票面价值的债券市场价格额
溢价	高于票面价值的债券市场价格额
到期收益率	投资者持有债券直至到期日，债券的总回报（收入加上任何价格的升值或贬值）

表 6.3　　　　　　　　　　　　　　　　债券术语缩写

术语	缩写	MATLAB 中的等价形式
面值（面额）	F	Face
购买价格（市场价值或初始值）	P	Price
应计利息		AccruedInt
赎回或票面价值	C	
息票利率（债券利率）	r	CouponRate
息票额	F×r	
派息频率		Period
赎回前的利息期数	n	
债券期限（息票支付之间的时间）		Basis

续表

术语	缩写	MATLAB 中的等价形式
结算日		Settle
到期日（赎回日）		Maturity
收益率（市场利率）	i;j	Yield

这里列出的 MATLAB 等价形式只是债券定价函数一些可用的参数。我们先从基本的估值例子开始，然后增加复杂度来讲解这些参数的作用。

6.3 MATLAB 债券函数

下面几节我们会把金融知识和 MATLAB 相关函数结合起来进行讲解。其中涉及的大部分例子都需要做计算，当选用适当的 MATLAB 函数进行说明时，金融理论也会更容易理解。

6.3.1 美国短期国库券

美国短期国库券（Treasury bill，T-bill）是美国政府发行的为期一年以内的债券。美国财政部以低于到期价格的价格出售这些证券。换言之，这些国库券不会定期支付利息，而是在到期日，投资者获得全部面值。T-bill 的基本方法是 actual/360。这意味着按照购买日到到期日的实际天数计算利息，假设每年有 360 天。

MATLAB 金融工具箱中有几个专门的 T-bill 估值函数，包括 tbillprice 和 tbillyield。这些函数不与其他更一般化的债券定价结构（如息票债券）一起使用，因此我们会分别介绍它们。

> Price= **tbillprice**(Rate, Settle date, Maturity date, Type)：用于计算 T-bill 价格。

其中，Type 参数是可选的，借助这个参数，你可以指定函数解释 Rate 参数的方式：1 = 货币市场（默认），2 =债券等值，3 =贴现率。

下面例子使用的是 2016 年 6 月 17 日的 T-bill 价格，这些数据来自于《华尔街日报》在线市场数据中心。在第 1 个例子中，T-bill 到期日不足一个月，采用如下 3 种基本方法定价：

```
yield=0.00213;
settle='17-June-2016';
```

```
maturity='14-July-2016';
type=[1 2 3];
price=tbillprice(yield,settle,maturity,type)
price =
    99.9840
    99.9842
    99.9840
```

接着，计算另一个债券的价格，到期日为 2017 年 5 月 25 日。

```
yield=0.00499;
settle='17-June-2016';
maturity='25-May-2017';
type=[1 2 3];
price=tbillprice(yield,settle,maturity,type)
price =
    99.5276
    99.5341
    99.5259
```

> [money market yield, bond equivalent yield, discount rate]=**tbillyield**(price, settle date, maturity date): 用来计算 T-bill 的收益率。

这个函数返回的结果是一个向量，包含 3 个不同的方法。

下面例子使用了前例中 99.5341 这个价格，但对 0.0049 值做了舍入。

```
price=99.5341;
[mmYield,beYield,discount]=tbillyield(price,settle,maturity)
mmYield =
    0.0049
beYield =
    0.0050
discount =
    0.0049
```

6.3.2　债券估价原则

从概念上讲，所有债券都是类似的，因为它们都是贷款。如果一个公司想借钱（债券发行者），它可以发行债券，让投资者购买其债券来实现借钱的目的，通常贷款利率和期限都是固定的。发行人同意在债券期限内定期向债券持有人支付固定数额的利息，通常是半年一次。当债券到期时，发行人向债券持有人支付最终利息和借款本金。

我们通常所说的债券称为普通债券或标准债券。对这些债券估值实质是做现值计算，类似于第 5 章讲的现金流估值。债券的价值是其息票的现值加上赎回价值的现值（其中 T 为期数）：

$$现值 = \sum_{t=1}^{T} \frac{息票}{(1+r)^t} + \frac{票面价值}{(1+r)^T}$$

然而，这其中暗含着许多复杂因素。例如，你如何对在利息支付日之间进行交易的债券估值，如何计算应计利息？另一个需要考虑的重要因素是，特定债券市场使用的计日惯例。一些市场计算实际日历天数，而另一些市场假设每月有 30 天，假设每年有 360 天。另外，你还要确定应该用哪种或哪些利率来评估债券的价值？

这个公式没有涉及另一个市场影响因素是流动性，即按照定价公式中定义的价值随时交易债券的能力。近年来，债券市场的结构性变化导致流动性下降，有越来越多的债券交易不频繁。尽管美国政府债券仍保持着较高的流动性，但企业或市政债券交易得很少，其市场报价与理论价值存在显著差异。

最后，债券价格和收益率呈反比关系。从现值公式中可以看出，r 增加会减少未来支付的现值，反之则相反。例如，有报道称"10 年期美国国债收益率今天下跌了 5 个基点"，这听起来是个坏消息，但实际上这对债券投资者来说是好消息，因为这意味着他们所持债券的价值增加了。

6.3.3 计算债券价格

下面例子使用了 2016 年 6 月 19 日《华尔街日报》网站上刊出的美国国债数据，该数据具有以下特征。

- 收益率：2.429%。
- 息票利率：2.50%。
- 结算日（假设和交易日一样）：2016 年 6 月 17 日。
- 到期日：2046 年 5 月 15 日。

接下来，我们使用 bndprice 函数计算债券的市场价格。

```
[price, accrued interest]= bndprice(yield, coupon rate, settlement date, maturity date)
```

MATLAB 中的债券定价函数使用了类似的参数结构，但是你最好还是看一下函数的帮助文档,因为我们调用函数时必须提供具有正确格式的参数。例如,市场收益率 2.429% 必须输成小数形式——0.02429,息票利率必须输成 0.025。(请注意,小数点前面的零是可以省略的,但加上零有助于从视觉上避免输入错误。根据经验,还是建议大家输入时把前面的零都加上。)另外,这些例子使用的都是默认的日期格式,即"day-month-year"(日-月-年)。

bndprice 函数返回一个向量,里面包含两个结果:债券价格和应计利息(除价格之外买方要支付给卖方的)。如果想存储和显示这两个结果,你可以使用公式左边的 [price,accruedInt] 向量,把输入存放到相应变量中,方便传入函数。当对多个债券定价时,这些输出会形成列向量:

```
yield=0.02429;
couponRate=0.025;
% 请注意,日期是用单引号括起来的
settle='17-June-2016';
maturity='15-May-2046';
[price,accruedInt]=bndprice(yield,couponRate,settle,maturity)
price =
   101.5022
accruedInt =
    0.2242
```

最终得到的价格称为"净价"(clean price)。实际支付的金额(全价,dirty price)是净价格加上应计利息的和。

你可以使用 Microsoft Excel 或金融计算器手工计算一下,对上面的结果进行验证。对于上面这个例子,使用 HP 12c 计算债券价格,如下所示:

2.429 = i

2.50 = PMT

g M.DY(设置日期格式)

6.172016 ENTER

5.152046 f PRICE

Result = 101.50

表 6.4 使用 Excel 的 PRICE 函数做同样计算,并显示出单元格公式,输入在单元 A2:A8 中,它们的顺序和 PRICE 参数一样:

表 6.4　　　　　　　　　　　　在 Excel 中使用 PRICE 函数

行	列 A	列 B
1	数据	描述
2	=DATEVALUE("June 16, 2016")	结算日（2016 年 6 月 16 日）
3	=DATEVALUE("May 15, 2046")	到期日（2046 年 5 月 15 日）
4	0.025	息票利率
5	0.02429	收益率
6	100	赎回价值
7	2	半年一次
8	0	30/360 基准
9		
10	=PRICE(A2,A3,A4,A5,A6,A7,A8)	价格

使用 Excel 的 PRICE 函数计算出的结果和 MATLAB、HP12c 计算的结果一样。

前面例子中用到了 4 个基本输入——收益率、息票利率、结算日和到期日，但是 bndprice 函数还可以接收其他许多参数，这大大增加了灵活性。bndprice 函数有下面这些可选参数：

```
[Price, AccruedInt] = bndprice(Yield, CouponRate, Settle,
Maturity, Period, Basis, EndMonthRule, IssueDate,
FirstCouponDate, LastCouponDate, StartDate, Face)
```

表 6.5 列出了 bndprice 函数的可选参数，有关详细信息，请参阅 MATLAB 金融工具箱中的函数说明文档。

继续前面的例子，我们还可以计算债券在收益率高于、等于和低于某个收益率时的价值。

表 6.5　　　　　　　　　　　　bndprice 函数的可选参数

输入参数	说明
Period	每年的付息次数。默认值为 2，表示半年一付
Basis	债券的计日方法。默认值 0 代表实际天数，1 代表 30/360（每月 30 天，每年 360 天）。关于计日方法，请参阅第 2 章相关内容
EndMonthRule	当到期日出现在一个月的月底，期限为 30 天或更短时，请使用此选项。默认值 1 表示债券券息总是在每月的最后一天支付，而 0 表示忽略该规则

续表

输入参数	说明
IssueDate	债券的原始发行日期。如果没有指定日期，MATLAB 将根据其他输入确定现金流日期
FirstCouponDate	债券首次付息日期。如果没有指定日期，MATLAB 会根据其他输入确定现金流日期
LastCouponDate	到期日之前的最后一个息票日期，当债券的最后息票日期不固定时使用。如果没有指定日期，MATLAB 将根据其他输入确定现金流日期
StartDate	债券开始发行的远期日期。如果没有指定日期，则使用结算日期作为开始日期
Face	债券的票面价值（默认为 100）

我们使用一样的变量调用 bndprice 函数，用一个 3×1 的向量输入多个收益率：

```
% 输入多个收益率
yield=[0.0275; 0.02429; 0.02]; [price,accruedInt]=bndprice(yield,
 couponRate,settle,maturity)
price =
    94.9241
   101.5022
   111.2133
accruedInt =
     0.2242
     0.2242
     0.2242
```

如预期，该债券的价格在 2.75%的收益率下跌至贴现（94.9241），如果市场收益率跌至 2.0%，则升至溢价(111.2133)。

6.3.4 计算债券收益率

每种债券都可以有多个相关的收益率。

1. 息票收益率（名义收益率）

这是指息票利率，以发行时的百分率表示，债券将在其存续期内进行支付。使用前面的例子，计算结果为：

$$息票利率 = \frac{年支付利息}{票面价值} = \frac{25}{1000} = 2.5\%$$

2. 当期收益率

当期收益率反映了自按票面价值发行以来债券市场价格的变化。假设利率增长，债券价格跌至 97 美元（970 美元）：

$$当期收益率 = \frac{年支付利息}{市场价值} = \frac{25}{970} = 2.58\%$$

3. 等值应税收益率

符合条件的市政债券可以免除联邦所得税和州所得税。这意味着市政债券可以根据投资者的联邦边际税率等级，支付比应税债券更高的税后收益率。假设一个纳税人的纳税等级是 28%，则他可以在收益率为 2.5% 的应税债券和收益率为 2% 的市政债券之间做选择。等值应税收益率计算如下：

$$等值应税收益率 = \frac{2}{1-0.28} = 2.78$$

换言之，对于税率为 28% 的联邦级别的投资者来说，2% 的免税收益率相当于 2.78% 的应税收益率，这让市政债券在本例中更具吸引力。

4. 到期收益率

到期收益率（YTM）公式考虑的是持有债券至到期时的总回报（以年回报表示），它本质上等价于上一章讲的内部收益率（IRR）。

若某种债券的市场价格已知，则可以使用如下公式计算出 YTM。

$$YTM = \frac{息票支付 + \dfrac{票面价值 - 价格}{到期年数}}{\dfrac{票面价值 + 价格}{2}}$$

例子：2.5% 的息票债券在市场上的售价为 98.22 美元，期限为 8 年，则到期收益率计算如下：

$$YTM = \frac{25 + \dfrac{1000 - 982.20}{8}}{\dfrac{1000 + 982.20}{2}} = 2.75\%$$

5. 使用 bndyield 函数

bndyield 函数与 bndprice 函数相对应，其计算方法与前面到期收益率的例子相同，但灵活性更强。有了债券的净价、息票利率、结算日和到期日，你就可以求出债券的到期等价收益率。bndyield 函数的输入参数和 bndprice 函数差不多，但是它要求把债券价格作为第一个参数。

> **bndyield**(price, coupon Rate, Settle, Maturity)：计算债券收益率。

使用前面例子的输入。

- 息票利率：2.50%。
- 价格：98.22。
- 结算日（假设和交易日一样）：2017 年 6 月 1 日。
- 到期日：2025 年 6 月 1 日。

```
bndyield(98.22,0.025,'1-June-2017','1-June-2025')*100
ans =
      2.75
```

bndyield 函数还有其他参数，这和 bndprice 函数差不多。bndyield 函数的完整形式如下：

```
Yield = bndyield(Price, coupon rate, settle date, maturity date,
period, basis, end of month rule, issue date, first coupon date,
last coupon date, start date, face value)
```

下面例子使用了 bndprice 例子中的 3 个价格，输出结果和那个例子也一样。

```
couponRate=0.025;
settle='17-June-2016';
maturity='15-May-2046';

price=[94.9241; 101.5022; 111.2133];
yield=bndyield(price,couponRate,settle,maturity)
yield =
    0.0275
    0.0243
    0.0200
```

6.3.5 计算债券的总收益率

债券的到期收益率等于其总收益率，条件如下：（1）该债券被持有至到期；（2）获得的息票款用于再投资而非支出;(3)这些息票以相同收益率再投资至到期日。如果市场利率在债券期限内保持稳定,这些条件就有可能同时得到满足,但这种情况很少发生,因为债券持有人再投资时的利率可能变化了很多次。在使用 bndtotalreturn 函数计算总收益率时,你可以指定一个不同的再投资利率。

> [bond equivalent rate, effective rate] = **bndtotalreturn**(price, coupon rate, settle, maturity, reinvestment rate):用来计算债券的总收益率。

这个函数返回两个结果:债券等价总收益率和有效总收益率。bndtotalreturn 函数和 bndprice 函数的输入参数基本一样,但它需要一个假定的再投资利率和投资期限。如果不指定投资期限,则假定为到期日。

下面例子假设同一种美国国债有两种再投资利率,分别是较低的 0.015%和较高的 0.03%。和预期一样,债券的等价收益率和有效收益率分别比原先的到期 2.429%要低得多和高得多。这些结果很直观,因为在第 1 种(第 2 种)情况下,投资者获得的再投资票面金额收益低于(高于)债券产生的收益。

```
reinvestRate=[0.015; 0.03];
[bondEquiv,effectiveRate]=bndtotalreturn(price,couponRate,settle,
 maturity,reinvestRate)
bondEquiv =
    0.0217
    0.0260
effectiveRate =
    0.0219
    0.0262
```

投资期限

前面例子假设投资者持有债券直至到期日。在现实中,投资者的投资期限往往到不了到期日。bndtotalreturn 函数有一个可选的 HorizonDate 参数,用来指定日期范围,还有一个 HorizonPrice 参数,用来给出指定日期范围内的预测价格。(如果不指定价格,函数会根据再投资利率计算价格。)下面例子展示了假设再投资利率为 3%时的参数结构,其中可选输入参数的格式为"名称,值",名称要用单引号括起来('horizonDate'),值为 horizonDate。

```
reinvestRate = 0.0300;
horizonDate='31-Dec-2030';

[bondEquiv,effectiveRate]=bndtotalreturn(price,couponRate,settle,
 maturity,reinvestRate,'horizonDate',horizonDate)
```

```
bondEquiv =
    0.0218
effectiveRate =
    0.0219
```

6.3.6 定价贴现债券

与息票债券不同，贴现或零息债券的交易价格是票面价值的折现，到期时将票面价值返还给债券持有人，中间无需支付利息。prdisc 和 ylddisc 函数用来计算贴现证券的收益率。

> **prdisc**(settle date, maturity date, face value, discount rate, basis)：计算债券的贴现价格。
> **ylddisc**(settle, maturity, face, price, basis)：计算债券的贴现收益率。

basis 是这两个函数中唯一的新的可选参数，用来指定计算两个日期之间的天数，默认值为 0，表示使用 "(actual number of days)/actual" 这个方法。

下面例子假设证券的结算日为 2016 年 1 月 2 日，到期日为 2020 年 6 月 15 日，折现率为 1.5%，到期价值为 100：

```
settle='2-Jan-2016';
maturity='15-Jun-2020';
face=100;
discount=0.015;

% 计算价格
price=prdisc(settle,maturity,face,discount)
price =
    93.3361

% 计算收益率
yield=ylddisc(settle,maturity,face,price)
yield =
    0.0161
```

6.4 债券分析

持有债券至到期日的投资者会获得债券票面价值的偿还，前提是债券发行人不违约。然而，在到期日之前，债券的市场价格会随着利率的变化而波动。如果债券持有人决定在到期前出售，这些利率波动会决定现行市场价格。

6.4.1 利率风险

如果查看 10 年期美国国债收益率图表,你会发现自 1981 年仲夏以来呈现出向下倾斜的趋势。但是当你放大到更短周期(例如,间隔 12 个月)时,图就会变得更加不稳定,你会经常发现某一年内有相当大的变化,即使有明显的趋势时,也是如此。

利率的变化给债券投资者带来了不确定性,因为债券价格和利率是反比的。高利率会导致债券价格下跌,反之则相反。虽然市场价格下跌可能不会影响那些计划持有债券至到期日的投资者,但大多数债券投资者还是更希望避免短期损失。

有几个因素会影响债券对利率变化的敏感性。相比于高票息债券,低票息(即低利率)债券通常更敏感,而长期债券比短期债券更敏感。

1. 息票利率敏感性的例子

下面计算使用 bndprice 函数来说明利率的变化如何影响 3 种债券的价格。这些中期债券有相同的到期日(5 年),但是它们的息票利率不同,分别为 0.0%、2.5%和 4.0%。

```
% 结算日和到期日相差 5 年
settleDate='1-July-2017';
matureDate='1-July-2022';

% 不同的市场收益率
yields=[0.02 0.04 0.06];

% #1: 零息债券
coupon=0.0;
zeroCoupPrices=bndprice(yields,coupon,settleDate,matureDate)
zeroCoupPrices =
        90.53
        82.03
        74.41

% #2: 息票利率 2.5%
coupon=0.025;
[prices,accInt]=bndprice(yields,coupon,settle,mature)
prices =
       102.37
        93.26
        85.07
accInt =
```

```
                0
                0
                0

% #3: 息票利率 4.0%
coupon=0.04;
[prices,accInt]=bndprice(yields,coupon,settle,mature)
prices =
         109.47
         100.00
          91.47
accInt =
                0
                0
                0
```

债券在息票日结算,因此不需要作为价格的一部分支付累计利息,在这些例子中可以省略。假设当前适用的市场利率为4%。表 6.5 总结了收益率降至 2%(第 2 列)或升至 6%(第 3 列)时债券价格百分比变动情况。

表 6.5　　　　　　　　　　　价格百分比随利率变化而变化

息票利率/收益率	2%	6%
0	+10.36	−9.29
2.5	+9.77	−8.78
4.0	+9.47	−8.53

2. 到期敏感性例子

在其他因素相同的情况下,期限较长的债券对利率变化更敏感。在下面的例子中,3% 息票利率债券在 5 年、10 年和 20 年的到期日时收益率为 4%。

```
% 到期日敏感
% 息票利率 3%
couponRate=0.03;
settleDate='1-July-2017';
matureDates={'1-July-2022','1-July-2027','1-July-2037'};
yield=0.04;

% 5年、10年、20年的价格
bndMatPrices=bndprice(yield,couponRate,settleDate,matureDates)
```

```
bndMatPrices =
        95.51
        91.82
        86.32
```

6.4.2 衡量利率敏感性

假设你管理着一个资产 10 亿美元的债券投资组合。你的公司对短期和中期的利率有一个预期——要么更低,要么不变,要么更高。利率的变化,无论高低,都会使你的投资组合的估值发生显著的变化:低利率导致价格上涨,高利率导致价格下跌。在卖出头寸之前,投资组合不会兑现这些收益或损失,但中期估值的变化可能仍然很大。

若你相信利率会下降,并且投资组合中对利率变化反应最强烈的债券(即那些有更低息票利率和更长到期日的债券)比重更大,则投资组合将受益最大。如果你认为利率会上升,而且你希望降低价格对投资组合的影响,就会考虑有更高息票利率和期限更短的债券。然而,相关的调整做起来可能很难,而且代价高,因此你可能会考虑使用对冲策略来综合"复制"这些变化。

1. 久期

债券有明确的到期日,我们知道,长期债券比短期债券更容易受到利率变化的影响,但是这里面有点复杂。即使两种债券的到期日相同,低息债券的价格在两个方向上的波动也会比高收益债券大,这点可以从前面例子得到印证。

对这一行为的认识产生了债券"有效期限"(effective maturity)这个概念,它一般和规定的到期日不同。有效期限背后的逻辑是,债券的价值是其现金流的现值。Bodie、Kane、Marcus(2014 年)指出,息票债券就像是息票支付的组合,债券的有效期限是所有现金流到期日的"平均值"。息票债券的现金流更倾向于期限较短的债券,因为息票在到期前得到了定期支付。相反,零息债券的单一现金流只在到期日出现。

久期度量使用这种逻辑来计算债券的平均到期日,进而计算债券对利率变化的敏感性。久期长的债券比久期短的债券更容易受到利率变化的影响。计算久期可以让债券投资者更好地控制其所持债券的利率敏感性。

Bodie、Kane、Marcus(2014 年)把"久期"定义为"每次支付前的加权平均时间,权重与支付的现值成正比"。计算 t 时刻权重的公式如下,其中 y 是债券到期收益率:

$$w_t = \frac{\text{现金流}(t)/(1+y)^t}{\text{债券价格}}$$

在下面的例子中,假设债券的息票利率和到期收益率都是 4%(半年 2%)。债券的期限为 3 年(相当于 6 个半年)。每个权值 w_t 乘以其周期值(1~6),把计算结果相加,得出久期(叫"麦考利久期",以研究员 Frederick Macaulay 的名字命名),计算公式如下:

$$\text{麦考利久期} = \sum_{t=1}^{T} t \times w_t$$

手工计算得到麦考利久期为 2.86。

金融工具箱提供了两个函数来计算债券的久期:根据价格(bnddurp)和根据收益率(bnddury)。这两个函数返回的都是向量,里面包含 3 种久期计算结果:

- ModDuration:修正久期,以年为单位,每半年一报。
- YearDuration:麦考利久期,以年为单位。
- PerDuration:定期麦考利久期,每半年一报。

> [ModDuration, YearDuration, PerDuration] = **bnddurp**(Price, CouponRate, Settle, Maturity):根据价格计算久期。

输出向量中包含了 3 个久期值(有多个债券时是一个 $n \times 1$ 的向量)。这个函数需要的参数和其他债券函数使用的参数相同。

假设有一种 3 年期利率为 4%的债券:

```
settleDate='1-July-2017';
maturityDate='1-July-2020';
price=bndprice(0.04,0.04,settleDate,maturityDate)
price =
        100.00

[modDuration,yearDuration,perDuration]=bnddurp(100,0.04,settleDate,
 maturityDate)
modDuration =
        2.80
yearDuration =
        2.86
perDuration =
        5.71
```

6.4 债券分析

请注意，当把到期日延长到 10 年时，久期是如何增加的（输出为 yearDuration）：

```
maturityDate='1-July-2027';
[modDuration,yearDuration,perDuration]=bnddurp(100,0.04,settleDate,
 maturityDate)
modDuration =
        8.18
yearDuration =
        8.34
perDuration =
        16.68
```

bnddury 函数用来根据收益计算久期。

> [ModDuration, YearDuration, PerDuration] = **bnddury**(Yield, CouponRate, Settle, Maturity): 使用收益计算久期。

输出向量中包含了 3 个久期值（有多个债券时是一个 $n \times 1$ 的向量），这个函数需要的参数和其他债券函数使用的参数相同。

使用前例中 2027 年到期日相同的输入会产生相同的结果（这里不再给出结果）。

2. 久期和价格变动

常见做法是使用修正久期值。这个值的计算公式是：

$$\text{修正久期} = \frac{\text{麦考利久期}}{1 + \dfrac{\text{YTM}}{\text{每年息票周期数}}}$$

你可以使用修正久期根据给定的到期收益率（YTM）变化估计债券价格的变化：

$$\text{价格变化\%} = -\text{修正久期} \times \text{YTM 的变化}$$

继续用前面的例子，如果到期收益率从 4.0% 增加到 4.10%，那么预测的价格变动为：

$$-8.18 \times 0.1 = -0.818$$

用 100 减去 0.818，得到预测价格为 99.18；在相同的输入下，MATLAB 的 bndprice 函数产生的结果为 99.19。

3. 凸性

久期度量对于估计收益率的微小变化非常有用，但是对于较大的变化就不那么准确了。

例如，假设到期收益率在上一个例子中增加了 50 个基点，达到 4.50%，那么使用公式预测的价格是 95.91，而 MATLAB 输出的是 96.01。

准确度下降的原因是：与久期公式不同，债券价格与收益率（到期收益率）之间不再是线性关系。久期对于收益率的微小变化很有用，但是它没有考虑发生大变化时的非线性特征。凸性度量的是价格与收益率曲线的曲率，调整凸性可以提高久期近似值的准确性。Bodie、Kane、Marcus（2014）给出了凸性公式：

$$凸性 = \frac{1}{价格 \times (1+y)^2} \times \sum_{t=1}^{T}\left[\frac{现金流}{(1+y)^t}(t^2+t)\right]$$

凸性度量用于修正久期公式（用 delta 符号表示 y 的变化量）：

$$价格变化百分比 = -修正久期 \times \Delta y + 0.5 \times 凸性 \times (\Delta y)^2$$

使用 bndconp（给定价格时的债券凸性）和 bndcony（给定收益率时的债券凸性）函数估计凸性可以改进对久期的估计。凸性函数与久期函数相似。

```
    [YearConvexity, PerConvexity] = bndconvp(Price, CouponRate, Settle,
Maturity)：根据价格估计凸性。
```

```
    [YearConvexity, PerConvexity] = bndconvy(Yield, CouponRate, Settle,
Maturity)：根据收益率估计凸性。
```

YearConvexity 指的是年凸性，PerConvexity 指的是定期凸性，每半年报告一次。

函数完整的参数如下：

```
[YearConvexity, PerConvexity] = bndconvp(Price,
CouponRate, Settle, Maturity, Period, Basis, EndMonthRule,
IssueDate, FirstCouponDate, LastCouponDate, StartDate,
Face)

[YearConvexity, PerConvexity] = bndconvy(Yield,
CouponRate, Settle, Maturity, Period, Basis, EndMonthRule,
IssueDate, FirstCouponDate, LastCouponDate, StartDate,
Face)
```

若债券价格等于 100，息票利率为 4%，使用这两个函数计算凸性：

```
% 根据价格计算凸性
[yearConvexity,perConvexity]=bndconvp(100,0.04,settle,mature)
yearConvexity =
```

```
            78.90
perConvexity =
           315.59

% 把收益率提高到4.5%计算凸性
[yearConvexity,perConvexity]=bndconvy(0.045,coupon,settle,mature)
yearConvexity =
            78.01
perConvexity =
           312.02
```

4. 例子

下面例子的第1部分按顺序计算10年期债券的价格、久期和凸性。第1部分给出了值，第2部分估计债券价格变化百分比：(1) 只用久期；(2) 久期和凸性结合（用以提高估计的准确性）。

(1) 第1部分

```
% 输入
settle='01-Jun-2010';
mature='01-Jun-2020';
coupon=0.045;
yield=0.025;

% 当前价格
price1=bndprice(yield,coupon,settle,mature)
price1 =
           117.60

%久期
[modDur,yearDur,perDur]=bnddury(yield,coupon,settle,mature)
modDur =
             8.23
yearDur =
             8.33
perDur =
            16.66

%凸性
[yearConvex,perConvex]=bndconvy(yield,coupon,settle,mature)
yearConvex =
            79.84
perConvex =
           319.36
```

（2）第 2 部分

```
% 当收益率增加到 3%时，实际价格变化
yield2=0.030;
price2=bndprice(yield2,coupon,settle,mature)
price2 =
        112.88

% 实际变化百分比
(price2-price1)/price1*100
ans =
        -4.02

%只用久期预测价格变化
deltaY=0.005; % (0.030-0.025)

% 仅久期公式预测
durPredictChange=-modDur*deltaY*100
durPredictChange =
        -4.11 % 合理精度

%久期和凸性调整
adjPredictChange=(-modDur*deltaY+0.05*yearConvex*(deltaY)^2)*100
adjPredictChange =
-4.01 % 更精确
```

5．债券组合的久期和凸性

你可以把分析扩展到有多种债券的情况。下面是一个简单的例子，涉及两种债券。这个例子来自于 MATLAB 文档中一个更复杂的例子——"债券价格对利率的敏感性"。

（1）债券 1

- 到期日：2020 年 6 月 1 日
- 息票利率：3.5%

（2）债券 2

- 到期日：2035 年 6 月 1 日
- 息票利率：4.5%

（3）共同特征

- 结算日：2017 年 6 月 1 日

- 票面价值：100
- 市场收益率：[0.025 0.030]

6. 创建组合

```
settle='1-Jun-2017';
mature=['1-Jun-2020';'1-Jun-2035'];
faceVals=[100;100];
coupons=[0.035; 0.045];
yields=[0.025;0.030];

% 计算债券价格
% 显示应计利息，查证 0 值
[prices,accInt]=bndprice(yields,coupons,settle,mature)
prices =
        102.87
        120.75
accInt =
             0
             0

% 创建权重均衡的投资组合
portPrice=50000;  % 期初投资
portWts=ones(2,1)/2  % 创建 50/50 分割
portWts =
          0.50
          0.50

% 每头寸债券数（包括小数）
portAmounts=portPrice * portWts ./prices
portAmounts =
        243.02
        207.05
```

7. 评估修正久期和凸性

```
durations=bnddury(yields,coupons,settle,mature)
durations =
          2.84
         12.88

convexities=bndconvy(yields,coupons,settle,mature)
convexities =
```

```
        9.68
      207.77
```

8. 使用久期和凸性评估价格

```
% 收益率曲线变化量
deltaY=0.005;

% 只用久期预测变化
priceChange1=-durations*deltaY*100
priceChange1 =
       -1.42
       -6.44

% 久期和凸性
priceChange2=priceChange1+convexities*deltaY^2*100/2
priceChange2 =
       -1.41
       -6.18

% 从原始价格中减去预期价格百分比降幅

predictedPrice1=prices+(priceChange1.*prices)/100
predictedPrice1 =
      101.41
      112.97
predictedPrice2=prices+(priceChange2.*prices)/100
predictedPrice2 =
      101.42
      113.28
```

9. 使用 bndprice 计算实际价格变化

```
bndprice(yields+deltaY,coupons,settle,mature)
ans =
      101.42
      113.27
```

在这个例子中，包括凸性在内的第 2 种近似值是相当准确的。

6.4.3 收益率曲线

我们举的例子都对所使用的利率做了简单的假设。但实际上，利率水平和变动非常复杂。有时短期利率等于或高于长期利率。不同期限的利率不一定同时提高相同的数额。对于同期限债券，政府债券利率和企业债券利率之间的差异可能缩小或扩大。这些观察结果对债券投资者很重要，他们通过分析利率的变化来寻找经济前景的线索，了解它们对固定收益证券可能产生的影响。

收益率曲线生动地描述了利率与到期日的关系。表 6.6 列出了美国财政部资源中心 2017 年 7 月 21 日期限从 1 个月至 30 年的国债曲线数据。

表 6.6　　　　　　　　美国债券利率

到期日	利率
1 个月	1.00
3 个月	1.16
6 个月	1.10
1 年	1.22
2 年	1.36
3 年	1.50
5 年	1.81
7 年	2.05
10 年	2.24
20 年	2.57
30 年	2.81

资料来源：美国财政部，2017 年 7 月 21 日。

图 6.1 绘制了数据的收益率与到期日的关系图。这条收益率曲线说明了截至 2017 年 6 月中旬美国国债的到期日与收益率之间的关系，但投资者创建了其他收益率曲线。例如，你可以绘制相同评级的美国国债零息债券收益率和公司债券信用曲线。曲线还反映了 2 年期和 10 年期美国国债收益率在不同到期日之间的利差。

收益率曲线的形状还反映了投资者对经济前景和未来利率的看法。如图 6.1 所示，曲线向上倾斜，这一形状反映了对未来增长和高利率预期。如果是反向的收益率曲线，短期利率高于长期利率，表明投资者预计经济增长放缓，利率将下降。驼峰曲线具有较高的中期利率，意味着经济前景的不确定性或预期利率发生转变。

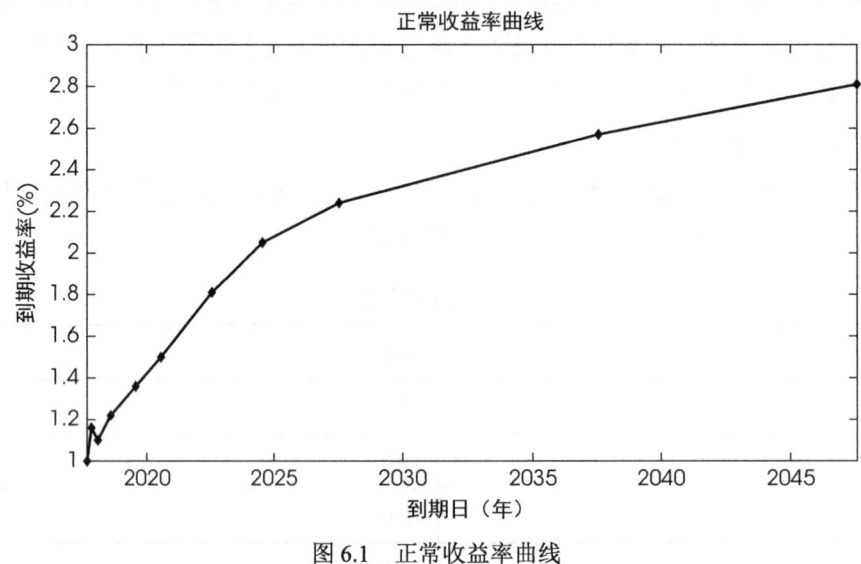

图 6.1 正常收益率曲线

6.5 可赎回债券

到目前为止,我们主要讲的是传统债券,除了传统债券之外,还有其他类型的固定收益的投资产品,比如可赎回债券。假设你管理着一家公司的金融交易,两年前你卖出了 1000 万美元的债券,息票利率是 6%。如果利率上升,锁定固定息票对你有利,但是如果利率下降,你将会为新发行的债券支付高于市场利率的价格。

债券发行者可以通过发行可赎回债券来保护自己免受这种情况的影响,这些债券赋予发行者在债券到期前赎回债券的权利。在本例中,你将赎回息票利率为 6% 的债券,并以较低的现行利率重新发行债券,以减少利息支出。这种权利对发行者有利,但对投资者不利,投资者只能被迫放弃高于市场利率的债券。为了补偿债券持有人,可赎回债券通常以略高于票面价值的价格赎回,但这个价格可能还是低于市场价值。债券持有人通常会得到一些保护,比如,在首次发行后,发行人必须经过一段设定的时间(或许是 10 年),才能以面值 110%或 1100 美元的赎回价格赎回债券。

如果利率高于债券的息票利率,可赎回债券的价格会和传统债券(也称为普通债券)的价格比较接近。但如果利率降至可赎回债券的息票利率以下,投资者将面临估值难题,因为其他投资者不愿支付高于可赎回价格的价格。虽然同类普通债券的价格会持续走高,但投资者会愿意为有赎回风险的债券支付高于可赎回价格的价格吗?另外,债券有可能在到期前赎回，因此到期收益率指标会变得无足轻重。

评估可赎回债券价值的一种方法是，假设发行者会在允许的时间内赎回该债券，并估计该日期的回报，这就产生了"赎回收益率"的概念。你可以使用 bndyield 函数通过给出赎回日期来计算赎回收益率。

```
% 债券特征
coupon=0.05;
yield=0.045;
settle='1-Jun-2017';
mature='1-Jun-2027';
price=bndprice(yield,coupon,settle,mature)
price =
        103.99

% 赎回日期
callDates=datenum({'1-Jun-2022' '1-Jun-2023' '1-Jun-2024'
 '1-June-2025''1-June-2026' mature})

callDates =
       738673.00
       739038.00
       739404.00
       739769.00
       740134.00
       740499.00

% 每个赎回日期的收益率
yieldToCall=bndyield(price,coupon,settle,callDates)*100
yieldToCall =
          4.11
          4.24
          4.33
          4.40
          4.46
          4.50

% 最低收益率
yieldToWorst=min(yieldToCall)
yieldToWorst =
          4.11
```

6.6 参考资料

[1] Bodie, Zvi, Alex Kane, and Alan J. Marcus. 2014. *Investments, 10th ed*. New York: McGraw-Hill Education.

[2] Hastings, Kevin J. 2016. *Introduction to Financial Mathematics*. Boca Raton, FL: CRC Press.

[3] The MathWorks, Inc. 2017. *Financial Toolbox^{TM} User's Guide, R2017b ed*. Natick, MA: The MathWorks, Inc.

6.7 扩展阅读

Campolieiti, Giuseppe, and Roman N. Makarov. 2014. *Financial Mathematics: A Comprehensive Treatment*. Boca Raton, FL: CRC Press. A detailed reference that covers a wide range of mathematical finance topics.

第 7 章
应对不确定性和风险

7.1 简介

金融资产的市场价值是不稳定的。看看 2016 年 6 月英国脱欧公投或美国大选后几天的新闻报道就知道了。债券、货币、股票和其他资产的价格都在剧烈波动，经常在第一时间下跌，随后一些资产类别的价格大幅上涨。但价格大幅波动并不需要一个历史性的政治决定或其他重大事件。如果你跟踪几周苹果（Apple）或 Facebook 等股票的价格，就会发现在这段时间内，这些股票在一天之内波动性很大，价格在高与低之间来回波动，即使没有重大新闻出现也是如此。

本章讲解如何使用 MATLAB 估量和预测不确定性，以及如何在工作中做分析。涉及的方法包括均值、标准差等描述性统计指标，以及预测终值的模拟预测方法等。

关于不确定性和风险，有两点需要牢记。首先，大多数投资者在他们的投资组合中持有不止一种资产。因此，在金融市场上，我们通常从投资组合的角度来看待风险，而不仅仅是从单一资产的角度。重要的是资产的包容性和表现如何影响整个投资组合的风险和收益，除非该资产包含整个投资组合。

其次，没有任何预测是绝对可靠的，即使是非常复杂的预测也有可能会估计错。"黑天鹅事件"（black swan event）一词源于纳西姆·塔勒布（Nassim Taleb）教授，它表达了这样一种观点：从金融角度看，具有重大意义的事件有可能发生在预测结果之外。如果你需要证据，可以想想 21 世纪头 10 年中期美国抵押贷款市场发生了什么，以及由此引发的金融危机。很少有分析师、预测模型或投资者预见到这场灾难的到来。

本章涵盖如下主要内容：

- 金融风险概述；

- 金融数据可视化；
- 描述性统计；
- 模拟证券价格路径。

本章所需软件：MATLAB 程序、MATLAB 金融工具箱以及 MATLAB 统计和机器学习工具箱。

7.2 金融风险概述

通常，我们会认为金融风险就是本金损失，比如你购买的资产价值低于你为它支付的价格。实际上，金融风险包含的内容相当宽泛，除了本金损失之外，还有许多其他风险：Bodie、Kane 和 Marcus（2014）列出了 20 多种影响金融资产的风险。这些风险包括交易对手风险、汇率风险、模型风险和政治风险等。虽然其中一些风险主要适用于特定的资产和市场，但风险种类的多样性本身就表明了影响收益的因素有很多。

风险的定义还因视角而不同。你拥有一项资产（这是一项长期投资），并且你已经预测了年回报率为 6%，赚到 10% 就很不错了。但对于其他投资者（比如卖空者），如果他们投资收益的年回报率是 6% 或低于 6%，就会把高于预期的回报率视为一种风险。

7.3 数据洞察

假设你正在评估两只股票作为一个投资组合的候选。你想获得最高回报，也想避免价格大幅波动。与此同时，你也在积极寻求更多的多元化投资，并且不想再增加与当前投资组合表现大致类似的股票。

通过观看曲线、直方图和其他图形，你可以更直观地了解数据的趋势和分布，但是你需要使用量化方式实现更准确的度量，并为投资表现建立模型。描述性统计（比如均值和标准差）为我们提供了对数据进行定量分析的手段。其他统计方法（比如相关性）描述了多个数据集之间的关系，比如投资组合中的投资回报。另一种方法是在夏普比率或索提诺比率等公式中使用收益率和波动率，这些公式提供了更多与上下文相关的结果。

通过对数据做统计分析，我们只能了解历史，而金融从业者和金融市场往往具有前瞻性。但了解一种资产的历史表现、波动性，以及与其他资产的关系还是非常有用的，主要是因为我们利用这些信息可以对未来进行预测。对未来做预测正是金融建模的目的所在。

然而，构建模型面临的挑战是，资产价格往往不稳定，我们很难复制它们的特征。此外，虽然模型可以做出较为详细的预测，但是它们仍然是建立在某些假设的基础上，因此不能保证预测结果完全正确。在《金融中的数值方法与优化》（*Numerical Methods and Optimization in Finance*）一书中，作者 Gilli、Maringer 和 Schumannnote 认为“我们对金融知之甚少”。这其实并不是在贬低金融学者和从业者，作者的意思是，在金融领域，能够自信地应用到实际中并且有实证基础和经过验证的客观知识很少。

7.3.1 数据可视化

根据可用数据点的数量和类型，把数据绘制出来是非常有意义的。这可以帮你发现数据模式和趋势，并识别出潜在的数据输入错误和异常值。

下面例子用到的是标准普尔 500 指数（SP500）、3 个月期国库券（T-bill）和 10 年期国库券（T-bond）的历史年收益率数据，这些数据来自纽约大学斯特恩商学院 1928 年至 2016 年的历史收益率数据库。（注：T-bill 有 3 个月的利率，T-bond 是固定期限为 10 年的债券，长期国库券的回报涉及息票利率和价格上涨，它不会每期都与美国国债利率相匹配。）图 7.1 显示的是导入 Excel 后最初几年的数据。

MATLAB 提供了多种把 Excel 数据导入工作区的方法，这方面的相关内容请参阅第 4 章。使用 MATLAB 提供的数据导入工具导入这些数据最容易，也最方便。单击工具栏上的 Import Data（导入数据）并选择要导入的 Excel 文件，数据如图 7.2 所示。

	A	B	C	D
1	Year	S&P 500	3-month T.Bill	10-year T. Bond
2	1928	0.4381	0.0308	0.0084
3	1929	-0.0830	0.0316	0.0420
4	1930	-0.2512	0.0455	0.0454
5	1931	-0.4384	0.0231	-0.0256

图 7.1 资产历史收益电子表格

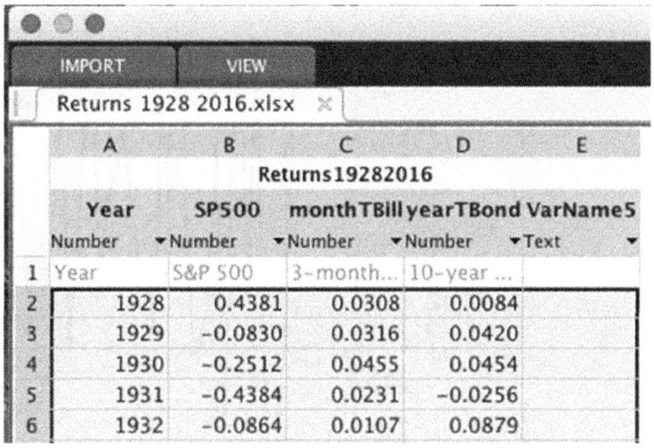

图 7.2 MATLAB 数据导入界面

（图片已经过 MathWorks 许可）

接下来，单击 Import（导入）选项卡并选择所需的数据格式。在本例中，我们把数据导入为列向量。随后导入数据并最小化 Import（导入）窗口以查看工作区（见图 7.3）。

7.3.2 单列绘制

若要检查数据，你可以使用 plot 命令单独绘制各个数据列。（有关 MATLAB 中的基本绘图工具，请参见第 4 章。）

> **plot**(x, y, line specifications)：绘制数据列。

plot(x, y, line specification) 命令用来使用指定的 y 数据和 x 数据绘制折线。其中，参数 line specification 是可选的，你可以通过它指定线条样式（实线、虚线等）、颜色和数据标记样式（点、星等）。

图 7.4 是使用 plot(Year, SP500*100) 命令绘制的 S&P 500 折线图，年份在 x 轴上，年收益率在 y 轴上。在 MATLAB 中，我们可以为图形添加标题和其他属性格式。（这里和下面几个例子中我们都会把 y 值乘上 100，以便更容易解释为百分比。）

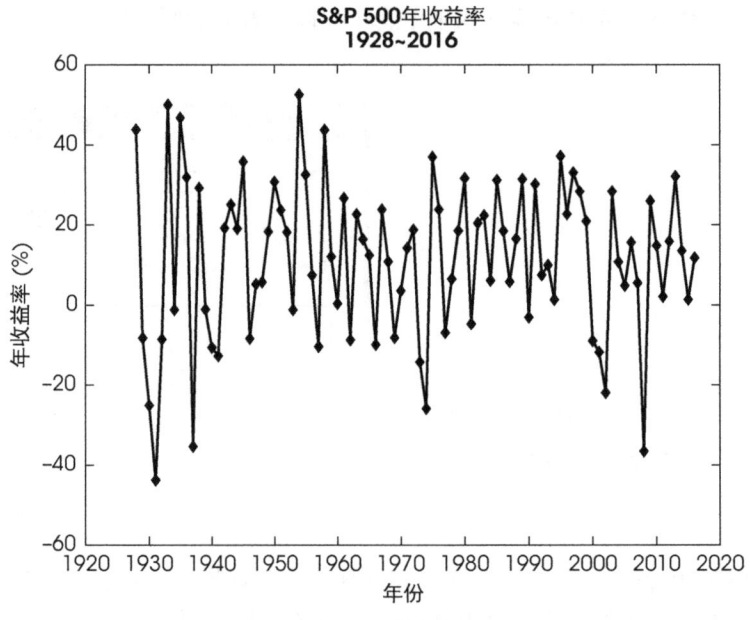

图 7.4　S&P 500 年收益率

7.3.3 多列绘制

当有多列数据时,把多列数据同时绘制在一个坐标系中,观察起来会更方便。要在一个坐标系中绘制多列数据,应该这样调用函数:plot(x1,y1,x2,y2)。下面我们使用这个命令把 T-bill 和 T-Bond 按年份绘制在一个图中:plot(year,TBills*100, year,TBonds*100),绘制结果如图 7.5 所示。

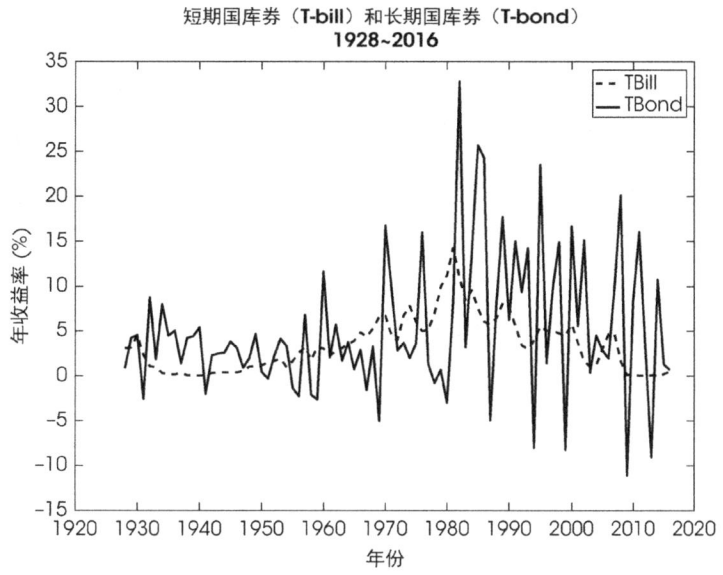

图 7.5　短期国库券(T-bill)和长期国库券(T-bond)(1928~2016)

7.3.4 定制图形

从图 7.5 可以看出,相比于 T-bond,T-bill 的收益率(虚线)更低,波动性也小得多。如果你从图中发现数据中有异常值(20 世纪 80 年代早期收益率高于 30% 的债券看起来太扯了),这时,你可以回去查看具体数据,并在必要时从其他数据源再次获取数据,以检查数据的准确性。

还有几点值得注意。如果你需要多次使用某个图形,可以考虑把创建图形的命令保存在 MATLAB 脚本中。其次,使用图形定制函数可以大大提高图形的绘制效果,但是需要花费时间和精力来学习才能掌握正确的使用方法。MATLAB 的联机帮助功能非常棒,你可以通过搜索来获得相关函数的说明和示例。不过,有时找到你想要的答案也并非易事。在这种情况下,你可以访问 MATLAB Central 的用户社区论坛,可以向其他人请求帮助,或者查看是否有其他用户也遇到了同样的问题。

7.3.5 直方图

折线图显示了年复一年的收益变化情况,但它们无法反映收益的基本分布情况。直方图用来显示数据点的频数分布,通过把数据点归入具有指定值范围的区域中来帮助我们识别出异常值。

我们可以使用直方图来表示股价,但一般我们会用它来绘制股价变化背后的收益。观察收益直方图时,第一步是弄清观察值的基本分布情况。

直方图函数的语法与其他图形函数类似。使用直方图函数绘制直方图时,我们要提供数据列作为输入参数,此外,你还可以进一步提供其他可选参数来改善图形。

> `histogram(x)`:根据数据 x 绘制直方图,条形区域的数目由函数自动确定。
> `histogram(x, number of bins)`:根据数据 x 绘制直方图,条形区域的数目由第 2 个参数指定。

第 1 个直方图的例子如图 7.6 所示,函数把条形区域个数指定为默认值。

histogram(SP500)

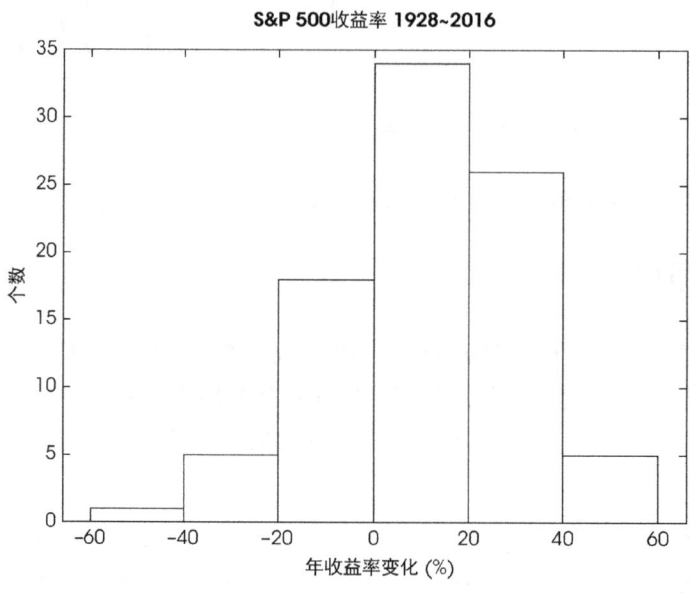

图 7.6　S&P 500 年收益率

图 7.6 包含 6 个条形区域的直方图有点不太好解释。相比之下,一个更好的做法是使用 12 个条形区,命令如下:

histogram(SP500,12)

请比较图 7.7 和图 7.8，其中图 7.8 绘制的是长期国库券的年收益率。

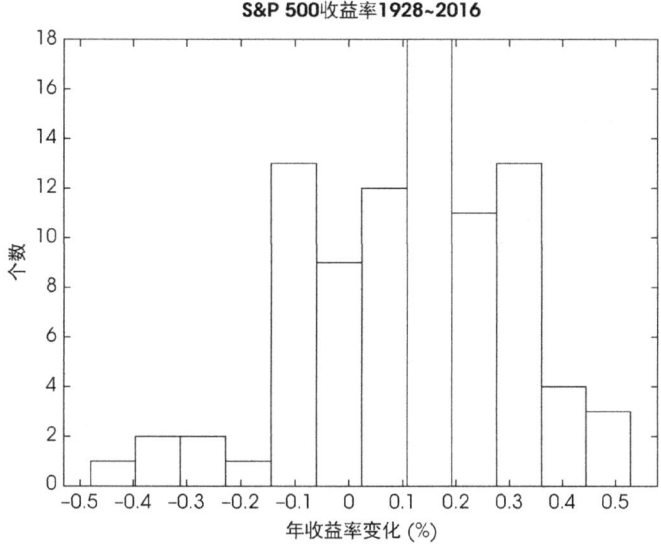

图 7.7　S&P 500 年收益率直方图（包含 12 个条形区域）

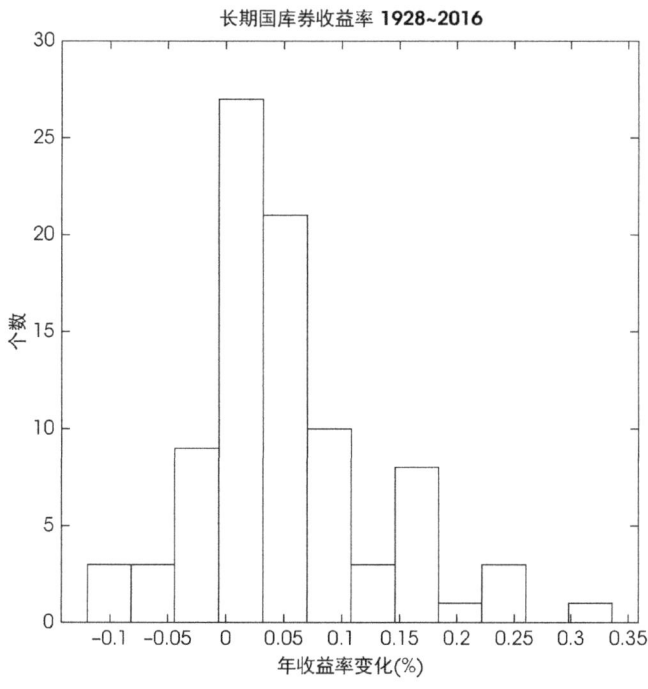

图 7.8　长期国库券年收益率直方图（包含 12 个条形区）

的确，添加更多条形区可以更好地了解中央值及其周围值的分散情况，但是要想了解更多，必须做数值分析才行。

7.3.6 集中量数

集中量数（如中位数和平均值）用来描述数据点集中分布的情况。中位数是位于中间位置的数，median 函数适用于数组和矩阵。

> **median**(matrix) 或 **median**(matrix, dimension)：用来求矩阵的中位数。

median 函数用来计算向量的中位数，它有一个用来指定维数的可选参数。如果输入是一个非空矩阵，则函数会把数据列视为向量，并返回一个包含中位数的行向量。例如，对于矩阵 A，median(A,2)会返回一个列向量，其中包含每一行的中位数。

下面例子使用了 S&P 500 数据，包含完整的收益数据。我们把计算结果乘以 100 以百分比进行显示：

```
median(SP500)*100
ans =
        13.52

% SP500、TBill、TBond 收益率矩阵的中位数
median(returns)*100
ans =
        13.52           3.08            3.29
```

计算算术平均值或平均值的公式是，用数据观测值的总和除以观测值的个数，如下：

$$\bar{x} = \frac{1}{n}\sum_{i=1}^{n} x_i$$

> **mean**(A) 或 **mean**(A, dimension) 用来计算平均值。

函数 mean(A)会返回 A 中元素的平均值。如果 A 是一个矩阵，那么 mean(A)会返回一个行向量，其中包含每一列的平均值。当函数 mean 的可选参数 dimension 等于 2 时，这个函数会计算每一行的平均值。

下面用收益数据矩阵作为 mean 函数的输入，它会输出 3 个值（SP500、TBill、TBond），如下：

```
mean(returns)*100
ans =
        11.42       3.46        5.18
```

如果风险收益的关系是有效的,那么就像预期的那样,相比于短期国库券(3.46%)和长期国库券(5.18%),波动较大的 S&P 500 的年平均收益率更高(11.42%)。

7.3.7 数据离散度度量

每个数据集都有平均值和中位数,但这些统计数据都无法描述数据的散布范围有多广。MATLAB 为我们提供了几个函数用来计算数据在平均值附近的离散度,包括方差和标准差。样本方差(var 函数)公式使用样本平均值:

$$\hat{\sigma}^2 = \frac{1}{n-1}\sum_{i=1}^{n}(x-\bar{x})^2$$

标准差(std 函数)是方差的平方根,它与变量有相同的度量单位。方差和标准差越大,说明数据在平均值附近的离散度越大。

> **var**(A, weight ,dimension):计算数据列的方差。
> **std**(A, weight, dimension):计算数据列的标准差。

如果 A 是一个向量,那么 var(A)/std(A)返回元素的样本方差/标准差。如果 A 是一个矩阵,那么 var(A)/std(A)会返回一个行向量,里面包含着每个列方差/标准差。请注意,把函数的可选参数 weight 设置为 1,将使用观测值的实际个数为 n,而非 $n–1$。若把可选参数 dimension 设置为 2,则按行计算,而非按列计算。

```
% 求单个数据列的方差和标准差
var(SP500)*100
ans =
        3.88
std(SP500)*100
ans =
       19.70

% 求矩阵的方差和标准差(SP500、TBill、TBond)
var(returns)*100
ans =
        3.88        0.09        0.60
std(returns)*100
ans =
       19.70        3.06        7.76
```

1. 偏度

偏度用来描述观测值的对称性。钟形曲线是对称分布的一个例子:一半观测值小于平均值，一半观测值大于平均值。如果把观察值绘制出来，图中平均值两侧的图像会以大家熟悉的钟形形状互为镜像。

有许多分布是不对称的，因为数据在某个方向上更为集中。样本偏度统计给出了对非对称方向和程度上的定量测度：

$$偏度 = \frac{\frac{1}{n}\sum(x_i-\bar{x})^3}{\left(\frac{1}{n}\sum(x_i-\bar{x})^2\right)^{\frac{3}{2}}}$$

函数 skewness(x) 用来返回数据 x 的样本偏度。对于矩阵来说，skewness(x) 返回一个行向量，其中包含每个列的样本偏度。

下面使用 skewness 函数计算 returns 数据的偏度：

```
skewness(returns)
ans =
  -0.3944    0.9729    0.9599
```

S&P 500 的偏度为负值，表明左侧有长尾，收益率更多地集中在平均值右侧。这个结果与图 7.7 中的收益直方图相互印证。相比之下，T-bill 和 T-bond 的偏度为正值，这表明收益率右侧长尾更长，如图 7.8 所示。

2. 峰度

偏度描述的是某总体取值分布的对称性，峰度描述总体中所有取值分布形态陡缓程度，即分布尾巴的肥胖程度。这里的"尾巴"是指异常值，即那些远离平均值的观测值。肥尾表明，从其平均值来看，观测值比预期值高或低得多的可能性较大。

kurtosis 函数可以使用两个公式，具体取决于所提供的输入参数。根据函数的文档，公式为：

$$k_1 = \frac{\frac{1}{n}\sum_{i=1}^{n}(x_i-\bar{x})^4}{\left(\frac{1}{n}\sum_{i=1}^{n}(x_i-\bar{x})^2\right)^2}$$

$$k_0 = \frac{n-1}{(n-2)(n-3)}((n+1)k_1 - 3(n-1)) + 3$$

> **kurtosis**(A, flag)：用来计算峰度。

若输入为向量，这个函数会返回一个值；若输入为矩阵，则返回多个值。flag 标志可以是 0 或 1，1 这是默认值。（请注意，上述公式名称中的下标 k_1 和 k_0 表示标志值。）关于哪个标志值是合适的，这取决于数据是否是来自于总体的样本，若是，可以把标志值设置为 0，全填充数据集可以使用默认标志值 1。

```
kurtosis(SP500)
ans =
        3.02
kurtosis(returns)
ans =
        3.02            3.84            4.48
```

3. 正态性检验

统计和机器学习工具箱为我们提供了几个用来检验数据集的函数，这其中就包括 histfit 和 probplot 两个函数。

> **histfit**(mean, standard deviation, rows, columns)：把数据直方图和某个分布拟合进行比较。
> **probplot**(distribution, data)：把数据分布和某个假设分布进行比较。

下面通过一个使用标准正态数据的例子来介绍这些函数。假设你希望创建一个平均值（mu）为 5、标准差（sigma）为 1 呈正态分布的数据集。你可以使用 normrnd 函数来创建拥有所需数量数据点的向量或矩阵，参数 m 和 n 分别用来指定输出中所需的行数和列数。

> Normrnd(mu, sigma, m, n)：创建拥有指定数量数据点的向量或矩阵。

首先使用 normrnd 函数创建一个拥有 1 行 100 列的数据集，然后使用 histfit 函数将其绘制出来。

```
% 创建数据集
norm100=normrnd(5,1,1,100);

% 绘直方图拟合（见图 7.9）
histfit(norm100)
```

下面使用 normrnd 函数生成 1×10000 形式的呈正态分布的随机数矩阵，5 表示均值，1 表示标准差。这个函数拟合得不错，如你所料，增加样本的大小会让数据集更接近于正态分布，如图 7.10 所示。

```
norm10k=normrnd(5,1,1,10000);
histfit(norm10k)
```

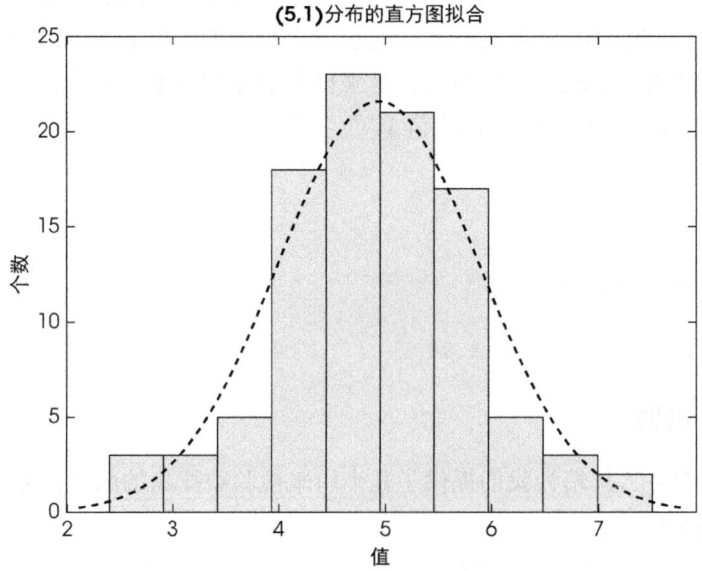

图 7.9 Normal(5,1)分布的直方图拟合

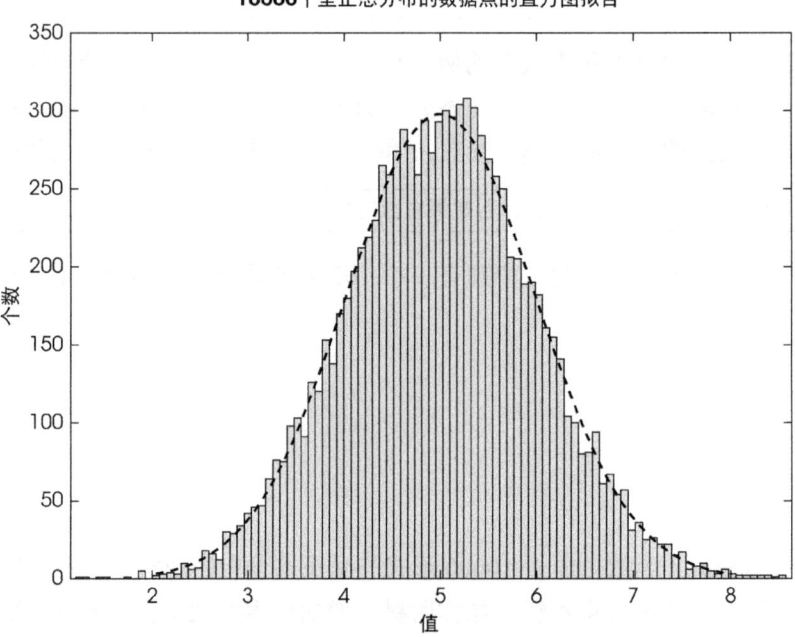

图 7.10 10000 个呈正态分布的数据点的直方图拟合

你可以使用这种方法将 S&P 500、T-bond 收益率与正态分布做对比,如图 7.11 和图 7.12 所示。

```
histfit(SP500,12,'normal')
```

```
histfit(TBond,12,'normal')
```

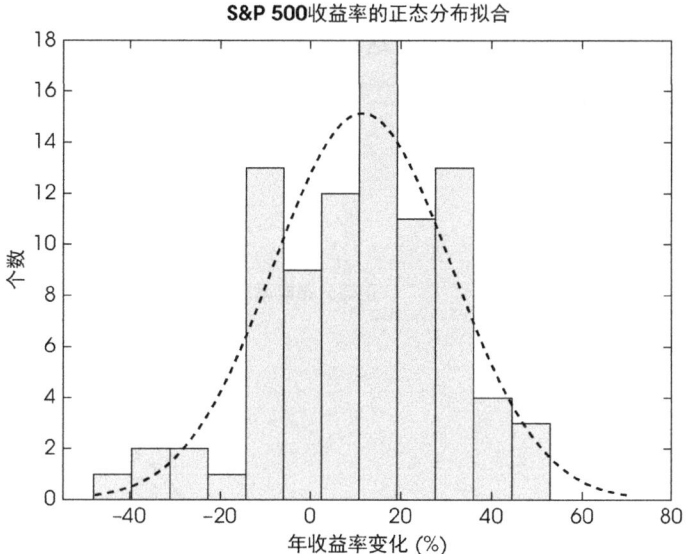

图 7.11　S&P 500 收益率与正态分布

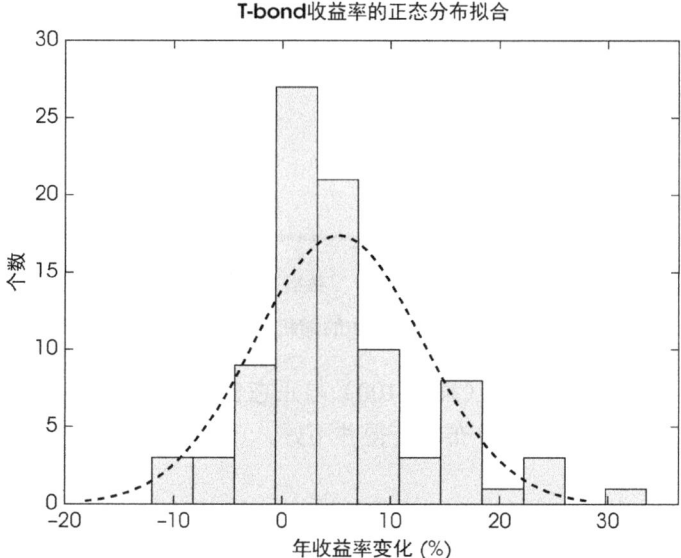

图 7.12　T-bond 收益率与正态分布

4．probplot 函数

probplot 函数还可以让你将数据分布与假设分布进行比较。如果数据点落在一条直线上，那么数据分布和假设分布是一致的。下面例子先使用 normrnd 函数创建出呈正态分布的数据集 norm100，然后使用 probplot 函数将数据分布与正态分布进行比较。如图 7.13 所示，图中数据点与直线紧紧贴合在一起，这说明数据点符合正态分布。

```
norm100=normrnd(5,1,1,100);
probplot('normal',norm100)
```

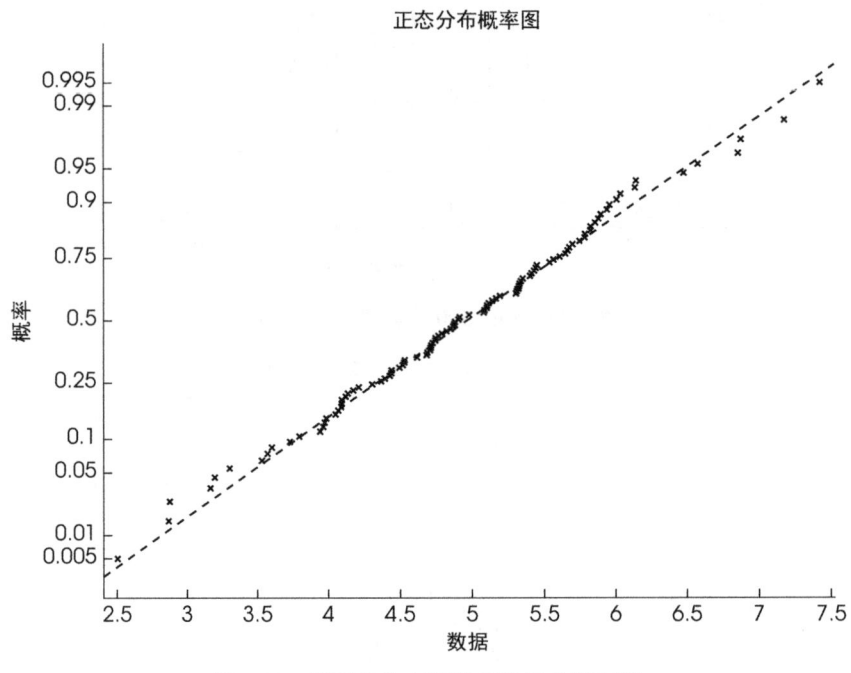

图 7.13　呈正态分布的随机数据的概率图

图 7.14 显示了 S&P 500 数据（乘以 100）与正态分布的比较情况。中间部分的数据符合正态分布，但尾部数据与正态分布吻合得并不好。

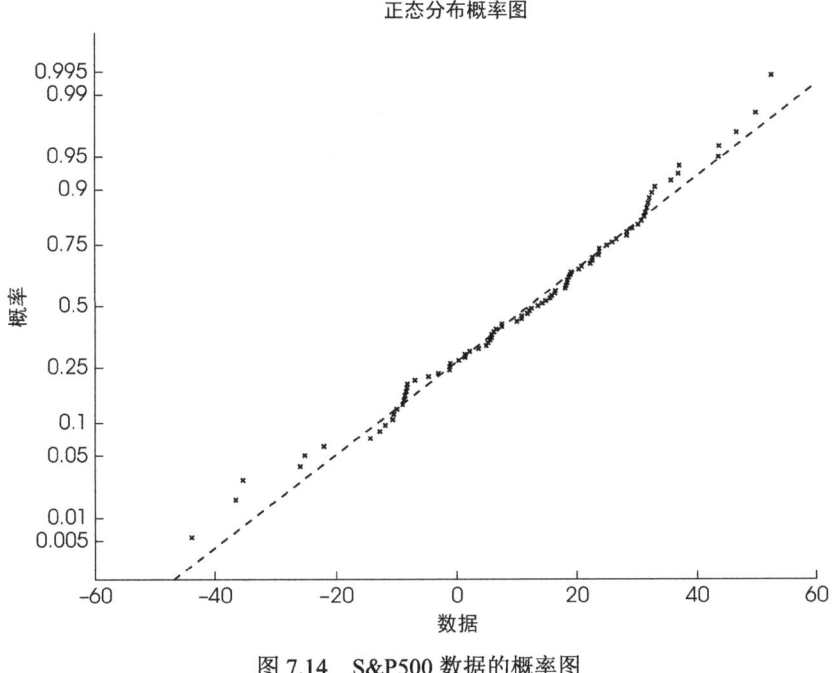

图 7.14 S&P500 数据的概率图

7.4 数据关系

创建资产组合的主要目标是,把持有的各种风险资产组合在一起,使这些资产组合的波动性小于单个资产波动性的总和。换句话说,投资组合能从多元化投资中受益,当然前提是资产的回报并不是完全相关的(这是一个必要条件)。但是,如果这些资产的回报高度相关,无论是从长期来看,还是在异常动荡的市场中,分散投资的好处都会减少。

7.4.1 协方差和相关性

协方差和相关性是衡量两个变量之间线性关系的方法。相关公式如下:

$$协方差(X,Y) = \frac{1}{n-1}\sum_{i=1}^{n}(x_i - \bar{x})(y_i - \bar{y})$$

$$相关性(X,Y) = \frac{协方差(X,Y)}{\sigma_x \sigma_y}$$

MATLAB 为我们提供了 cov 和 corrcoeff 函数,分别用来计算协方差和相关性。

> **cov(A)、cov(A,B)、cov(__,w)**：计算协方差。

如果 A 是一个向量，那么 cov(A) 会返回元素的样本方差。对于多组观测数据 A 和 B，cov(A,B) 返回它们之间的协方差。cov 函数有一个可选参数 w，把它设置为 1，将使用实际观测值个数 n 代替 $n-1$。

例子：

```
% 单个变量的协方差（方差）
cov(SP500)
ans =
    0.0388

% 多个变量的协方差
cov(returns)
ans =
    0.0388  -0.0002  -0.0004
   -0.0002   0.0009   0.0007
   -0.0004   0.0007   0.0060
```

收益矩阵的输出结果乍一看有点令人困惑，但是它为多个关系给出了有用的信息，请参考表 7.1。

表 7.1　协方差解释

var(SP500)	cov(SP500,TBill)	cov(SP500,TBond)
cov(SP500,TBill)	var(TBill)	cov(TBill, TBond)
cov(SP500,TBond)	cov(TBill, TBond)	var(TBond)

在表 7.1 中，每一项资产与自身的协方差，也就是方差，位于对角线上，从左上角到右下角。各个成对的协方差按行组织：第 1 行 SP500，第 2 行 TBill 等。相关矩阵也采用这种组织形式。

7.4.2　相关系数

相关系数的范围从 1（完全相关）到 0（不相关）到 -1（负相关），所以一般来说，解释和引用相关值要比处理协方差值更容易。当我们说到数据点之间的相关性时，这个量表比协方差更容易传达相关信息。

> **corrcoef(A)**：用来计算成对的线性相关系数。

corrcoef(A)返回一个 $p \times p$ 的矩阵,其中包含 $n \times p$ 矩阵 A 中每对列之间的线性相关系数。

下面例子使用 corrcoef 函数计算收益矩阵的相关系数。

```
corrcoef(returns)
ans =
    1.0000   -0.0260   -0.0259
   -0.0260    1.0000    0.2944
   -0.0259    0.2944    1.0000
```

对于输出结果的解释,和前面对协方差结果的解释是一样的,参见表 7.2。

对角线上的值等于 1,因为每种资产的变动都与自身完全相关。S&P 500 数据与 TBill 和 TBond 呈负相关,而 TBill 和 TBond 呈现轻微的正相关(0.2944)。

表 7.2　　　　　　　　　　　　　相关关系解释

corrcoef(SP500)	corrcoef(SP500,TBill)	corrcoef(SP500,TBond)
corcoef(SP500,TBill)	corrcoef(TBill)	corrcoef(TBill, TBond)
corrcoef(SP500,TBond)	corrcoef(TBill, TBond)	corrcoef(TBond)

7.5　创建基本的模拟模型

投资组合统计的一个重要用途是建立定价模型。想象一下,你可以建立一个可靠的模型来预测金融资产的价格变动情况,那就相当于有了"印制钞票"的许可,你可以创造出无限的财富。然而,在现实中,价格变化在很大程度上是不可预测的,但是有些投资公司正在挑战这种观点,它们使用基于分析的交易方法,结合使用功能强大的计算机来管理自己的投资组合。通常,预测价格是必要的(比如计算股票期权的价值),这种需求使定价模型得到了很大发展,这些模型中包含了不确定性,并允许价格随机变动。这些模型使用我们前面讲解的统计数据作为输入来做预测。在本节中,我们将讲解这些模型背后的基本原理。

模拟是对一个系统或过程建模或复制的尝试。你可能熟悉物理模拟,例如在汽车安全性测试中使用假人做碰撞测试。另一个例子是用来训练飞行员的飞行模拟器。这些模拟的优点是我们可以自由地控制模拟环境和变量。做碰撞测试时要以什么样的速度撞击障碍物?系安全带以减轻碰撞对成年人和儿童造成的伤害有多大作用?借助飞行模拟器,控制器可以模拟飞行员在飞行过程中可能遇到的情况。在这些模拟中,实验设计能够以一种可重复的方式隔离并研究特定的变量。

相比之下，金融市场一片混乱。当然，每个市场都是在监管下运行的，但是想想那些投资者吧，这些参与者包括使用算法进行交易的计算机、从事大宗交易的机构，以及在较小程度上对决策带有情感偏见的个体交易员。此外，全球金融市场既有实体交易场所，又有电子交易场所，那些来自遥远且看似无关地区的消息，可能会对其他市场和证券价格产生意想不到的影响。

金融市场的这种复杂性使物理模拟不可行。在金融领域中，通常的做法是创建一个数学模型，其统计假设和输入被认为对该类资产来说是合理的。金融资产的价格可能不稳定，由此产生的模型通常都包含一个带有不确定性因素的价格趋势。以图 7.15 为例，它记录了两年时间内亚马逊股票的每日收盘价。价格走势明显是上升的，但其中也包含着相当大的波动。

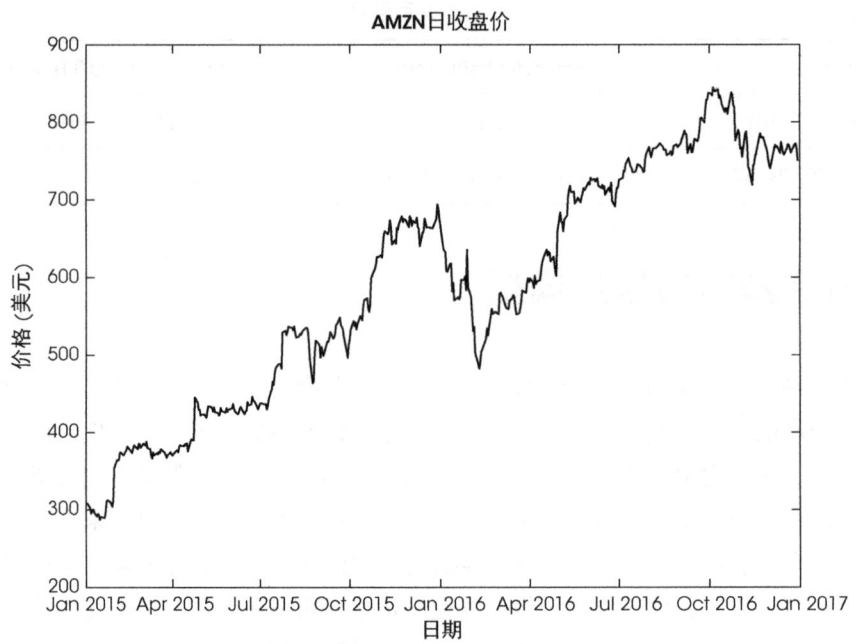

图 7.15　AMZN 日收盘价（2015~2016 年）

在金融领域，数学模型试图复现不同类别资产的价格变动情况[①]。例如，假设一只股票的价格在每次交易中只能改变 6 个值中的一个，每次交易的变动范围从最高 0.5% 到最低 0.1%：0.5、0.3、0.1、0、−0.1 和 −0.3。如果每次交易发生的可能性相等，你可以手动模拟

---

① 要想更深入地了解各种模型及其 MATLAB 代码，请各位阅读 Kienitz 和 Wetterau 合著的 *Financial Modelling* (Hoboken, NJ:Wiley Finance, 2012)一书。

每一次交易，通过滚动骰子，并使用相应的结果来预测价格变化。实际上，使用计算机的人不会使用这种方法，但是它演示了如何将随机事件（滚动骰子）的结果并入到定价模型中。

金融资产价格模型通常有两个组成部分。第 1 个部分（漂移）创建了一个基础价格趋势，而第 2 个部分对趋势中的波动建模。这个模型可以表示为：

$$\Delta S = S(\mu \Delta t + \sigma \varepsilon \sqrt{\Delta t})$$

其中，

- ΔS（读作"delta S"）是时间 t 内股价（S）的变化。
- μ（读作"mu"）是时间 t 内的平均收益率。
- Δt（读作"delta t"）表示观察时间。
- σ（读作"sigma"）是时间 t 内价格变动的标准差。
- ε（读作"epsilon"）是遵循正态分布的随机变量，均值为 0，标准差为 1。

下面例子中的 MATLAB 代码用于模拟股价变动时的几何布朗运动（GMB）。模型假设 μ 和 σ 均大于零且为常数，公式如下：

$$S_{t+\Delta t} = S_t e^{\left(\mu - \frac{\sigma^2}{2}\right)\Delta t + \sigma \varepsilon \sqrt{\Delta t}}$$

$S(t)$ 是基于前面的 $S(t-1)$ 价格预测的在指定时间变化量 $\Delta t(\Delta t)$ 之后的价格。例如，$S(2)$ 基于 $S(1)$，$S(3)$ 基于 $S(2)$，等等。最后一项中 $\sigma \varepsilon \sqrt{\Delta t}$ 变量通过使用均值为零、标准差为 1 的正态分布随机变量的模拟结果添加随机元素。换句话说，未来价格是经过预期增长率和波动因素调整后的当前价格。

对这个模型背后的数学原理的详细解释已经超出了本书的讨论范围，有关这方面的内容，请参见 Hull（2018 年）给出的一个很棒的解释。但是关于这个模型的基本假设，我们还是有必要了解一下的。我们把包含随机元素 ε 的模型称为随机模型。在这个模型中，关键的假设是股票的历史价格与预测未来价格无关。对漂移和波动值的估计可以使用基于历史数据的统计方法，但是并没有明显的、可预测的模式来引导股票达到当前的价格。如果这种模式确实存在，那投资者预期决策也会很快地淘汰这种模式。

下面例子中使用的公式用到了 2015～2016 年 AMZN 每日收盘价（504），用来模拟从数据最终价格开始的 10 天内 AMZN 可能的股价。这些数据为 μ 和 σ 提供了值，假设 Δt 是一天，故其值为 1。randn 函数用于创建一个包含 ε 值的矩阵，cumprod 函数用来计算每天的复利值。最后，plot 命令用来绘制图 7.16，展示生成的路径。请注意，终值是如何从低点 667 美元变化到高点 819 美元的，其平均值为 769.51 美元。（你可以使用 for 循环来迭代模拟得到相同的结果，但是这种方法更容易操作。）

```
% 从表中获取 AMZN 每日收益价（504 个数据点）
AmznClosePrice=AMZN20152016.Close;

% 计算每天收益，(等价方法) AmznReturns1=diff(log(AmznClosePrice));

% 或者

AmznReturns2=tick2ret(AmznClosePrice,[],'continuous');

% 计算每日收益的平均值
mu=mean(AmznReturns2)
mu =
    0.0018

% 计算每日收益的标准差
sigma=std(AmznReturns2)
sigma =
    0.0197

% 把 Δt 设置为 1 天（参见公式）
deltaT=1;

% 创建一个 10×10 的矩阵，里面是呈正态分布的随机变量 ε
epsilon=randn(10,10);

% 使用公式计算值
values=exp((mu-sigma^2/2)*deltaT+sigma*epsilon*sqrt(deltaT))

% 获取最终 AMZN
S0=AmznClosePrice(end)
S0 =
   749.8700

% 跨 10 列复制 S0
lastAMZNPrice=ones(1,10)*S0

% 把 AMZN S0 值和 values 列连接
```

```
returnsData=[lastAMZNPrice;values];

% 使用 cumprod 函数产生连续价格
AMZNpricePath=cumprod(returnsData);

% 绘制价格路径
plot(AMZNpricePath)
```

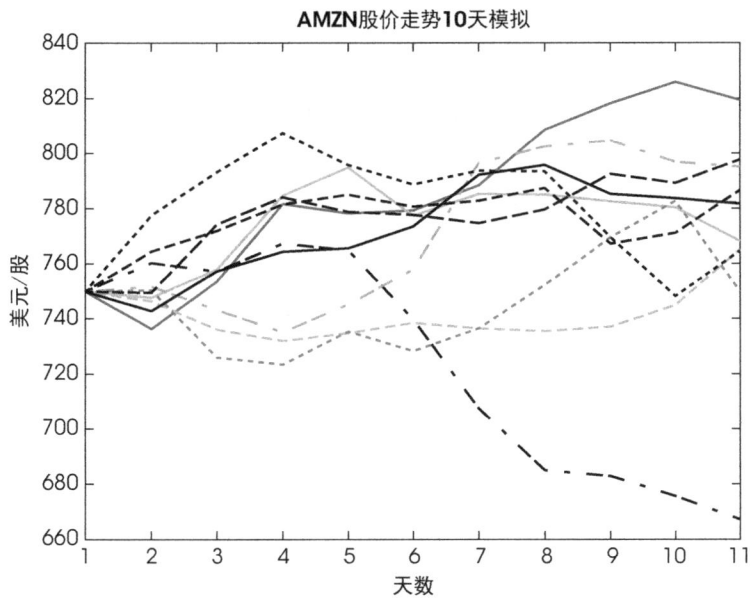

图 7.16　Amazon 股价走势 10 天模拟

通常情况下,模拟次数会更多。另外,与其每次手动输入和修改代码,不如将其保存在一个文件中方便以后调用或作为另一个计算的子例程使用更有效。

关于模拟有一点要注意。人们很容易相信,如果模型具备了反映基本过程的能力,并且进行足够多的迭代,那么模型将能预测出所有可能结果或某个结果范围。然而,就在我写这篇文章的时候,休斯顿和得克萨斯州沿海的大部分地区被飓风哈维淹没在几英尺深的水下。从统计数据来看,那场风暴造成大规模破坏的可能性非常小,但当街道淹没在 3 英尺深的水中时,那些所谓的统计预测一点用也没有。

重要的是要记住,模拟并不能做到完美预测,不管你的模型有多精妙,都无法做到百分之百地预测正确。

7.6 风险价值（VaR）

假设你拥有一笔价值 89.3 万美元的投资。它将在一年后到期，但在到期之前的过渡期内不能交易。从历史数据看，该投资所属资产类别的年平均收益率为 12%，标准差为 20%。以 12%的年平均收益率来算，你预测该投资到期后的价值为 100 万美元（约等于 893000×1.12 美元）。到期时，你需要得到全部金额，如果不够，还可以用其他资金弥补一下缺口。但是，如果明年的投资收益率明显低于预期，你担心这个缺口可能会更大。

我们可以通过 VaR 计算了解这类最坏的结果，这也称为钟形曲线（正态分布）上的"左尾"（left-tail）分布。据统计，95%呈正态分布的数据点会落在±1.65 标准差范围内，99%会落在 2.33 标准差范围内。VaR 允许你检查负结果。下面例子使用和前面一个例子相同的模拟方法，所以代码中没有添加太多注释，而关于绘制直方图（见图 7.17）的代码添加了较多注释。

```
% 初始化输入
S0=1000000;
mu=.12;
sigma=0.20;
deltaT=1;

% 创建矩阵，做 1000 次迭代
epsilon=randn(1,1000);
values=exp((mu-sigma^2/2)*deltaT+sigma*epsilon*sqrt(deltaT));
InitialS0=ones(1,1000)*S0;
returnsData=[InitialS0;values];
FinalValues=cumprod(returnsData);
pricePaths=cumprod(returnsData);

% 获取终值
finalValues=pricePaths(2,:);

% 计算收益率
simReturns=log(finalValues)-log(S0);

% 绘制收益直方图，包含 20 个条形区域。把结果乘以 100，便于观察
histogram(simReturns*100,20)
```

> **prctile(X,p)**：该函数用来计算一个数据分布中的百分位数。

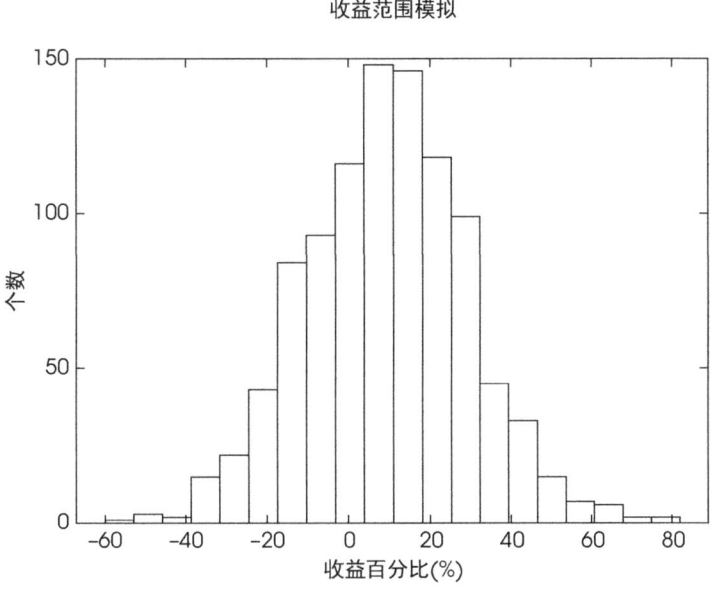

图 7.17 正态分布(12,20)模拟收益

prctile 函数返回的是数据向量或矩阵 X 中值的特定百分位数（p）。p 的百分位数的取值范围是 0～100。

```
% 在模拟收益中指定5%和1%百分位数
var5Level=prctile(simReturns,5)
var5Level =
        -0.23

var1Level=prctile(simReturns,1)
var1Level =
        -0.36
```

从 prctile 函数返回的结果可以看出，在 95%的置信度下，收益率将大于−23%，而在 99%的置信度下，收益率将大于−36%。当然，这并不意味着这些巨大的损失是不可能发生的，但这确实表明它们发生的可能性相对较低，而且这些信息可以帮助你制定应急计划。你可以使用如下命令以图形方式显示相同信息。（图 7.18 中最左边的虚线表示第 1 个百分位数。）

```
hold on
plot([var1Level var1Level],[0 150],'k')
plot([var5Level,var5Level],[0 150],'r')
```

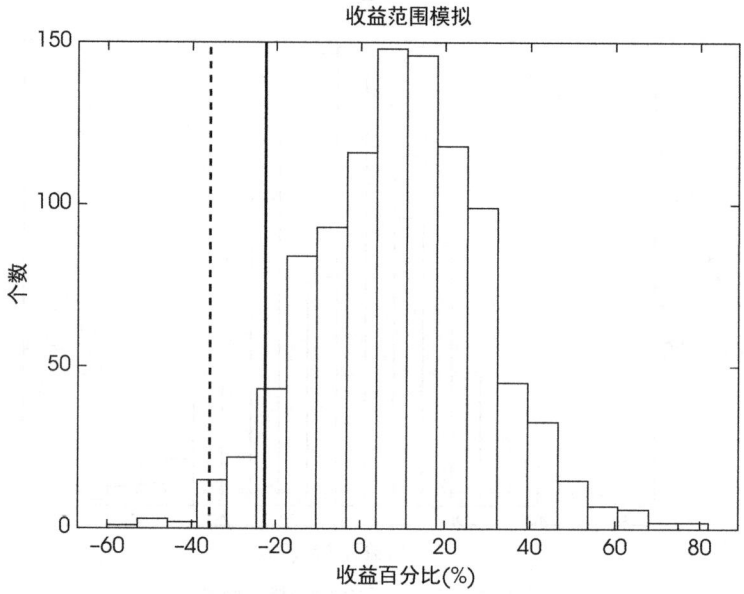

图 7.18 带 VaR 级别的模拟收益

7.7 参考资料

[1] Bodie, Zvi, Alex Kane, and Alan J. Marcus. 2014. *Investments, 10th ed*. New York: McGraw-Hill Education.

[2] Gilli, Manfred, Dietmar Maringer, and Enrico Schuman. 2011. *Numerical Methods and Optimization in Finance*. Waltham, MA: Academic Press.

[3] Martinez, Wendy L., and Moonjung Cho. 2015. *Statistics in MATLAB: A Primer*. Boca Raton, FL: CRC Press.

[4] NYU Stern. 2017. "Annual Returns on Stock, T.Bonds and T.Bills: 1928—Current." Accessed June 1, 2017.

[5] The MathWorks, Inc. 2017. *Financial Toolbox^{TM} User's Guide, R2017b ed*. Natick, MA: The MathWorks, Inc.

[6] The MathWorks, Inc. 2017. *Statistics and Machine Learning Toolbox*^{TM} *User's Guide, R2017b ed*. Natick, MA: The MathWorks, Inc.

7.8 扩展阅读

[1] Hull, John C. 2018. *Options, Futures and Other Derivatives, 10th ed*. New York: Pearson. Provides an excellent introduction and exposition of derivatives contracts and markets.

[2] Kienitz, Jörg, and Daniel Wetterau. 2012. *Financial Modelling: Theory, Implementation and Practice with MATLAB Source*. West Sussex, United Kingdom: John Wiley & Sons Ltd. An advanced review of financial modeling techniques with accompanying MATLAB code.

第 8 章
股权衍生品

8.1 简介

理解股票和债券的运作机制相对容易。公司中的股权代表着权益，即使所拥有的股份在已发行股份总数中所占的比例很小。如果公司董事会投票决定出售所有资产以偿还债务，并将剩余资金分配给股东，那么每个股东都有权获得其相对持股比例。对某个组织来说，债券是一种债务工具或贷款。作为贷款的回报，投资者通常希望定期得到利息并且到期时获得本金。如果该组织破产或自愿停止经营，债券持有人有权要求偿还资产。

相比之下，衍生品对企业的现金流或股权没有直接求偿权。顾名思义，衍生证券的价值来源于其他金融工具，如股票、货币和期货合约等。虽然各种衍生品市场通常不会像股票和债券那样成为头条新闻，但它们是全球金融的重要组成部分。它们会在芝加哥期权交易所（CBOE）等公共交易所以及场外市场（OTC）的金融机构之间进行交易。衍生品可以用于投机、对冲，也可以通过金融工程创建独特的投资回报。

衍生品市场通常不会像股票和债券那样占据头条新闻，但衍生品的市场规模巨大。据国际清算银行估计，截至 2017 年 3 月，与利率相关的合约的名义本金为：场外合约（OTC）是 368.4 万亿美元，交易所交易合约约为 67 万亿美元。名义本金是指金融交易中所涉及的假定本金金额，因此它不能直接与股票和债券的市值相比较。不过，这些统计数据确实显示出衍生品市场的规模很大。

本章介绍股票衍生品，包括它们的结构、操作、估值和用途。研究金融衍生品要用到高级数学和统计学知识，但本章讲解的重点是了解证券的运作机制，以及如何在分析中使用 MATLAB。本章讲解的大部分内容也适用于其他类型的衍生品。

本章所需软件：MATLAB 基础程序、MATLAB 金融工具箱、MATLAB 金融产品工具箱（Financial Instruments Toolbox）。

8.2 期权

下面我们通过金融领域之外的一个例子讲解期权。假设你是一名房地产投资人，你认为某一块土地未来会得到开发。如果你是对的，房产价值会有明显上涨。但如果你错了，房价不太可能上涨，你犹豫是否立即购买它，因为它会占用你的资金。

为此，你可以去找房子的主人，跟她购买期权。比如说，如果房产价值 50 万美元，你可以出价 2 万美元，让房主给你一年以 50 万美元购买该房产的权利（并非义务）。这是一个独家交易：如果房主同意，在期权合同到期之前，她不能再把房子卖给其他人，这期间你可以把期权合同卖给另一个投资者。

从土地所有者的角度来看，出售期权可以从未开发的土地上获得收益。从你的角度来看，如果预期的开发在明年内宣布，购买了该期权将使你有权购买该房产或出售期权。这不是一笔无风险的交易，如果你的预期落空，那么你可能会损失购买期权的 2 万美元。

在金融市场上，这类交易就是买卖看涨期权。看涨期权持有人（即购买期权的投资者）有权（并非义务）在商定的期限内以预定的价格购买金融资产。前面提到的土地所有人就是期权卖方。看跌期权是看涨期权的对立面，看跌期权赋予资产所有人在指定的到期日或之前以特定价格出售资产的权利（非义务）。

在此，我们有必要了解一些期权术语。表 8.1 列出并解释了一些关键术语。如果你想了解更多有关期权的知识，你可以去 CBOE 网站的教育板块进行学习，里面有大量有关期权的知识和资源。

表 8.1　　　　　　　　　　基本期权术语

术语	定义
买权	在指定时期内以指定价格购买某项资产的权利
卖权	在指定时期内以指定价格卖掉某项资产的权利
到期日	期权合约规定的执行该期权的最后日期
美式期权	期权买方可以在期权到期前的任一交易日行使权利的期权
欧式期权	期权买方只能在期权到期日行使权利的期权
履约价格（又叫执行价格）	指期权持有者以指定的价格对资产行权，使资产的所有权关系发生变化

续表

术语	定义
平价、价内、价外	指执行价格和资产价格之间的关系。对于买权，平价就是指资产价格和执行价格相同。价内指资产价格高于执行价格。价外指资产价格低于执行价格（对于卖权，则相反）
股指期权	基于 S&P 500 这类金融指标的期权合约
利率期权	基于国库券和利率指标的期权
外汇和期货期权	基于外汇和期货价格的期权

8.2.1 期权报价

芝加哥期权交易所（CBOE）和其他在线金融新闻网站为公开交易期权合约提供报价。不过，这些报价所提供的细节与股票和债券的报价有所不同，值得你花一些时间来认真研究一下屏幕上的数据。

图 8.1 显示了截至美国东部时间 2017 年 8 月 15 日下午 1:51 苹果公司（AAPL）期权价格数据的第一部分。苹果股票的买入价为 161.83 美元，卖出价为 161.85 美元。最后一笔交易是 161.83 美元，比前一天的收盘价上涨了 1.98 美元。所列看涨和看跌期权的到期日为 2017 年 8 月 18 日。期权的执行价格（4 个看涨期权和 4 个看跌期权）列在 Strike 列中，分别为 157.50 美元、160.00 美元、162.50 美元和 165.00 美元。（执行价格包含在期权描述中，例如 AAPL1718H157.5E。）不过，这些并不是苹果唯一可购得的期权。芝加哥期权交易所网站列出的看跌期权和看涨期权的到期日为 2019 年 1 月。

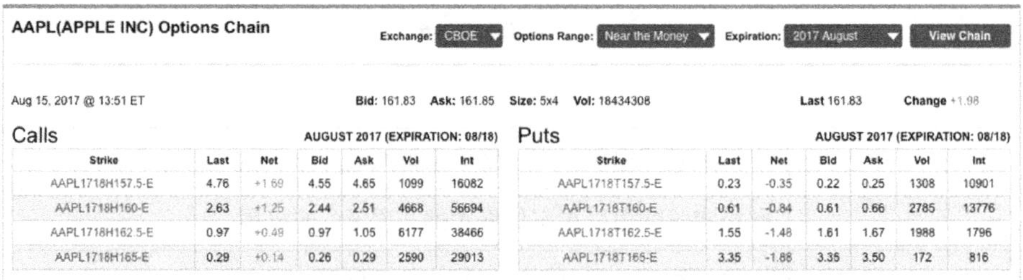
AAPL(APPLE INC) Options Chain

Exchange: CBOE Options Range: Near the Money Expiration: 2017 August View Chain

Aug 15, 2017 @ 13:51 ET Bid: 161.83 Ask: 161.85 Size: 5x4 Vol: 18434308 Last 161.83 Change +1.98

Calls AUGUST 2017 (EXPIRATION: 08/18)

Strike	Last	Net	Bid	Ask	Vol	Int
AAPL1718H157.5-E	4.76	+1.69	4.55	4.65	1099	16082
AAPL1718H160-E	2.63	+1.25	2.44	2.51	4668	56694
AAPL1718H162.5-E	0.97	+0.49	0.97	1.05	6177	38466
AAPL1718H165-E	0.29	+0.14	0.26	0.29	2590	29013

Puts AUGUST 2017 (EXPIRATION: 08/18)

Strike	Last	Net	Bid	Ask	Vol	Int
AAPL1718T157.5-E	0.23	-0.35	0.22	0.25	1308	10901
AAPL1718T160-E	0.61	-0.84	0.61	0.66	2785	13776
AAPL1718T162.5-E	1.55	-1.48	1.61	1.67	1988	1796
AAPL1718T165-E	3.35	-1.88	3.35	3.50	172	816

图 8.1 CBOE 提供的 AAPL 价格数据（来源：CBOE 网站）

请注意，看涨价格是如何随着执行价格从“价内”（157.5 美元和 160 美元）变到“价外”（162.5 美元和 165 美元）而下降的。此外，Int 列显示每个合同的未平仓合约，也就是尚未清算的交易合同总数。看跌期权数据显示，当价格上涨时，看跌期权价格下跌，而价内卖权（执行价格高于股价）比价外卖权更贵。

8.2.2 市场机制

举个简单的例子，一个苹果期权所有者（比如看涨期权）可以做如下几件事：他可以在到期日之前以当前市场价格在市场上卖出期权，也可以持有期权直至到期日。假设苹果公司的股票价格在 8 月 18 日周五的市场收盘时间和显示的时间之间没有变动。如果看涨期权的执行价格到期时在价外（高于收盘价），则看涨期权到期时一文不值。这也就解释了：你为什么要执行一个 165 美元的看涨期权，为一只以 161.83 美元交易的股票每股支付 165 美元？

不过，如果看涨期权临近到期日时处于价内或平价状态，那么大多数投资者就会卖出自己的头寸。据期权行业委员会称，"在大约 70% 的期权交易中，期权持有者出售期权合约是为了结清之前购买的合约，而不是行使合约并持有股票仓位"[①]。另一种选择是行使期权，以执行价格购买股份，这需要有足够的资金进行交易。

至于采取何种行动，一个重要的决定因素是期权持仓量的盈利能力，这种计算涉及两个因素：(1) 股票价格与执行价格之间的差额；(2) 期权成本。假设一名投资者在 8 月 15 日以 4.76 美元的最后价格买入了一份 157.5 美元的合约，而苹果的价格在 8 月 18 日到期前保持不变，为 161.83 美元。投资者的总利润为每股 4.33 美元（161.83-157.5=4.33 美元）。（交换期权基于买卖 100 股标的资产的权利，因此每份期权合约的毛利总额为 433 美元。）然而，当你把期权的期权费（4.76 美元）考虑进来时，净利润的实际损失是 0.43 美元，计算如下：

$$净利润 = 股价(161.83) - [执行价格(157.5) + 期权费(4.76)] = -0.43$$

最终，期权买方损失了钱，即使期权到期时处于价内。

8.2.3 期权定价因素

图 8.1 中的价格数据揭示了一个有趣的事实。考虑一下看涨期权价格和 161.83 美元的股价。表 8.2 显示了与期权价格相比的差异。

每个期权价格都大于合同的内在价值，即股票价格和看涨期权执行价格之间的差额。期权的市场价格与其内在价值之差称为期权的时间价值。这与上一章讨论的货币时间价值不同，相反，它代表了这样一个事实：在剩余期限内，股价有可能超过执行价格。回想一

---

① 来源：Option Industry Council: Options Exercise.

下，期权持有者不需要行使期权，所以该头寸的下跌是有限的，而且还有一些上升的潜力。

表 8.2　　　　　　　　　　　　　　内在价值和期权价格

股价-买权履约价（内在价值）	期权价格	差额（列 2−列 1）
161.83−157.5 = 4.33（美元）	4.76（美元）	0.43（美元）
161.83−160 = 1.83（美元）	2.63（美元）	0.80（美元）
161.83−162.5 = −0.67（美元）	0.97（美元）	1.64（美元）
161.83−165 = −3.17（美元）	0.29（美元）	3.46（美元）

8.3　期权定价模型

前面讲了几个影响期权价格的关键因素，包括：

- 内在价值（如适用）；
- 时间价值；
- 股价波动，这个因素和时间价值相关，股价波动越大，看涨期权的价值越高；
- 期权到期时间，时间价值越高，长期期权合同比短期合同更昂贵；
- 利率，假设股价保持不变，利率越高，看涨期权价值也越高；
- 股息，股息越高，看涨期权价值越小；

基于上面这些因素，期权买卖双方需要通过分析来确定价格。有两种发展成熟并被广泛使用的方法是定价"树"和定价公式。不过，在研究定价模型的基本概念之前，重要的是理解套利和复制这两个概念，它们都是影响期权定价的因素。

8.3.1　套利

假设你正在监视在两个不同市场上交易的资产价格，这时你注意到存在价格差：该资产以两个不同的价格进行交易。如果这种情况出现在金融市场上，你会在价格较高的市场上出售该资产，同时在成本较低的市场买进该资产。假设我们忽略买入和卖出的交易佣金，那价格差价就是我们的收益，并且无风险。

这种投资者无须自掏腰包就能获得无风险利润的交易称为套利（arbitrage）。套利者是指那些寻求从价格差异中获利的投资者。套利者会驱使价格收敛,因为他们卖出压低了价格,而买进推高了价格。这是一个"一价定律"的例子:相同资产应该有相同的价格。在某些情况下,我们还需要考虑汇率和佣金等因素,但这一原则仍然适用。

复制

"一价定律"适用于为多种资产定价。假设你正在考虑一项具有特定收益的投资:在一段特定的时间之后,这笔投资的价值要么是 x 美元,要么是 y 美元。此外,你可以通过两种不同的方式获得回报。一种方法是完全拥有投资,另一种方法是用期权或其他金融工具复制投资业绩。不管你选择哪种方法组织投资,都会得到相同的回报。

这两种投资方法都不能以差别太大的价格进行交易,至少不能这样持续太久,因为这种情况下"一价定律"同样适用。套利者的交易会抬高被低估的方法的价格,而压低被高估的方法的价格。最后,投资者为已知收益支付的价格应该是相同的,这与投资者如何获得该收益无关。

套利和复制这两个原则在期权和其他衍生品定价中都发挥着重要作用。回想一下,衍生品的价值源自基础资产。衍生品和资产必须保持它们的定价关系,否则就会产生套利的机会。更具体地说,给定一个已知的基础资产收益情况,我们就有可能使用无套利假设对相关期权和衍生品进行估值。

8.3.2 二项式期权定价

二项式定价模型为股价变动创建了一个简单的模型,但是它是一个很有用的模型并且可以进行扩展。下面例子演示它在为看涨期权定价中的应用,假设如下:

- 今日股价(S_0):40.00 美元。
- 期权执行价格:45.00 美元。
- 无风险利率(r):1.50%。
- 到期时间(Δt):1 年。
- 股价年波幅(σ):20%。

二项式模型假设股价可以在每个时间增量上向上或向下变动。为了简单起见,我们假设只有一年的时间增量,到期时间是一年。使用变量 u 表示向上的价格变动,d 表示向下的价格变动,我们可以把股票的递增量变化形象化表示为:

```
         uS₀
S₀
         dS₀
```

一种用来校准模型波动性的方法是计算 u 和 d 的值,如下所示:

$$u = \exp(\sigma\sqrt{\Delta t})$$
$$d = \exp(-\sigma\sqrt{\Delta t})$$

使用假设值,算出 u 和 d 的值分别为 1.22 和 0.82,因此得到如下价格路径:

```
       48.86
40
       32.75
```

使用语言描述,即该股一年后的预期价格要么是 48.86 美元,要么是 32.75 美元。表 8.3 对结果作了说明。请注意,在讲解二项式过程时,我们使用的例子是高度简化的。实际上,Δt 的值会被重新调整为更小的增量,并且在每个阶段复制向上或向下变动,从而产生更多可能的期货价格。

表 8.3　　复制投资组合终值

	上升	下降
股票价值	48.86 美元	32.75 美元
减去贷款支出	32.75 美元	32.75 美元
净赚	16.11 美元	0 美元

考虑到这些回报,执行价为 45 美元的看涨期权价值要么是 3.86 美元(48.86 美元-45.00 美元),要么是零:

```
       3.86
C₀
       0
```

通过使用复制这个概念,我们可以通过复制盈利分析得到期权的当前值(C_0)。假设你以 40 美元买了一股股票。同时,你借了 32.27 美元,也就是 32.75 美元投资组合价值的现值(32.75 美元/1.015 美元)。因此,你有了 7.73 美元的净投资支出:以 40 美元(现金流出)买入股票,以 32.27 美元(现金流入)借入股票。到年底,股票加贷款的复制投资组合的收益将与只持有股票的投资组合相同。

使用二项式表示如下:

```
            16.11
    7.73
            0
```

下面介绍这个模型是如何产生当前值（C_0）的。回想一下，如果两个投资产生相同的回报，套利会导致它们的定价相等。在这个例子中，纯看涨价格策略的收益必须等于股票加贷款的收益。为了计算这个看涨价格，我们使用 16.11 美元除以 3.86 美元，得到比率是 4.17。换句话说，需要 4.17 个看涨才能重新获得 16.11 美元的回报。把这个结果代入公式：$4.17 \times C_0 = 7.73$ 美元，由此可得 $C_0 = 1.85$ 美元。这意味着该看涨期权的当前价值必须为 1.85 美元，否则会出现套利机会。

MATLAB 为我们提供了美式期权的二项式期权定价函数 binprice，这个函数拥有一组标准的输入参数，你可以根据具体情况进行修改。表 8.4 列出了这些参数并对它们的功能做了说明。有关这个函数更详细的说明，请参考金融工具箱的说明文档。

> [AssetPrice, OptionValue] = **binprice**(Price, Strike, Rate, Time, Increment, Volatility, Flag, DividendRate, Dividend, ExDiv)：使用二项式模型计算美式期权的价格。

表 8.4　　　　　　　　　　　　　　binprice 函数

函数参数	说明
Price	基础资产的当前价格
Strike	期权的执行价格
Rate	年化无风险利率，是带小数的正数
Time	期权的剩余到期时间，以年为单位
Volatility	以标准差表示的年化资产波动率
Yield	（可选）基础资产的年化连续复合收益率，用小数表示
Increment	时间增量，调整后的标量，使二叉树中每个区间的长度与期权的到期时间一致
Flag	看涨期权 = 1，看跌期权 = 0
Dividend rate	（可选）股息率为小数，默认为 0
Dividend	（可选）在除息日支付的股息，ExDiv 的默认值为 0
Ex-dividend date	（可选）除息日，使用期数指定，默认为 0

把 binprice 函数应用到前面例子中：

```
[assetPrice,optionValue]=binprice(40,45,0.015,1,1,0.20,1)
assetPrice =
        40.00      48.86
            0      32.75

optionValue =
         1.85       3.86
            0          0
```

这种格式并不会完全复制树的分支,但是其中包含的信息是一样的。

1. 扩展示例(无股息)

下面例子演示如何对频繁的时间间隔进行计算来显示多节点树。假设某支股票的价格为每股 62 美元,执行价格为 60 美元。无风险利率为 2%,年化波动率为 20%,期权 5 个月后到期,Flag = 1 表示赎回价格。

```
[assetPrice,callValue]=binprice(62,60,.02,5/12,1/12,.20,1,0,0,0)
assetPrice =
   62.0000   65.6849   69.5889   73.7248   78.1066   82.7488
         0   58.5218   62.0000   65.6849   69.5889   73.7248
         0         0   55.2387   58.5218   62.0000   65.6849
         0         0         0   52.1398   55.2387   58.5218
         0         0         0         0   49.2148   52.1398
         0         0         0         0         0   46.4538
callValue =
    4.5937    6.9386   10.0720   13.9245   18.2065   22.7488
         0    2.2640    3.8284    6.2529    9.6888   13.7248
         0         0    0.7071    1.4165    2.8378    5.6849
         0         0         0         0         0         0
         0         0         0         0         0         0
         0         0         0         0         0         0
```

输出结果是二叉树形式,每一列表示树中的一个节点,从第 1 列的周期 0 开始。assetPrice 部分计算的是股票在每个节点上的值,列表示的是增量值。例如,从 62 美元起,价格可以上涨到 65.6849 美元,也可以下降到 58.5218 美元。第 3 列显示价格上升到 69.5889 美元,回归到 62 美元,或下降到 55.2387 美元。在 callValue 树中,第 1 列中的 4.5937 美元表示看涨期权的当前价格,随后的列列出了每个连续增量的期权值。(在树中,0 没有意义。)

2. 扩展示例(含股息)

下面继续使用前面的例子,但这次我们假设该股票将在 3 个月之后支付每股 0.60 美元的股息。前 8 个输入参数保持不变,但是对于最后两个参数,我们做了修改(Dividend = 0.60 和 ExDiv = 3 个月):

```
[assetPrice,callValue]=binprice(62,60,0.1,5/12,1/12,.20,1,0,0.60,3)
assetPrice =
    62.0000   65.6550   69.5271   73.6290   77.3694   81.9678
         0   58.5595   62.0098   65.6650   68.9320   73.0290
         0        0   55.3124   58.5694   61.4148   65.0650
         0        0        0   52.2477   54.7174   57.9694
         0        0        0        0   48.7503   51.6477
         0        0        0        0        0   46.0154
callValue =
     5.4665    7.7188   10.5845   14.0207   17.8673   21.9678
         0    2.7265    4.2473    6.4468    9.4300   13.0290
         0        0    0.8583    1.5510    2.8028    5.0650
         0        0        0        0        0        0
         0        0        0        0        0        0
         0        0        0        0        0        0
```

8.3.3 布莱克-斯科尔斯期权定价模型

二项式模型的计算密集度很高。虽然与几十年前相比,这一要求现在已不再是一个障碍,但是金融研究人员一直在寻找更简单的方法来评估期权。在 20 世纪 70 年代早期有了一个重大进展,那就是布莱克-斯科尔斯看涨期权定价公式。这个公式后来被其他研究人员进行扩展,它是一个相对容易计算的公式,该公式基于一个假设,即无风险利率和股价波动率在期权有效期内是恒定的。当然,这是一种简化,后来的模型更加灵活。布莱克-斯科尔斯模型对现代金融产生了重大而深远的影响。

下面是看涨期权的定价公式,以及对相关术语的解释,其中大部分术语我们已经在前面介绍过了。Bodie、Kane 和 Marcus 在 *Investments* 一书中使用的表示法,如下:

$$C_0 = S_0 N(d_1) - Xe^{-rT} N(d_2)$$

其中,

$$d_1 = \frac{\ln(S_0/X) + (r + \sigma^2/2)T}{\sigma/\sqrt{T}}$$
$$d_2 = d_1 - \sigma/\sqrt{T}$$

关于符号：

- C_0 = 看涨期权价值；
- S_0 = 股票价格；
- $N(d)$ = 一个模拟的随机正态变量小于 d 的概率；
- X = 执行价格（履约价格）；
- e = 自然对数的底；
- r = 无风险利率；
- T = 期权到期时间，可以是整年或小数年；
- ln = 自然对数；
- σ = 标准差。

MATLAB 为我们提供了 blsprice 函数来计算欧式期权的看涨期权价格和看跌期权价格。

> [Call, Put] = **blsprice**(Price, Strike, Rate, Time, Volatility, Yield)：
> 使用布莱克-斯科尔斯模型计算欧式期权价格。

blsprice 函数的前 5 个参数（从 Price 到 Volatility）都是必需的。参数 Yield 是可选的，表示资产的年化连续收益率，它是一个小数，默认值为 0。

1. 无收益率的例子

下面继续用前面的例子：有支股票股价为每股 62 美元，执行价为 60 美元。无风险利率为 2%，年化波动率为 20%，期权 5 个月后到期。

```
[call,put]=blsprice(62,60,0.02,5/12,0.20,0)
call =
    4.5327
put =
    2.0348
```

2. 有收益率的例子

还是上面的例子，但是假设年收益率为 4%（每股年股息为 2.40 美元，再除以 60 美元的股价）。

```
[call,put]=blsprice(62,60,0.02,5/12,0.20,0.04)
call =
```

```
        3.8923
put =
        2.4191
```

3. 计算期权利润

期权产生的利润取决于标的资产相对于合同终止时执行价格的市场价格和建立头寸的溢价。例如，持有长期看涨头寸时，资产价格必须超过期权和溢价的总成本。opprofit 函数用来计算多头和空头看涨看跌交易时的头寸利润。

> Profit = **opprofit**(AssetPrice, Strike, Cost, PosFlat, OptType)：计算期权头寸利润。

opprofit 函数有多个参数，其中 AssetPrice 和 Strike 参数的用法和前面的定价函数一样。Cost 指期权成本；PosFlag 为 0 表示多头，为 1 表示空头；OptType 为 0 表示看涨期权，为 1 表示看跌期权。

例子：

下面我们把前面的例子改动一下：股价为 65 美元，执行价格为 60 美元，买入成本为 3.89 美元，产生的利润为 1.11 美元。

```
» opprofit(65,60,3.89,0,0)
ans =
        1.1100
```

4. 布莱克-斯科尔斯敏感性度量

金融工具箱包括"敏感性"的函数，这些函数是与布莱克-斯科尔斯模型输入相关的敏感性度量。表 8.5 列出了度量和有关的函数。

表 8.5   敏感性

度量	函数	说明
Delta	blsdelta	对标的资产价格变动的敏感性
Gamma	blsgamma	相对于标的价格变化，delta 的变化率
Lambda	blslambda	期权价格变化百分比对应标的价格 1%的变化
Rho	blsroho	期权价格相对于无风险利率的变化率
Theta	blstheta	期权价格相对于时间的变化率
Vega	blsvega	期权价格相对于标的证券波动的变化率

敏感性度量函数使用与 blsprice 相同的输入参数，包括 Price、Strike、Rate、Time、Volatility、Yield。表 8.6 给出了敏感性函数的输出和结构。

表 8.6　　　　　　　　　　　敏感性函数

函数	语法
blsdelta	[CallDelta, PutDelta] = blsdelta(Price, Strike, Rate, Time, Volatility, Yield)
blsgamma	Gamma = blsgamma(Price, Strike, Rate, Time, Volatility, Yield)
blslambda	[CallEl, PutEl] = blslamda(Price, Strike, Rate, Time, Volatility, Yield)
blsrho	[CallRho, PutRho] = blsrho(Price, Strike, Rate, Time, Volatility, Yield)
blstheta	[CallTheta, PutTheta] = blstheta(Price, Strike, Rate, Time, Volatility, Yield)
blsvega	Vega = blsvega(Price, Strike, Rate, Time, Volatility, Yield)

8.4　期权的用途

投资者可以根据不同目的来使用期权。

8.4.1　套期保值

假设你持有大量苹果公司的股票，并且利润颇丰。苹果公司定于下个月发布其新产品和更新产品的年度公告，你担心如果分析师和投资者对这一消息印象不佳，苹果公司的股票会遭到抛售。如果股价为 160 美元，你可以考虑买入执行价为 157.50 美元的看跌期权，该期权将在公告发布后一周到期。如果苹果公司发布的消息令人失望，并导致股市大幅下跌，你的股价已锁定在 157.50 美元这个下限。（你需要在这项保险的总成本中加入看跌期权的保费。）

8.4.2　投机与杠杆

还是以苹果公司为例，在 2017 年 8 月底，苹果股价为 160.25 美元。你认为，到年底苹果股价将涨至 165 美元，为此你可以：（1）购买 100 股苹果公司股票；（2）以相同数额投资于苹果 2017 年 12 月的看涨期权，执行价格为 160 美元。如果股票在 12 月 15 日（期权到期日）的收盘价为 165 美元，表 8.7 显示了这两项投资获得的回报。

表 8.7　收益比较

	股票	看涨期权
投资	16025 美元（100 股，每股 160.25 美元）	16023 美元（1692 股，每份合约价值 9.47 美元）
销售收益	16500 美元（100 股，每股 165）	8460 美元（1692×5）
收益	475 美元	7563 美元
收益率	2.96%（475/16025）	47.20%（7563/16023）

（每个期权合约包含 100 股，因此期权控制 1692 股。每份合同价值 947 美元。）

这个例子说明了期权投机的吸引力。由于每个合同控制 100 股，投资效益可以大幅度提高。但是（这点很关键）如果股票价值在期权到期日之前跌至 159 美元，结果就对股票投资有利。股东账面损失为 100 美元（每股 1 美元），但是股票价值仍为 15900 美元。相比之下，期权到期时将一文不值，投资者将失去全部投资。当然，期权买方可以在期权到期前减少损失并卖出，但有一点要注意，那就是股票和期权的收益情况不同。

8.4.3　期权价差

前面例子假设了一种非此即彼的方法，但是期权投资者可以把多头和空头中的看涨期权和看跌期权组合起来，从而产生有针对性的投资结果。表 8.8 给出了几种组合使用多种期权的看涨和看跌策略。每种策略都包括同时买进和卖出头寸，以降低投资者的付现成本。这些只是复杂投资策略中的一部分。芝加哥期权交易所的教育网站和赫尔的《期权、期货和其他衍生品（第 10 版）》（*Options, Futures and Other Derivatives, 10th edition*）提供了更多相关细节，包括条式期权、带式期权、跨式期权、宽跨式期权。

表 8.8　期权价差

价差策略	组合
牛市看涨期权价差	买进一种看涨期权，卖出另一种执行价格较高的看涨期权。两个看涨期权的到期日相同，买入期权的数量和卖出期权的数量相等
牛市看跌期权价差	卖出一个看跌期权，买入相同数量的另一种执行价格较低、到期日相同的看跌期权
熊市看涨期权价差	买入某种执行价格的看涨期权，卖出另一种执行价格较低但到期日相同的看涨期权
熊市看跌期权价差	买入一种看跌期权合约，同时以较低的执行价格和相同的到期日卖出同等数量的另一种看跌期权

8.5 补充内容：其他衍生品

股票衍生品为我们了解衍生品的特征和定价模型提供了一个有用的平台，此外，还有许多其他类型的衍生品在交易所和场外交易。MATLAB 金融工具箱对分析这些衍生品提供了支持，下面来介绍相关内容。

8.5.1 商品和能源

本章内容主要讲的是股票（一种金融产品），但其他类型的产品也存在着活跃的期货和期权市场。这些产品包括农产品（比如玉米、大豆和牛）、以原油、电力、汽油、天然气价格为基础的能源产品，以及工业和贵金属。CME 集团还从事房地产和天气衍生品交易，与股票期权一样，这些衍生品可用于套利、对冲投机以及做期权损益分析。

8.5.2 信用衍生品

信用衍生品的价值来源于公司或国家的信誉。假设你为一家银行管理贷款投资组合，并且有几笔大额贷款在投资组合中所占的比例比你想的要大。如果这些贷款中有任何一笔出现违约，这家银行的贷款组合可能会遭受重大损失，你很有可能丢掉这份工作。信用违约互换（Credit Default Swaps，CDS）是一种信用衍生品，它允许贷方对冲其投资组合中的违约风险。对于 CDS，赫尔（Hull）说："CDS 就像一份保险合同，如果某家公司或某个国家违约，这份合同就会得到偿还。"

8.5.3 奇异期权

美国和欧洲的看跌期权和看涨期权被称为普通期权，这些期权通常在交易所进行交易，并预先确定执行价格、合同条款等。与此相反，奇异期权的结构和条款通常都是定制的，并在场外交易（比如在金融机构之间）。奇异期权可以满足财务目标，并产生不同于普通期权的回报。MATLAB 金融产品工具箱（MATLAB Financial Instruments Toolbox）对奇异期权提供了支持，表 8.9 简要列出了几种奇异期权。

除了表 8.9 中列出的奇异期权外，MATLAB 金融产品工具箱（Financial Instrument Toolbox）还提供了其他一些用于奇异期权的函数。更多相关信息，请参阅说明文档。赫尔（2018）介绍过一些奇异期权的公式，有志于深入研究推导过程的读者可以参考一下。

1. 外汇（FX）

货币价值在短期和长期内都可能出现波动，这就产生了对冲需求和投机机会。CME 集团交易多种货币的期货合约和主要货币的期权。

表 8.9　　　　　　　　　　　　　MATLAB 支持的奇异期权

期权	说明
亚式期权	收益取决于标的资产在期权有效期内的平均价格
障碍期权	收益取决于标的资产的价格是否在期权有效期内达到一定水平
复合期权	指一种期权合约以另一种期权合约作为标的物的期权，实际是期权的期权
回顾期权	收益取决于期权有效期内标的资产达到过的最高价格或最低价格

2. 利率

利率衍生品涉及多种产品，包括期货合约、利率上限、下限和互换，它们的价值变动与基础利率挂钩。通过 CME 集团交易的标的资产包括欧元、美国国债利率、联邦基金、互换期货和不同利率的期权。

8.6　参考资料

[1] Bodie, Zvi, Alex Kane, and Alan J. Marcus. 2014. *Investments, 10th ed*. New York: McGraw-Hill Education.

[2] Hull, John C. 2018. *Options, Futures and Other Derivatives, 10th ed*. New York: Pearson.

[3] The MathWorks, Inc. 2017. *Financial Instruments Toolbox^{TM} User's Guide, R2017b ed*. Natick, MA: The MathWorks, Inc.

[4] The MathWorks, Inc. 2017. *Financial Toolbox^{TM} User's Guide, R2017b ed*. Natick, MA: The MathWorks, Inc.

8.7　扩展阅读

[1] CBOE Options Exchange. 2017. "Education Center." Accessed September 1, 2017.

[2] CBOE 提供了大量有关期权的培训资料。

第 9 章 投资组合

9.1 简介

本章介绍多种资产组合和 MATLAB 投资组合对象。

讲解中涉及的重要概念和工具如下：

- 基本投资组合理论；
- 均方差优化、风险-收益权衡；
- MATLAB 投资组合对象；
- 面向对象编程；
- 计算和绘制有效边界；
- 投资组合约束；
- 投资组合分析函数。

本章所需软件：MATLAB 软件和 MATLAB 金融工具箱。

9.2 金融背景

到目前为止，我们讲到的分析和估值函数主要集中于单一资产。这些方法很有用，但许多金融决策涉及多资产投资组合。在投资组合中，这些资产被分成好多类别，比如现金、商品、股票和固定收益。一个投资组合持有的可以是同一类别中的多种证券，也可以是来自不同资产类别的多种证券，这取决于所需要的多元化程度和可用资金。

投资者持有的投资组合通常都是多元化的,由于存在许多未知影响因素,大多数投资的回报都是不可预测的。想象一下,如果你提前一天知道了某项投资的表现,那你一定会筹集所有可能的资金,做空或买进它,这取决于它的价格是涨还是跌。然而,大多数投资者都缺乏这样的远见,这样在不同类别资产之间以及在同类别资产之间做多元化投资就成为明智的选择,因为这样做可以让你避免过度依赖某一项投资产生的回报。

多元化投资有许多额外的好处。如果所投资的各项资产的回报不是完全相关,那么把这些资产组合在一个投资组合中就可以在风险与回报之间做到较好的平衡。资产之间的相关性越低,平衡效果越好,相关性越高,产生的收益就越低,但仍然是有收益的。

下面例子说明了这其中的原理。假设我们有两种资产,无风险国库券和股票(S&P 500),每项资产的投资占整个投资组合的50%。整个投资组合的收益等于这两项资产各自收益的加权和。用 r_p 表示投资组合收益,用 w_T 和 w_S 表示国债和股票的权重(0.50),用 r_T 和 r_S 表示国债和股票的收益,则有如下计算公式:

$$r_p = w_T r_T + w_S r_S$$

换言之,投资组合的收益与投资于这两种资产的金额成比例。如果国债收益率为3%,股票收益率为6%,那么这段时间的加权收益率为4.5%,即(0.5×0.03)+(0.5×0.06)。

然而,一个投资组合的方差并不是两项资产的单个方差的加权和,因为它包含了资产的协方差。相反,投资组合的方差是收益协方差的加权和:

$$\sigma_p^2 = \sum_{i=1}^{n} \sum_{j=1}^{n} w_i w_j Cov(r_i, r_j)$$

对于上述两种资产组合,T 代表美国国债,S 代表股票,则有:

$$\sigma_p^2 = w_T^2 Cov(r_T r_T) + w_S^2 Cov(r_S r_S) + 2w_T w_S Cov(r_T r_S)$$

资产收益与自身的协方差就是其方差,因此这两个资产组合方差公式可以如下表述:

$$\sigma_p^2 = w_T^2 \sigma_T^2 + w_S^2 \sigma_S^2 + 2w_T w_S Cov(r_T r_S)$$

Hastings(2016)给出了这个公式的一个简洁推导过程,如果你想了解更多细节,可以找来看看。我们可以通过数值计算说明这种风险分散效应。表 9.1 是纽约大学斯特恩商学院 1928~2015 年对美国国债和 S&P 500 股票年度回报率的统计数据。

表 9.1　　　　　　　　　　　　　斯特恩商学院数据

	短期国库券	S&P 500
年收益率（平均）	0.0349（3.49%）	0.1141（11.41%）
方差（σ^2）	0.0009	0.0388
标准差（σ）	0.0305	0.1970
协方差（相互）	−0.0001559	−0.0001559

50/50 的加权收益率为：(0.5×0.0349) + (0.5×0.1141)=7.45%或 0.0745。

计算得到的方差为：σ_p^2 = (0.5²×0.0009) + (0.5²×0.03888) + 2×0.5×0.5×(−0.0001559)≈ 0.0099。把结果取平方根表示为更常用的标准差，得到 0.0993。简而言之，投资组合的预期年收益率为 7.45%，标准差为 9.93%，相比之下，简单的平均标准差为 11.38%=(0.0305 + 0.1970)×0.5，把这两种资产组合在一起可能更容易达成预期。

9.3　投资组合优化

对投资者来说，最关键的决策是如何在各种资产之间分配他们的资金。举个例子，如果有两种资产可供投资：一种是国债，另一种是 S&P 500 股票。一个非常保守、厌恶风险的投资者可能只会投资美国国债，而一个风险承受能力高的激进投资者可能会把所有资金都投资到 S&P 500 上。其他投资者可以通过持有这两种资产来实现投资多元化。

这是一个有关风险与回报的决定。对此，金融学教授哈里·马科维茨（Harry Markowitz）给出了一个一般性原则：理性投资者希望他们的投资组合在指定的预期回报下风险最小，或者在指定的风险水平下预期回报最大。例如，假设投资者希望得到 8%的年收益率。投资组合 1 产生 8%收益率的波动率为 12%（以标准差衡量），而投资组合 2 预期也有 8%的收益率，但波动率为 18%。大多数投资者会选择波动性较小的投资组合，除非他们对波动性有着不同寻常的情感。均值-方差投资组合优化是根据风险-回报曲线确定最有效投资组合的方法。

9.4　MATLAB 投资组合对象

MATLAB 金融工具箱提供了 3 种优化方法：均值-方差法、条件风险值法和平均绝对偏差法。本章介绍均值方差优化，它允许投资者设计具有以下两种情况之一的投资组合：（1）预期收益的波动率最低；（2）对于给定的波动水平下获得最高预期收益。满足这些条件的投资组合被认为是最优的，所有可能的最优投资组合构成了有效边界。尽管你可以通过手工或使用电子表格计算有效投资组合边界，但 MATLAB 对这种计算提供了更好的支持。

MATLAB 投资组合对象为分析和优化投资组合提供了一种有效的方法。因为这是本书第一次讲到对象和面向对象编程，所以我们有必要先回顾一下有关面向对象编程的背景知识。

9.4.1 面向对象编程

前面例子中用到的 MATLAB 函数都是独立存在的。在过程式程序中，数据（输入变量）以参数的形式传递给函数，函数对数据执行一些操作，然后返回一个结果。这样的程序按照开发人员指定的算法（即一些步骤或规则）顺序执行。随着函数的体量越来越大，复杂程度越来越高，这种编程方法会在代码组织和跟踪上出现问题。

面向对象编程把数据和操作组合在"容器"或对象中，它们是可以相互交互的。每个对象都有一组与自身相关的变量。从某种意义上说，对象就是一个容器，它让设计和管理算法变得更容易。例如，代表股票的对象可以允许分红，而代表债券的对象可以保存有关利息支付的数据。对象还可以包含相关算法，比如计算资产的价值或投资组合的统计数据。金融工具箱中的对象有 Portfolio（用于均值方差优化）、PortfolioCVaR（条件风险值计算）和 PortfolioMAD（用于平均绝对偏差投资组合优化）。

9.4.2 一个简单例子

对于 Portfolio 对象，MATLAB 文档（Portfolio 对象工作流）建议使用如下工作流：

（1）创建 Portfolio 对象；

（2）计算收益的平均值和协方差；

（3）指定投资组合约束条件；

（4）验证投资组合；

（5）计算有效投资组合和边界；

（6）对结果的后续处理。

下面例子使用了上述工作流的一个修改版本，使用了纽约大学斯特恩商学院关于美国短期国库券、美国长期国库券和 S&P 500 的历史数据。

1. 创建一个 Portfolio

我们使用 Portfolio 函数创建一个 Portfolio 对象，用于分析和优化均值方差。调用这个函数时，你可以提供参数，也可以不提供参数。

Portfolio(name,value)用来创建一个用于分析和优化均值方差投资组合的 Portfolio 对象，你可以提供一个或多个 name、value 参数。

例如：

```
p = Portfolio;
```

上面这条语句用来创建一个名为 p 的 Portfolio 对象，在工作区中你会看到它是 Portfolio 类型的。此时，p 的属性还没有值，调用 p，会显示出 30 多个属性，前 5 个属性如下：

```
p
p = 
    Portfolio with properties:
BuyCost: []
SellCost: []
RiskFreeRate: []
AssetMean: []
AssetCovar: []
```

我们从这 5 个属性的名称就知道它们的用途。其中，AssetMean 和 AssetCovar 属性是函数运行所必需的，此外其他许多属性都是可选的，你只有在做相关分析时才会用到它们。不过，它们出现在 Portfolio 对象中说明了面向对象编程的确很有用：Portfolio 对象不需要用户为每个投资组合创建新的数据输入结构和算法，它提供了标准的数据格式，方便与对象包含的函数一起使用。

2. 计算收益的平均值和协方差

这一步要计算投资组合资产的平均值和协方差。下面例子使用了纽约大学斯特恩商学院 1928 年至 2016 年的年度历史回报数据：

```
meanReturns % for SP500, Tbills and Tbonds
meanReturns =
        0.11
        0.03
        0.05
```

```
covReturns
covReturns =
    0.0388  -0.0002  -0.0004
   -0.0002   0.0009   0.0007
   -0.0004   0.0007   0.0060
```

3. 指定投资组合的约束条件

创建出 Portfolio 对象之后，你可以根据需要为属性赋值，然后使用这个对象的函数。在本例中，我们只指定几个属性。

赋值通用语法如下：

```
p=Portfolio('propertyName1,' property1value, 'propertyName2',
property2value,...);
```

在输入参数中，属性名不区分大小写，但是你必须使用完整的属性名或文档中列出的所允许的缩写形式。

第 1 步先创建一个元胞数组，其中资产的名称按照输入顺序（SP500、T-Bill 和 T-Bond）排列：

```
assetNames={'SP500','TBills','TBonds'}
assetNames =
  1x3 cell array
    'SP500'    'TBills'    'TBonds'
```

在对属性名赋值时，你可以使用大写或小写，但拼写必须匹配。否则，就会产生一条错误消息：

```
p=Portfolio('asetlist', assetNames)
Warning: Unknown parameter name (asetlist) will be ignored.
> In Portfolio/parsearguments (line 345)
  In Portfolio (line 177)
```

如果 AssetList 拼写无误，那么你指派的值将出现在属性列表中：

```
p=Portfolio('assetlist',assetNames)
p =
  Portfolio with properties:
.
.
NumAssets: 3.00
AssetList: {'SP500' 'TBills' 'TBonds'}
```

Portfolio 对象通过统计 AssetList 中元素的个数来计算资产数量。你可以使用 setAssetList 函数获得相同的结果：

```
p=setAssetList(p,{'SP500','TBills','TBonds'})
```

AssetList 赋值是可选的，但 AssetMean 和 AssetCovar 是必需的。可以使用相同的格式为它们赋值：

```
p=Portfolio('assetmean',meanReturns,'assetcovar',covReturns);
p =
  Portfolio with properties:

        BuyCost: []
       SellCost: []
    RiskFreeRate: []
      AssetMean: [3x1 double]
     AssetCovar: [3x3 double]
```

我们还需要为其他一些属性赋值：LowerBound、LowerBudget 和 Upper Budget。设置这些属性时可以顺序输入：

```
p=Portfolio; p=Portfolio(p,'assetmean',meanReturns,'assetcovar',
covReturns);
p=Portfolio(p,'assetlist',assetNames);
p=Portfolio(p,'lowerbudget',1,'upperbudget',1);
p=Portfolio(p,'lowerbound',0);
```

属性 lowerbudget、upperbudget、lowerbound 用来设置优化过程中资产和杠杆的分配限制。把 lowerbudget、upperbudget 设置为 1，可以防止在投资组合中使用杠杆。换句话说，投资者不能通过借款来增加投资金额，只能使用可用的资金进行投资。把 lowerbound 设置为 0，可以防止资产卖空。指定预算和界限属性的另一种方法是使用对象的默认值：

```
p=setDefaultConstraints(p);
```

这个函数可以防止出现负的投资组合权重，并强制组合权重之和为 1。

4．检查有效边界和约束条件

上一节讨论了有效边界的机制。Portfolio 对象包括一个 plotFrontier 函数，这个函数会根据 AssetMean 和 AssetCovar 值生成预格式化的有效边界图，如图 9.1 所示。当然你可以使用交互方式创建图形，但是使用 Portfolio 对象内置的 plotFrontier 函数会很省时。

使用 plotFrontier 为投资组合对象绘制有效边界。

plotFrontier(p);

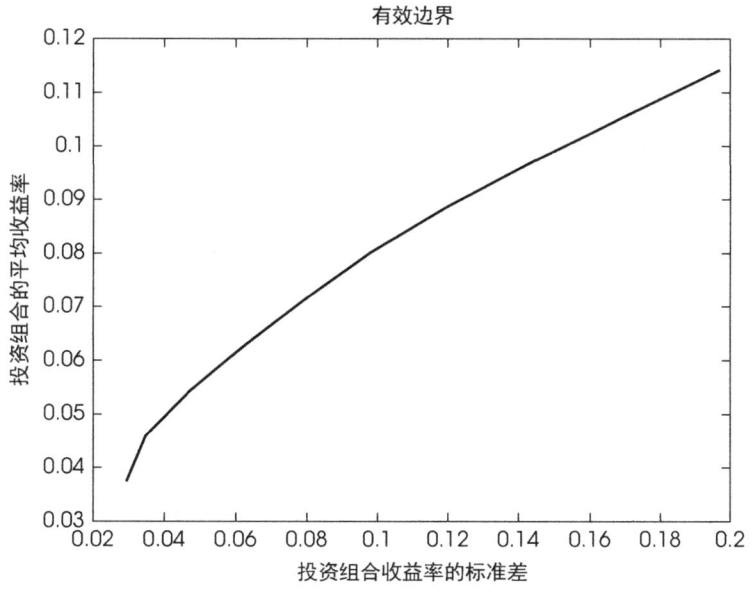

图 9.1　3 个资产类别的有效边界

投资组合对象支持对单个证券、分组证券和成交量（交易活动）的多个输入和约束，关于如何指定这些属性，文档中有详细信息。假设投资者希望把对投资组合资产的配置保持在指定的最小值和最大值之间。从技术角度来看，这很可能产生一个不太理想的投资组合，它不在有效边界上。投资者或投资管理委员会提出限制最主要的原因是为了保持投资组合的多样化，引导投资者谨慎投资。例如，投资组合必须保持充分投资，但对任何单一资产的投资不能低于投资组合的 x%或不超过 y%。这种策略的具体实现可以使用最高百分比表示：

- T-bill：10%～50%
- T-bond：30%～60%
- SP 500：40%～60%

投资经理负责决定如何在策略的上下限范围之内分配资金。

Portfolio 对象支持添加这样的约束条件，你可以看到约束条件对 estimateFrontier 函数的影响。

estimateFrontier 函数用来估计有效边界的指定数量的最佳组合。

首先思考一下：对于前面指定的投资组合对象 p，其无约束投资组合是什么样的：

```
% estimateFrontier 有 5 个无约束投资组合
pwts=estimateFrontier(p,5);
» disp(pwts)
    0.0274    0.2074    0.3873    0.6923    1.0000
    0.9362    0.4728    0.0094         0         0
    0.0364    0.3198    0.6033    0.3077         0
```

把这些数据在表中列出来更容易让人理解。表 9.2 显示的数据是前面的输出结果（百分比），它描述了随着投资组合风险（用年收益率的标准差衡量）的增加，权重是如何从 T-bill 转移到 S&P 500 的。从风险回报的角度来看，这些分配是合理的。在最保守的投资组合中，美国国债占主导地位（#1），其分配比例为 93.6%，而在第 5 个投资组合中股票的分配比例为 100%。

表 9.2　　　　　　　　　无约束投资组合权重

投资组合	#1	#2	#3	#4	#5
S&P 500	2.74%	20.74%	38.73%	69.23%	100%
T-bill	93.62%	47.28%	0.94%	0%	0%
T-bond	3.64%	31.98%	60.33%	30.77%	0%

当你施加约束时，分配就会发生变化，尤其是在风险最低（#1）和最高（#5）的投资组合中。

```
% 为每个资产类别增加 25%（最小）和 50%（最大）权重
p=Portfolio(p,'lowerbound',.25,'upperbound',.50)

% 评估 5 个投资组合和边界
pwts=estimateFrontier(p,5)
disp(pwts)
    0.2500    0.2745    0.3405    0.4203    0.5000
    0.5000    0.2998    0.2500    0.2500    0.2500
    0.2500    0.4257    0.4095    0.3297    0.2500
```

表 9.3 以表格形式给出了约束结果。

表9.3　　　　　　　　　　　　带约束的投资组合权重

投资组合	#1	#2	#3	#4	#5
S&P 500	25%	27.45%	34.05%	42.03%	50%
T-bill	50%	29.98%	25.00%	25.00%	25%
T-bond	25%	42.57%	40.95%	32.97%	25%

5. 为目标收益和风险指定有效的投资组合

观察有效边界结构，我们自然会想到一个问题：如何根据目标预期回报或风险水平来配置资产。回想一下有效边界的信息，它给出了要实现的最优投资组合配置：（1）达成目标收益的风险最低；（2）在目标风险水平下收益最高。

estimateFrontierByReturn 函数用来根据指定的目标收益给出最优（即风险最低）分配。在下面的例子中，estimateFrontierByReturn 函数在一个无约束的投资组合中分别为4%、7%和10%的收益率返回3组有效投资组合权重（portwts）。

```
% 删除资产分配约束
p=Portfolio(p,'lowerbound',0,'upperbound',1)

% 使用 estimateFrontierByReturnFunction 函数
portwts=estimateFrontierByReturn(p,[0.04,0.07,0.10]);
disp(portwts)
    0.0517    0.3329    0.7724
    0.8737    0.1495         0
    0.0746    0.5176    0.2276
```

与收益优化对应的是目标风险优化。estimateFrontierByRisk 函数用来找出指定波动水平下的有效投资组合。表9.4 显示了目标收益的最优无约束分配。

表9.4　　　　　　　　　　　目标收益的最优无约束分配

资产	4%收益率	7%收益率	10%收益率
S&P 500	5.17%	33.29%	77.24%
T-bill	87.37%	14.95%	0%
T-bond	7.46%	51.76%	22.76%

在本例中，我们把波动水平分别设置为 5%、10% 和 15%。这些结果与前表有着相同的输出格式，解释也一样：随着目标风险的增加，分配给不稳定资产的份额也会增加。

```
portwtsrisk=estimateFrontierByRisk(p,[0.05,0.10,0.15]);
disp(portwtsrisk)
    0.2020    0.4681    0.7580
    0.4867         0         0
    0.3113    0.5319    0.2420
```

9.4.3　使用表格中的数据

下面例子用来演示 Portfolio 对象如何使用以表格形式存储的数据（见图 9.2 和图 9.3），同时介绍了其他几个函数。这些数据是对亚马逊（AMZN）、通用电气（GE）、Alphabet（GOOG）和宝洁（PG）2016 年的每日收盘价进行调整后得到的。

```
% 把股价导入到一个表格中
stockPrices=readtable('2016 Stock Prices.csv');

% 使用 tick2ret 函数把每日价格转换成每日收益
dailyReturns=tick2ret(stockPrices{:,2:end});

% 根据表格第一行创建资产名
tickers=stockPrices.Properties.VariableNames(2:end)'
tickers =
  4x1 cell 数组
    'AMZN'
    'GE'
    'GOOG'
    'PG'

% 使用这些结果创建一个 Portfolio 对象，假设年无风险利率为 1.50%
p=Portfolio('AssetList',tickers,'RiskFreeRate',0.0105/252);
```

	1 Date	2 AMZN	3 GE	4 GOOG	5 PG
1	01/04/0016	636.9900	29.0062	741.8400	74.1264
2	01/05/0016	633.7900	29.0345	742.5800	74.3628
3	01/06/0016	632.6500	28.5717	743.6200	73.6440
4	01/07/0016	607.9400	27.3627	726.3900	73.0008

图 9.2　导入的股票数据（图片经过 MathWorks 许可）

251x4 double

	1	2	3	4
1	-0.0050	9.7683e-04	9.9751e-04	0.0032
2	-0.0018	-0.0159	0.0014	-0.0097
3	-0.0391	-0.0423	-0.0232	-0.0087
4	-0.0015	-0.0179	-0.0164	-0.0157
5	0.0176	0.0046	0.0022	0.0092
6	2.4286e-04	0.0021	0.0140	-0.0021

图 9.3 收益数据（图片经过 MathWorks 许可）

```
% 设置默认约束
p=setDefaultConstraints(p);

% 使用 Portfolio 计算所需的统计量
p=estimateAssetMoments(p,dailyReturns);
```

在输入上面 6 行命令之后，Portfolio 对象（有效边界如图 9.4 所示）就可以进行分析了。

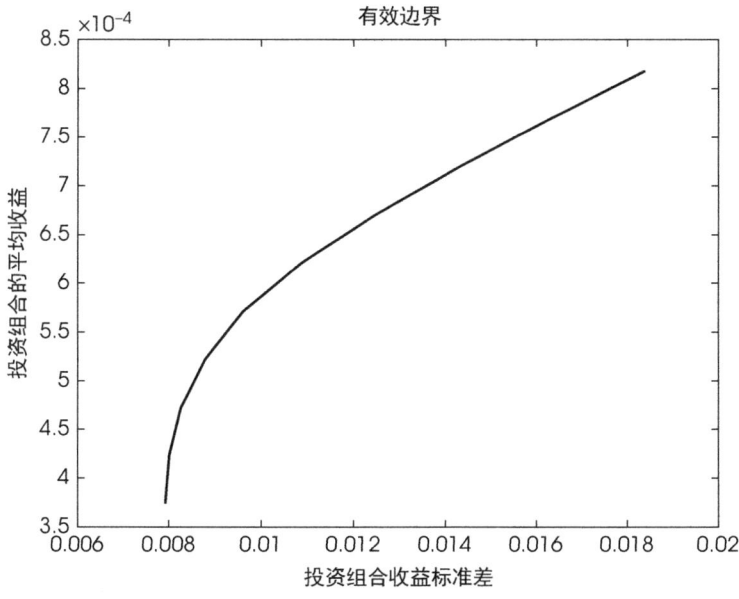

图 9.4 Portfolio 对象的有效边界

你还可以计算并绘制使夏普比率最大的投资组合，夏普比率是衡量投资组合风险回报权衡的指标（见图 9.5）。

```
sharpeWts=estimateMaxSharpeRatio(p);
[risk,ret]=estimatePortMoments(p,sharpeWts);
plotFrontier(p,20);
```

```
hold on
% 使用*表示投资组合
plot(risk,ret,'*k')
```

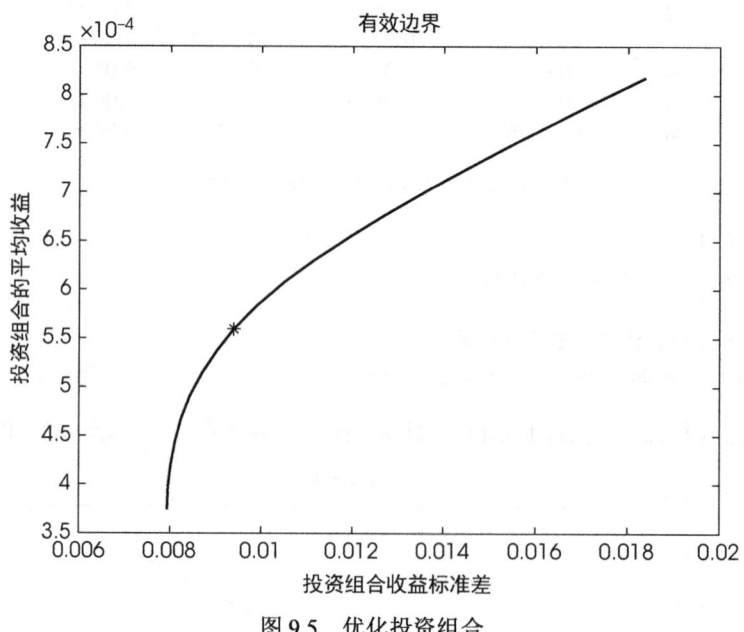

图 9.5 优化投资组合

9.5 参考资料

[1] Bodie, Zvi, Alex Kane, and Alan J. Marcus. 2014. *Investments, 10th ed.* New York: McGraw-Hill Education.

[2] NYU Stern. 2017. "Annual Returns on Stock, T.Bonds and T.Bills: 1928–Current." Accessed June 1, 2017.

[3] The MathWorks, Inc. 2017. *Financial Toolbox^TM User's Guide, R2017b ed.* Natick, Massachusetts: The MathWorks, Inc.

[4] The Mathworks, Ltd. 2017. "Portfolio Object Workflow," *R2017b ed.* Accessed November 2017.

第 10 章
回归和时间序列

10.1 简介

假设你在一家公司的财务部工作，这家公司为几家生产不同类型家用电器的制造商供应机械零件。这些电器都是耐用的消费品，因为它们可以使用很长时间，而且买家不需要经常更换它们。洗衣机就是一种典型的耐用消费品，而洗衣机中使用的洗衣粉则是非耐用消费品。

直觉和经验表明，当消费者对美国的经济前景满怀信心时，你的销售额就会增加。消费者自信，就会对自己的工作前景充满信心，因此他们更有可能购买高价商品，并且不会担心失去工作。如果你能以合理精确地度量消费者的信心与耐用消费品需求之间的关系，就能更准确地利用经济数据规划生产和库存水平。

本章讲解回归与时间序列分析，这两种方法用来对数据进行探索和建模。

本章所需软件：MATLAB 基本软件、MATLAB 统计和机器学习工具箱。

10.2 基本回归

回归用来量化一个或多个自变量与一个因变量之间的关系。如果变量之间的过去关系会继续保持下去，那么我们就可以运用这种关系来预测因变量的未来值。当然，我们无法保证过去的关系会继续维持下去，尤其是当一项新技术到来的时候。

在研究消费者信心与耐用品销售之间的关系时，散点图为我们提供了一种快速可视化数据集的方法。在图 10.1 中，x 轴为自变量，代表的是密歇根大学消费者信心指数，y 轴是因变量，代表耐用品订单数量。这两个数据集都是从 FRED 数据库下载的。从图 10.1 中可以看出，随着消费者信心的增强，耐用品的订单也在增加，这显然是一种积极的关系，尽管有一些数据点与其他数据点相去甚远。

264　第10章　回归和时间序列

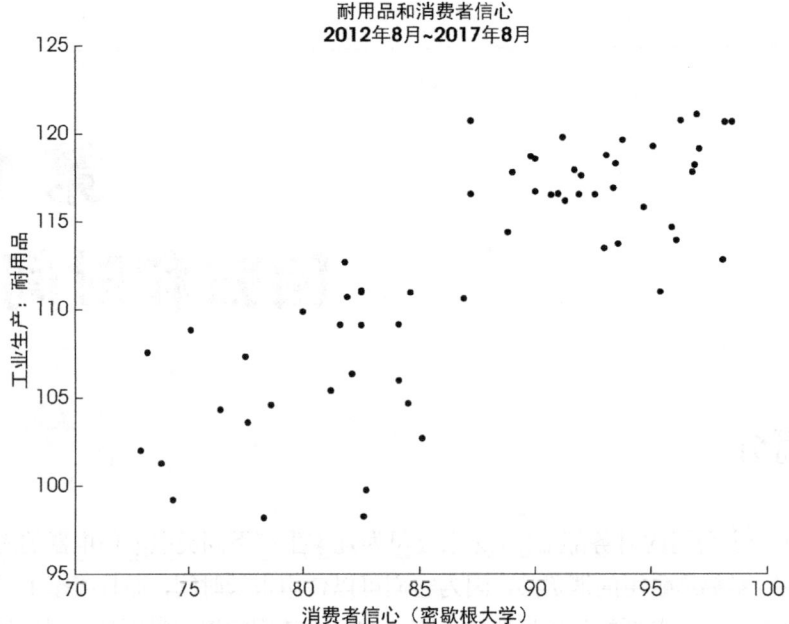

图 10.1　散点图：消费者信心和耐用品订单（数据来源：FRED 和密歇根大学）

图 10.2 中有一条手动插入的直线，它把数据点上升趋势可视化出来了。

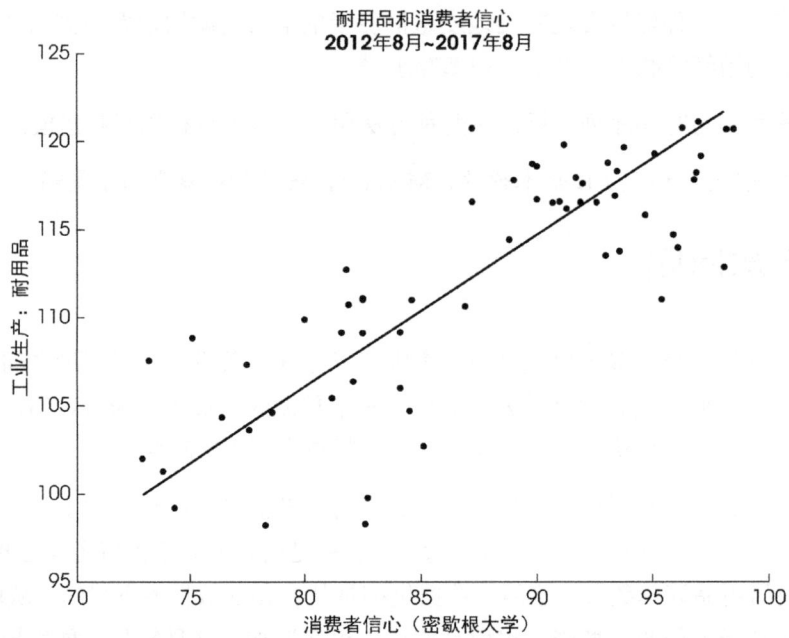

图 10.2　散点图：消费者信心和耐用品订单（含回归线）（数据来源：FRED 和密歇根大学）

在本例中，直线与数据点离得相当近，但在其他情况下，直线也许并不适用。以图 10.3 为例，在图 10.3 中，菱形代表数据点，数据点沿着曲线分布。图中手绘直线只与几个数据点吻合，与其他大部分数据点相去甚远。

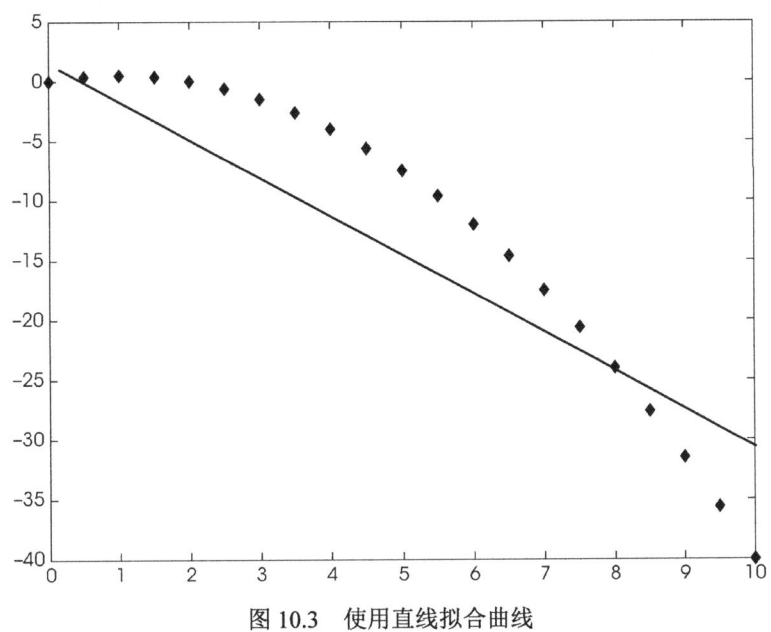

图 10.3　使用直线拟合曲线

图 10.3 中的数据点是在 MATLAB 中使用抛物线 $y = x - 0.5x^2$ 生成的，其中 x 的取值范围为 0～10。其他近似曲线包括三次曲线、双曲线、指数曲线和几何曲线等。这类形状表明，开始做分析之前使用散点图检查数据是很有必要的。

10.2.1　理解最小二乘法

观察图 10.2 和图 10.3，你很自然地要问：是否可以通过调整直线（向上或向下平移，或者改变它们的角度）来提高其拟合数据的能力。这就涉及"最佳拟合"问题，也就是找到一种方法用来判断一条近似直线或曲线是否比其他直线或曲线对数据拟合得更好。

最小二乘法通过使实际数据 (X_i, Y_i) 与拟合曲线估计值 $X_i, \hat{Y}_i$（读作"y hat i"）之间误差的平方和最小来寻找最佳拟合曲线。由于实际数据和估计值之间的估计误差可以是正值、负值或零。为了避免正负相互抵消，我们对估计误差做平方和求和，并且把误差平方和最小的近似曲线看作最佳拟合曲线。

图 10.4 描述了最小二乘法背后的思想。数据点用菱形标记表示，把实线估计值（如上图）与另一组数据（使用二次公式拟合的曲线，以虚线表示）进行了对比。通常观察可以

发现，绝大多数时候，二次曲线（虚线）产生的估计值与实际数据更为接近。即使不把估算数据和实际数据之间差的平方加起来，也能看出二次曲线对数据拟合得更好。

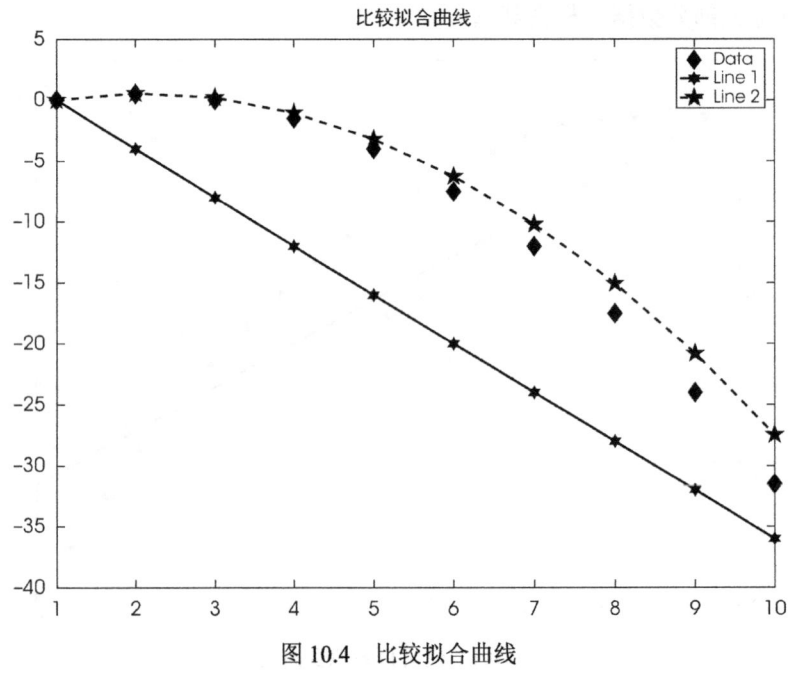

图 10.4　比较拟合曲线

10.2.2　模型表示法

在图 10.4 中，直线和二次曲线描绘出了自变量 x 和因变量 y 之间关系的模型。直线是一阶线性模型，x-y 关系一般表示为：

$$Y = \beta_0 + \beta_1 X + \varepsilon$$

其中，

- X 是自变量；
- β_0 是 y 轴截距；
- β_1 是斜率；
- ε 是估计误差。

你会发现，这是给一个直线方程加上了一个误差项，这个模型可以扩展成一个二阶线性模型（抛物线，仍然是一个变量）：

$$Y = \beta_0 + \beta_1 X + \beta_2 X^2 + \varepsilon$$

自变量的个数可以扩展成多个一阶参数：

$$Y = \beta_0 + \beta_1 X + \beta_2 X_2 + \cdots \beta_n X_n + \varepsilon$$

模型的自变量之间可以有交互：

$$Y = \beta_0 + \beta_1 X_1 + \beta_2 X_1 X_2 + \varepsilon$$

当然，也可以使用非线性系数：

$$Y = \beta_0 + \beta_1 X + \sqrt{\beta} X_2 + \varepsilon$$

这些不同的模型可以用矩阵形式表示：

$$Y = X\beta + \varepsilon$$

其中，

- Y 是因变量组成的向量；
- X 是自变量矩阵；
- β 是估计参数组成的列向量；
- ε 是一个 $n \times 1$ 列误差。

最小二乘法回归的目标是估计模型的 β 值，使平方误差的总和最小，一阶模型计算如下：

$$\sum_{i=1}^{n} \varepsilon_i^2 = \sum_{i=1}^{n} [y_i - (\beta_0 + \beta_1 x_i)]^2$$

对于如何将平方误差最小化解出 β 值，许多统计类的图书都做了详细说明。我们可以使用如下矩阵表示法为 $\beta\hat{}$（读作 beta hat）解出最小二乘值：

$$\hat{\beta} = (X^T X)^{-1} X^T Y$$

在上式中，上标"T"表示转置，在 MATLAB 中用 X'（X 撇号）表示。最小二乘有两个假设：首先，误差项（ε）是独立的，例如，估计误差不会随着独立值的增大而增大；其次，估计误差呈现正态分布，均值为零，方差为公差。

10.2.3 使用 polyfit 和 polyval 函数拟合多项式

在 MATLAB 中，我们可以 polyfit 和 polyval 函数为数据集找到最佳的最小平方值。

polyfit 函数用来计算模型参数,polyval 使用 polyfit 的结果来获取相应独立数据点的多项式,如下例所示。

> **polyfit**(x variable, y variable, degree):使用最小二乘法计算拟合多项式系数。x、y 为拟合数据向量,要求维度相同,n 为拟合多项式次数(本示例为 1)。

```
% 计算系统
p=polyfit(ConSent,DurGoods,1)
p =
          0.72          49.37
```

结果 p 是一个向量,其中保存着多项式的系数,由最高次到最低次排列,因此我们得到如下模型:

$$\widehat{DurGoods} = 0.72 \times ConSent + 49.37$$

这个模型很直观。随着消费者信心的增强,耐用品订单的估计值也在上升。即使消费者信心降至零,消费者仍需要更换那些坏掉、无法修理的电器。

接下来,使用 polyval 函数和结果 p 返回 DurGoods 估计值,将其图形化,并与拟合模型进行比较。拟合直线与实际数据的比较参见图 10.5。

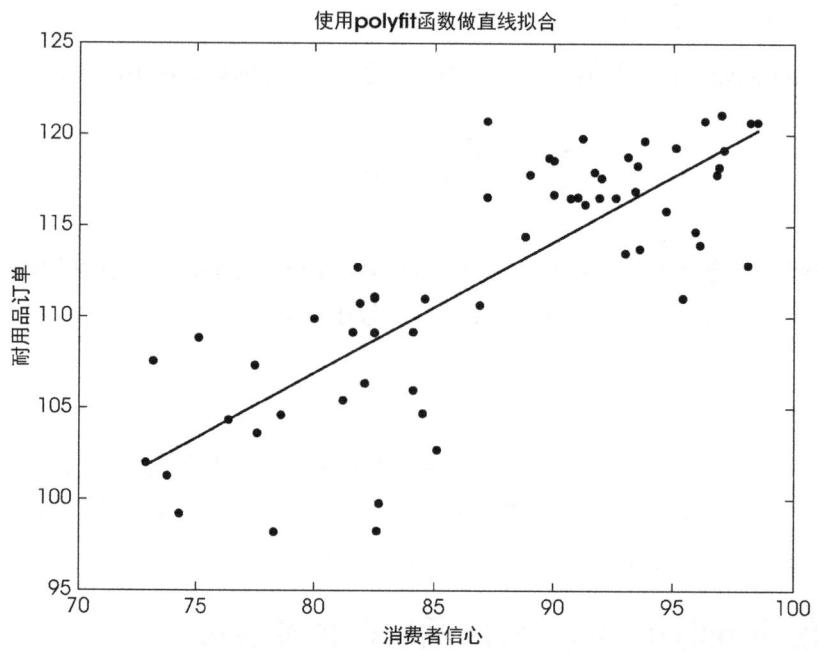

图 10.5 使用 polyfit 做拟合(数据来源:FRED 和密歇根大学)

> **polyval**(p values, x variable): 计算多项式的函数值。返回在 x 处多项式的值，p 为多项式系数，元素按多项式降幂排序。

```
% 把 ployval 返回的结果保存到 estDurGoods 中
estDurGoods=polyval(p,ConSent);

% 绘制拟合的 DurGoods 值和实际值
plot(ConSent,DurGoods,'o',ConSent,estDurGoods)
xlabel('Consumer Sentiment')
ylabel('Durable Goods Orders')
title('Line fit with polyfit function')
```

10.2.4 线性回归方法

把 polyfit 和 polyval 的结果组合起来非常有用，不过如果你安装了 MATLAB 统计和机器学习工具箱，建议你还是使用 fitlm 和 LinearModel.fit 函数，这些函数提供了大量有用的分析结果。

fitlm 函数用来创建 LinearModel 对象。与前一章讲的 Portfolio 对象类似，LinearModel 对象包含多个属性，你可以通过在工作区中单击对象的名称来查看这些属性。然后与 LinearModel 交互更改其属性、调用其函数等。

在下面的例子中，我们会创建并使用这些对象，具体方法和步骤参考了 MATLAB 线性回归文档中的相关内容。

1. 准备数据

输入数据必须是所允许的格式，否则回归函数无法正常工作。一种方法是把输入数据（即自变量）和响应数据（因变量）存储在不同数组中。另一种方法是使用表格，每个自变量应该存储在它自己的列中。还是用前面的例子，消费者信心数据存储在一个 61×1 的数值数组（ConSent）中，耐久品订单存储在一个 61×1 的数值数组（DurGoods）中。本例中两个数组包含的都是完整的观察数据，但是如果某些数据点缺失，请你使用 NaN（"非数字"）表示它们。

2. 选择拟合方法

数据建模时，你可以从下面 3 种方法进行选择：

（1）最小二乘法拟合；

（2）稳健拟合；

(3) 逐步拟合。

本例使用最小二乘法,因为从图 10.5 可以看出,线性模型能够很好地解释两个变量之间的关系。大多数统计软件都具备这种结果分析能力。

```
% 指定线性模型
mdl1=fitlm(ConSent,DurGoods,'linear')

mdl1 =
Linear regression model:
    y ~ 1 + x1

Estimated Coefficients:
                 Estimate    SE      tStat    pValue
                 _____    ____    _____    _____
    (Intercept)   49.37      5.96     8.28    0.00
    x1             0.72      0.07    10.60    0.00

Number of observations: 61, Error degrees of freedom: 59
Root Mean Squared Error: 3.89
R-squared: 0.656, Adjusted R-Squared 0.65
F-statistic vs. constant model: 112, p-value = 2.81e-15
```

LinearModel.fit 函数和 fitlm 函数参数相同,分析结果也一样。

```
mdl2=LinearModel.fit(ConSent,DurGoods,'linear');

disp(mdl2)
Linear regression model:
    y ~ 1 + x1

Estimated Coefficients:
                 Estimate    SE      tStat    pValue
                 _____    ____    _____    _____
    (Intercept)   49.37      5.96     8.28    0.00
    x1             0.72      0.07    10.60    0.00

Number of observations: 61, Error degrees of freedom: 59
Root Mean Squared Error: 3.89
R-squared: 0.656, Adjusted R-Squared 0.65
F-statistic vs. constant model: 112, p-value = 2.81e-15
```

除了输出结果友好之外,使用 fitlm 和 LinearModel.fit 函数还有一个好处,那就是结果对象中包含了各种内置方法供用户调用。这些方法提供了更多数据分析和绘图能力,如

图 10.6 和图 10.7 所示。关于输出结果的解释，你可以在 MATLAB 文档或常见的统计入门图书中找到相关内容。

```
%方差分析（anova 函数）
aov=anova(mdl2)
aov =
  2×5 table
                SumSq       DF       MeanSq        F       pValue
                _____       __       _____      _____     _____
    x1         1695.63     1.00     1695.63     112.27      0.00
    Error       891.07    59.00       15.10

% 系数的置信区间（coefCI 函数）
conCoeff=coefCI(mdl2)
conCoeff =
          37.43          61.31
           0.58           0.86

% 绘制回归和置信区间（plot）
mdlplot2 = plot(mdl2)

Plot residuals(plotResiduals)
```

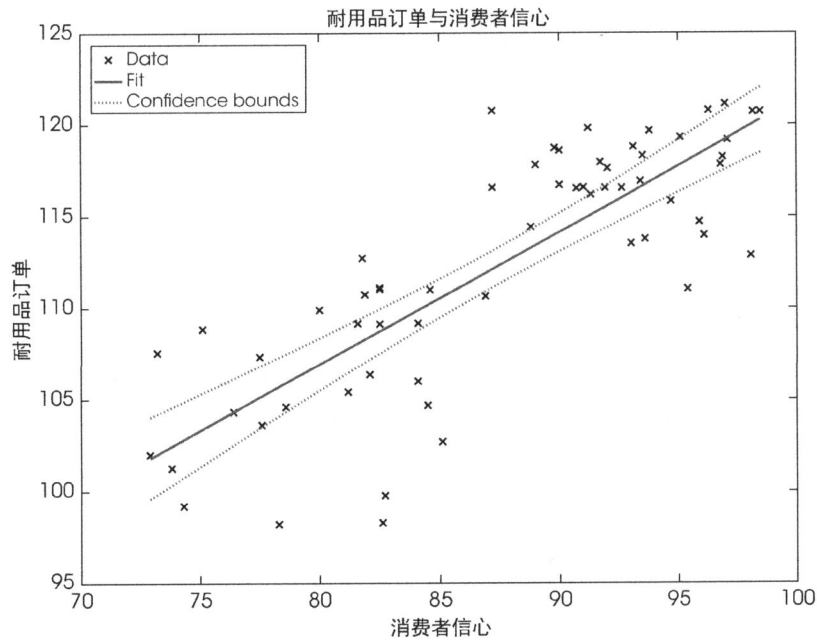

图 10.6　Plot 函数绘制（数据源：FRED 和密歇根大学）

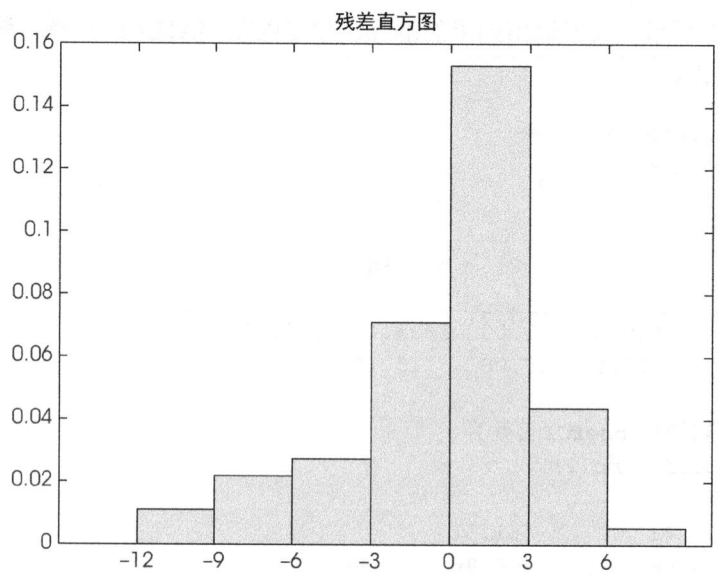

图10.7 模型残差直方图（数据来源：FRED 和密歇根大学）

10.3 使用时间序列

时间序列用于跟踪定期发生的事件，它适用于许多金融和经济变量。MATLAB 的 FTS（Financial Time Series，金融时间序列）App 允许你创建和管理金融时间序列对象，比如股票价格。FTS 还允许你使用金融时间序列图形用户界面和交互式图表对时间序列数据进行可视化和探索。本节介绍几个基本的菜单驱动方法，MATLAB 的金融时间序列文档提供了更详细和更深入的示例。

10.3.1 步骤1：加载数据（单列）

你可以通过选择菜单或输入命令来访问 FTS。有经验的用户更喜欢直接输入命令，但如果你是新手，建议你从菜单开始学起，之后再一点点地学习相关命令，这样会更容易些。这部分我们主要讲如何使用菜单。FTS 启动图标位于 APPS 选项卡上，该选项卡位于 Home（主页）和 Plots（绘图）选项卡的右侧，如图10.8 所示。

本例使用 Amazon（AMZN）2016 年 1 月 1 日至 2016 年 12 月 31 日期间的每日收盘价数据。这些数据存储在一个 252×3 的矩阵中，其中包括日期（使用 MATLAB 数值格式）、收盘价和交易量。

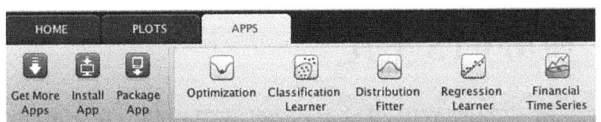

图 10.8　选项卡中的 FTS 图标（图片已经过 MathWorks 许可）

10.3.2　步骤 2：创建 FTS 对象

我们必须把数据转换为时间序列对象才能访问其属性。为此，在 MATLAB 工作区的变量对话框中，选择数据文件。在 FTS 窗口中，向下移动光标到 "FINTS Objects and Outputs" 部分，选择 "Create" 选项卡，选择 "Active variable" 按钮，然后单击对话框底部的 "Create FINTS object" 按钮。你可以在按钮旁边的 "MATLAB workspace variable" 中输入对象名称，或者让程序生成默认名称。对象数据（日期和收盘价）会出现 Data Management 区域中，如图 10.9 所示。你可以在 "Series Names" 中为数据列指派适当的名称，然后单击 "Update properties" 更改名称。这时，把你的工作区保存为.mat 文件，当打开 FTS 图形用户界面工具时会用到。

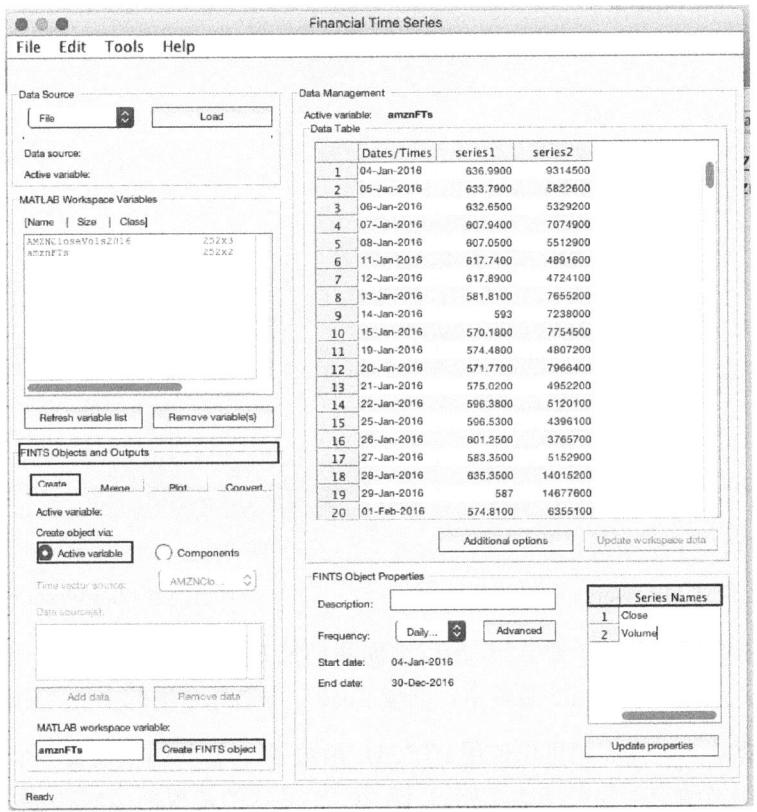

图 10.9　加载数据时的 FTS 对话框（图片已经过 MathWorks 许可）

10.3.3 步骤 3：使用 FTS 工具

一旦创建了 FTS 对象，你就可以通过 FTS 图形用户界面（FTSGUI）访问 App 的数据管理和分析工具。为了打开 FTSGUI，依次单击 "Tools" - "FTSGUI"（见图 10.10）。

下拉菜单中包含 Data（见图 10.11）、Analysis（见图 10.12）、Graphs（见图 10.13）。

图 10.10 访问 FTSGUI 工具

（图片已经过 MathWorks 许可）

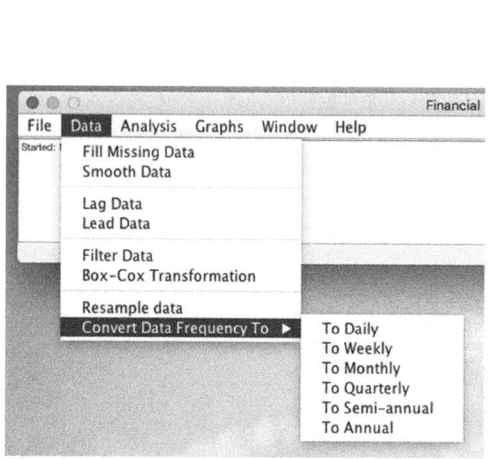

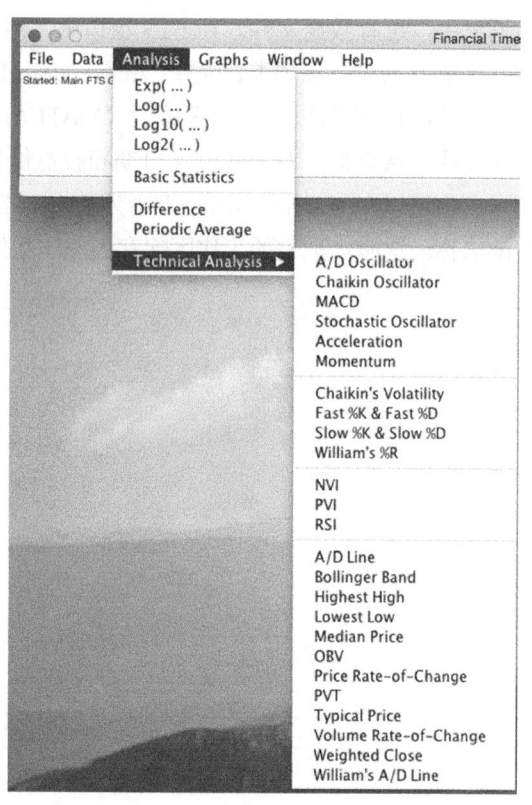

图 10.11　FTS 数据工具

（图片已经过 MathWorks 许可）

图 10.12　FTS 技术分析工具

（图片已经过 MathWorks 许可）

FTSGUI 函数需要有一个数据集，所以前面我们把 FTS 对象保存在了一个 .mat 文件中。为了加载文件，从 FTSGUI File 菜单中，选择 Load，再选择合适的文件，如图 10.14 所示。

加载好数据之后，我们就可以使用 FTSGUI 函数了。（有些函数需要多个输入参数或其他参数，更多细节请查看相关函数文档。）图 10.15 显示的是根据 AMZN 数据绘制的基本折线图，底部是成交量。你可以通过打开并使用 Plot 格式属性来自定义这些图。

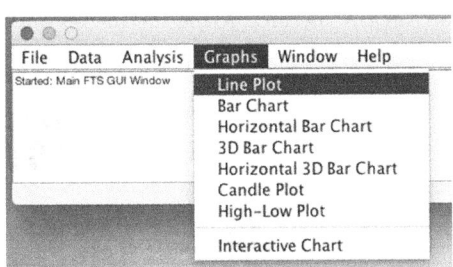

图 10.13　FTS 图形工具

（图片已经过 MathWorks 许可）

图 10.14　FTSGUI 的文件加载菜单

（图片已经过 MathWorks 许可）

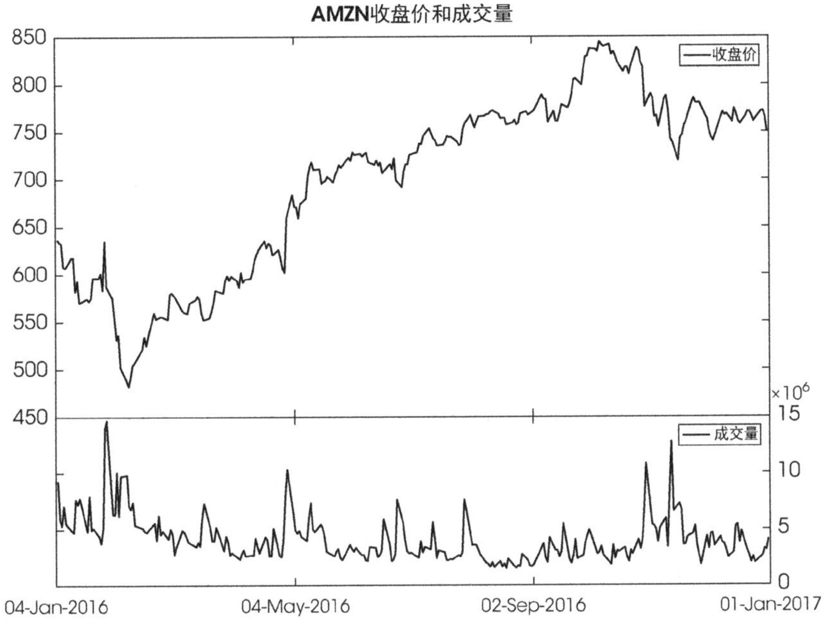

图 10.15　AMZN 收盘价折线图（含成交量）

10.4　参考资料

[1] Martinez, Wendy L., and Moonjung Cho. 2015. *Statistics in MATLAB: A Primer*. Boca Raton, FL: CRC Press.

[2] The MathWorks, Inc. 2017. *Statistics and Machine Learning Toolbox[TM] User's Guide, R2017b ed*. Natick, MA: The MathWorks, Inc.

附录 A
分享你的工作

MATLAB 提供了一些方法帮助我们发布工作。本附录介绍使用实时脚本发布代码和创建交互式文件的方法。

所需软件：MATLAB 基本软件

A.1 简介

有时候，你可能需要共享你的 MATLAB 成果，无论是提交学校作业，还是把工作分享给同事和主管。当然，你可以发送原始文件和数据的副本，但是有些接收人除了代码中的注释之外可能还需要更多背景信息。当你希望用户与代码进行交互或者想使用某种提高可读性的格式时，MATLAB 的实时脚本和发布工具可以帮助你更有效地进行沟通。

本附录的主要例子使用的代码是前面用来计算终值的代码。下面代码是一个脚本代码，并且不带注释：

```
function fv=futureValueCalc3(i,t,pv)
i = input(['Enter the interest rate as a percentage'...
'\n(0.05, for 5 percent, for example): '])
if i < 0 || i > 0.20
    fprintf('You entered %.4f\n',i)
    fprintf('Is that correct?\n')
    i=input('Please verify the interest rate: ')
end
t = input('Enter the number of periods as years: ')
if t < 0 || t > 50
    fprintf('You entered %.1f\n',t)
    fprintf('Is that correct?\n')
    t=input('Please verify the period: ')
end
```

```
pv = input('Enter the amount in dollars: ')
if pv < 0
    fprintf('You entered a negative amount.\n')
    pv=input('Please enter a positive value: ')
end
fv=(1+i)^t*pv;

end
```

对于那些熟悉 MATLAB 金融函数且经验丰富的用户来说,他们在运行脚本之前就已经掌握了脚本的运行机制,但那些欠缺经验的用户可能根本就看不懂脚本。因此,在发布代码之前,我们一般会把代码划分成多个代码单元,并添加相关注释,这样一来,当发布代码时,你的脚本结构和运行步骤会很清晰。

A.2 发布脚本

MATLAB 提供了多种方法帮助我们发布脚本。在编辑器窗口中打开脚本后,单击 PUBLISH(发布)选项卡,你会看到图 A.1 所示的菜单。

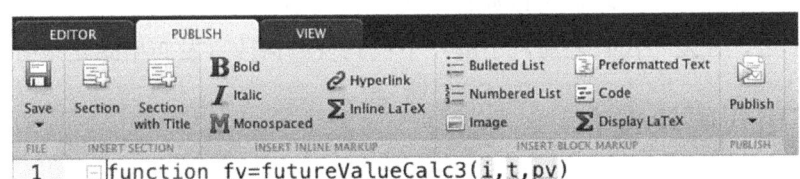

图 A.1 发布工具菜单(图片已经过 MathWorks 许可)

稍后我们会介绍格式化命令,这里先单击 Publish(发布)按钮下方的箭头,里面包含两个菜单:发布和编辑发布选项,如图 A.2 所示。

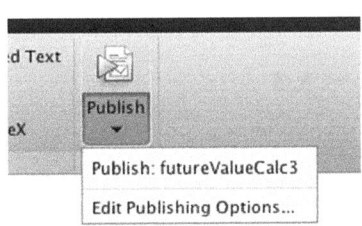

图 A.2 发布菜单(图片已经过 MathWorks 许可)

选择"编辑发布选项"(Edit Publishing Options…),打开"编辑配置"对话框,如图 A.3 所示。

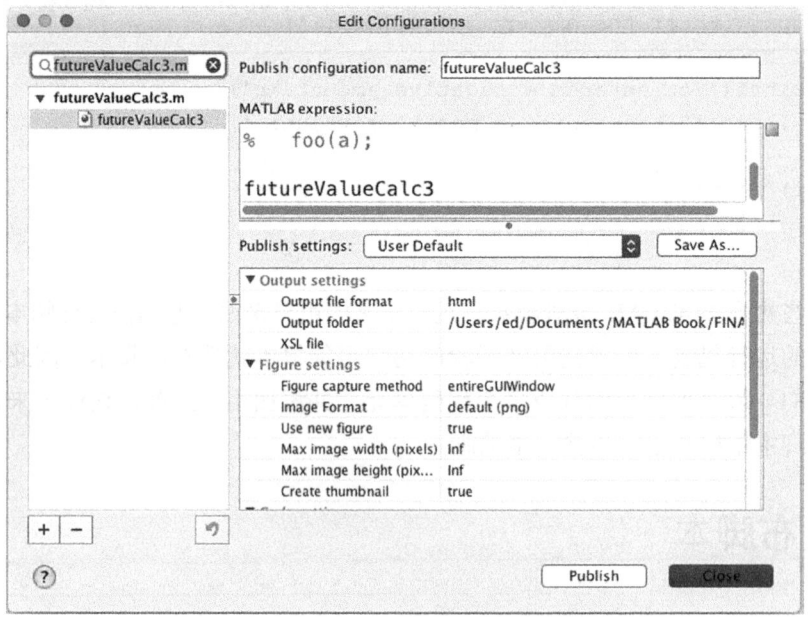

图 A.3 编辑配置对话框（图片已经过 MathWorks 许可）

在编辑配置对话框中，我们可以通过设置配置来指定发布文件的格式、输出文件夹和其他设置。不过，在发布代码之前，了解一下代码块如何改善发布格式是很有必要的。

A.2.1 使用代码块发布

当创建代码块时，注释行以%%开始。发布时，注释文本作为代码块的标题使用。下面代码也是用来计算终值的，但我们把代码进行了分块，并添加了注释。

```
%% futureValueCalc3
% 这个函数用来计算并返回
% 一笔钱的终值
% 所需的参数有:
% i = 利率, t = 时间, pv = 现值

%% 调用函数
function fv=futureValueCalc3(i,t,pv)

%% 利率提示
i = input(['Enter the interest rate as a percentage'...
    '\n(0.05, for 5 percent, for example): '])

% 检查i值小于0 或大于20%
```

```
if i < 0 || i > 0.20
    fprintf('You entered %.4f\n',i)
    fprintf('Is that correct?\n')
    i=input('Please verify the interest rate: ')
end

%% 时间提示
t = input('Enter the number of periods as years: ')

% 检查 t 值小于 0 或大于 50
if t < 0 || t > 50
    fprintf('You entered %.1f\n',t)
    fprintf('Is that correct?\n')
    t=input('Please verify the period: ')
end

%% 现值提示
pv = input('Enter the amount in dollars: ')

% 如果 pv 值小于 0
if pv < 0
    fprintf('You entered a negative amount.\n')
    pv=input('Please enter a positive value: ')
end

%% 计算终值
fv=(1+i)^t*pv;

end
```

以 HTML 格式发布脚本，很容易看到代码是如何分块的，这种格式使用代码单元来突出显示文本，并生成易于阅读的形式。

A.2.2 futureValueCalc3

这个函数用来计算并返回单笔资金的终值。所需要的参数有 $i=$ 利率、$t=$ 时间、$pv=$ 现值。

1. 内容

- 函数调用；
- 利率提示；

- 时间提示；
- 现值提示；
- 计算终值。

2. 函数调用

```
function fv=futureValueCalc3(i,t,pv)
```

3. 利率提示

```
i = input(['Enter the interest rate as a percentage'...
    '\n(0.05, for 5 percent, for example): '])

% 若i值小于0或大于20%
if i < 0 || i > 0.20
    fprintf('You entered %.4f\n',i)
    fprintf('Is that correct?\n')
    i=input('Please verify the interest rate: ')
end
```

4. 时间提示

```
t = input('Enter the number of periods as years: ')

% 若t值小于0或大于50
if t < 0 || t > 50
    fprintf('You entered %.1f\n',t)
    fprintf('Is that correct?\n')
    t=input('Please verify the period: ')
end
```

5. 现值提示

```
pv = input('Enter the amount in dollars: ')

% 若 pv 值小于0
if pv < 0
    fprintf('You entered a negative amount.\n')
    pv=input('Please enter a positive value: ')
end
```

6. 计算终值

```
fv=(1+i)^t*pv;

end
```

使用 MATLAB R2017b 发布

图 A.4 把输出文件的格式设置为 PDF 格式。具体操作步骤是：首先选择"发布"-"编辑发布选项"，打开"编辑配置"（Edit Configurations）对话框。在"输出设置"中，点击"输出文件格式"（Output file format）右侧，在弹出的下拉菜单中，选择 PDF，如图 A.4 所示。

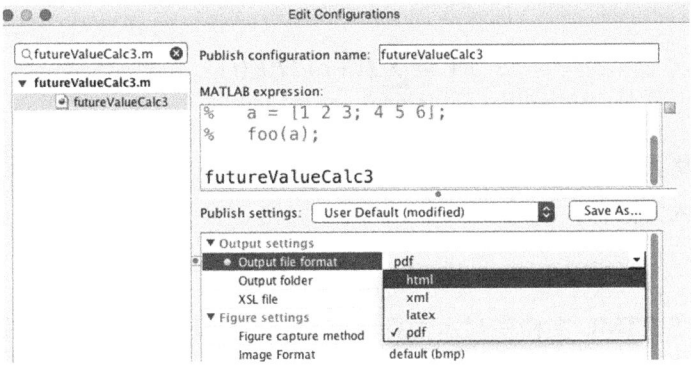

图 A.4　设置输出文件格式（图片已经过 MathWorks,Inc 许可）

部分输出结果如图 A.5 所示，其中包含一个目录。

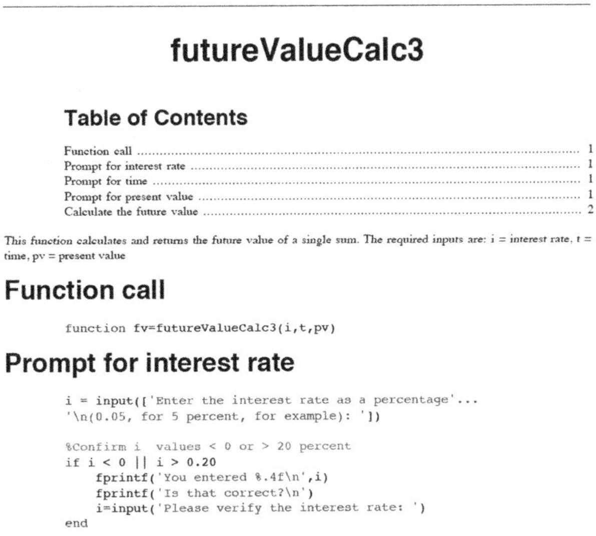

图 A.5　PDF 输出格式

A.2.3 格式选项

MATLAB 提供了几种格式化注释文本的方法。你可以使用 PUBLISH（发布）工具栏中的格式化命令，在编辑器窗口中，在所需位置上单击鼠标右键，插入文本标记，或者直接在注释中键入标记。关于标记非代码文本的详细内容，请参考 MATLAB 的帮助文档——Publishing Markup。

如果你发布的脚本中包含数学公式和符号，那可以使用 LaTex 选项。假设你想把计算现值的公式包含到发布脚本中。传统公式如下：

$$PV = \sum_{t=1}^{n}(1+r)^{-t}PV(t)$$

但是，这种格式不能作为脚本注释使用。要显示传统等式，你可以在脚本编辑器中使用 LaTex 将其输入为注释：

%$PV = \sum_{t = 1}^{n}{1 + r}^{-t} * PV(t)$

这种格式会在 HTML 文档中显示为行内方程式，你还可以在 LaTex 块的两端使用$字符创建单行方程式。

A.2.4 使用实时脚本

MathWorks 从 MATLAB 2016a 版本开始引入了实时脚本功能。实时脚本是对程序的扩展，允许用户在交互方式下工作，允许把文档 MATLAB 代码、嵌入输出、格式化文本、方程和图像组合在一个环境中。实时脚本以.mlx 为扩展名进行存储。

如果你想从现有的传统脚本文件（扩展名为.m）创建实时脚本，请先到"当前文件夹"中找到传统脚本文件，右键单击文件名，然后在弹出的上下文菜单中，选择"以实时脚本方式打开"。你还可以通过单击 HOME（主页）选项卡下的"新建实时脚本"（New Live Script）图标（图 A.6）直接从命令窗口创建实时脚本文件。

图 A.6 创建实时脚本
（图片已经过 MathWorks 许可）

这会打开"实时编辑器"（LIVE EDITOR）选项卡（图 A.7），该选项卡下包含多个编辑和控制工具，这些工具分成 6 个部分：文件（FILE）、导航（NAVIGATE）、文本（TEXT）、代码(CODE)、节(SECTION)、运行(RUN)。这个选项卡下没有单独的发布命令,不过,你可以在"保存"菜单中找到与发布有关的命令。

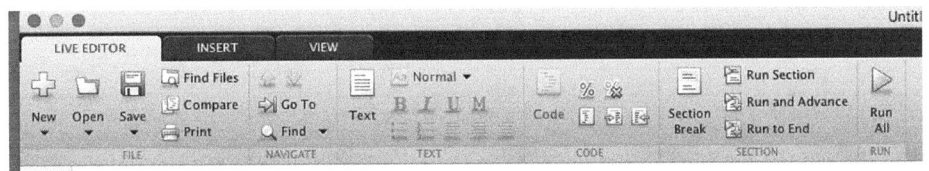

图 A.7　实时编辑器工具栏(图片已经过 MathWorks 许可)

下面例子中的代码用来计算并绘制终值,我们借助这个例子讲解实时脚本的工作原理。假设时间间隔为 1~5 年,年利率为 5%,初始现值为 1000 美元。输入参数如图 A.8 所示。

我们把标题格式化为文本,并为各行代码编号为 1~4。在代码部分单击鼠标右键,显示出一个包含多个选项的上下文菜单(图 A.9)。

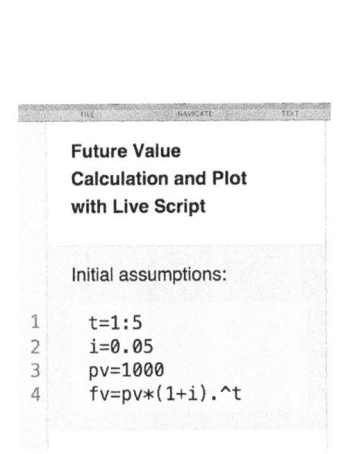

图 A.8　实时脚本输入

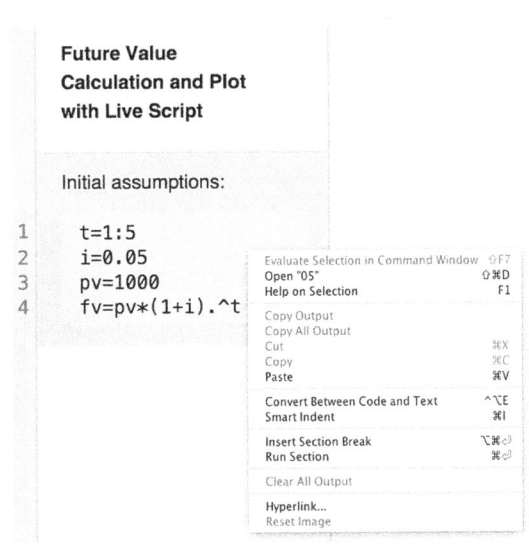

图 A.9　实时脚本选项

(图片已经过 MathWorks 许可)

要运行代码,单击"运行节"(Run Section)。或者,你可以把鼠标指针移动到代码左侧,当出现"运行到此行"(Run current section)图标时点击它。执行代码时,你会看到有一个行标记在逐行移动,并且创建好的变量会出现在 MATLAB 工作区中。如果代码中有错误,你会在这行代码的右侧看到一个红色警示标记。你可以在代码文本下方显示输出选项,也可以把窗口分成两栏,把输出结果放在右侧栏中。图 A.10 是计算终值的例子,窗口分成了两栏。

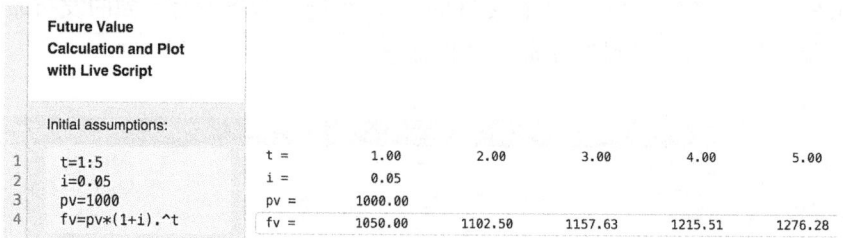

图 A.10 实时脚本：两栏

与命令行窗口相比，使用实时编辑器的好处是，你可以通过前面的语句更改输入，并且不必在新命令中重新赋值。你还可以把新输入（比如方程、绘图命令或文本）直接添加到前面的输入单元格中或者插入文本（图 A.11）。

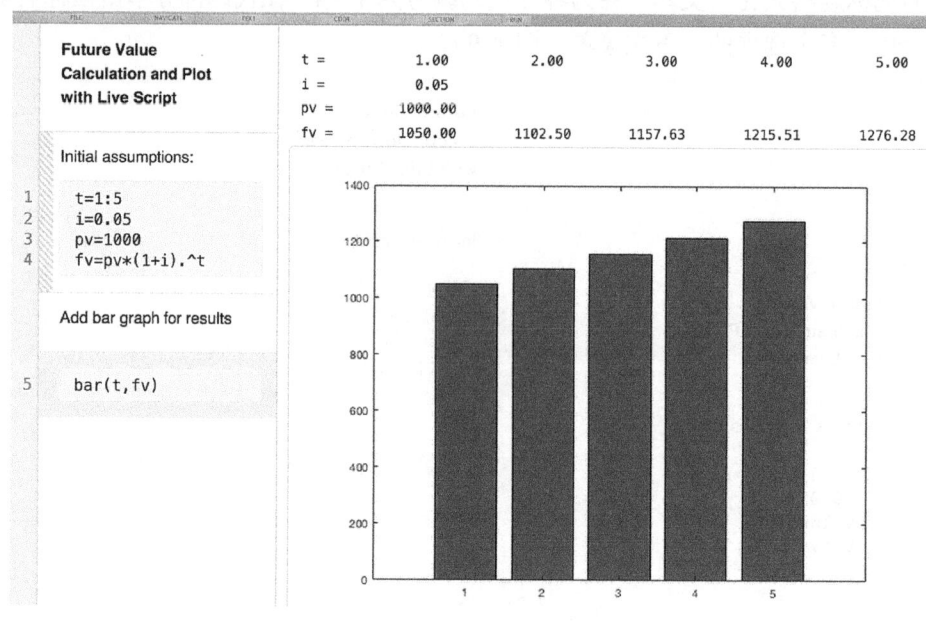

图 A.11 实时脚本绘制图形

A.2.5 编辑和控制

格式和文本样式功能使得更改文本外观变得非常容易。此外，单击"方程"（Equation）图标（图 A.12）会打开方程工具栏，里面包含许多常用的数学符号和运算符。

如果你不擅长使用 LaTex，那可以通过鼠标单击的方式来输入方程，这样做完全可行，但是速度要比直接输入慢一些。图 A.13 显示了一个插入的方程。

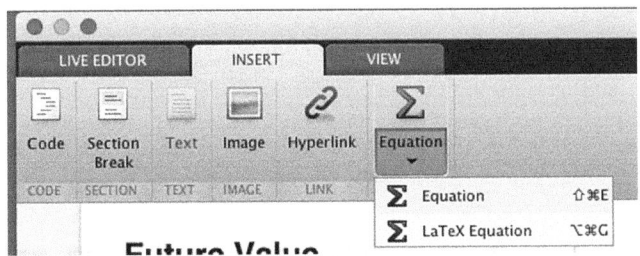

图 A.12 方程菜单

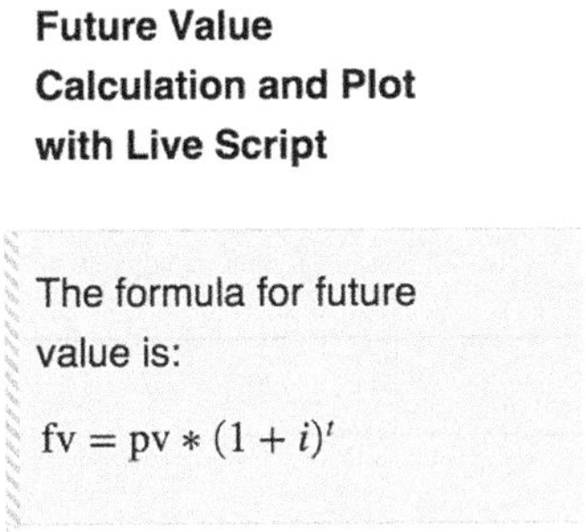

图 A.13 插入方程（图片已经过 MathWorks 许可）

格式化带有一定的个人喜好色彩，我发现实时脚本的 HTML 输出可以和脚本的发布格式相媲美，相比于发布，实时脚本的 PDF 文件格式有所改进。通过选择"保存"按钮上下文菜单中的选项，你可以把文件输出为.mlx、.m、PDF 或 HTML 格式与他人分享。如果文件接收方使用的 MATLAB 版本低于 2016a，你可以先把实时脚本保存为.m 文件，再进行发送。

A.3 参考资料

[1] The MathWorks, Inc. 2017. "Live Scripts." Accessed September 1, 2017.

[2] The MathWorks, Inc. 2017. "Output Preferences for Publishing." Accessed September 1, 2017.

附录 B
MATLAB 内置函数参考

第 1 章

函数组/名称	用途
创建数组	
linspace	用来产生一个向量,里面包含一定数量呈线性间隔的值
eye	用来产生单位矩阵,对角线上为 1,其他为 0
ones	用来生成一个数组,每个元素都为 1
zeros	用来生成一个数组,每个元素都为 0
产生随机数	
rand	用来生成一个数组,里面的数字呈均匀分布且介于 0 到 1 之间
randi	用来生成一个数组,里面是随机整数,呈均匀分布且介于 0 到最大值之间
randn	用来生成一个数组,里面的随机数呈正态分布
更改矩阵大小	
reshape	改变矩阵维数
统计计算	
max	获取数组最大元素
corrcoef	计算矩阵的相关系数
mean	计算平均值
median	计算中位数

续表

函数组/名称	用途
统计计算	
min	获取数组最小元素
std	计算标准差
var	计算方差
计算和与积	
cumprod	计算数组元素的顺序积
cumsum	计算数组元素的顺序和
prod	数组元素相乘
sum	数组元素相加
提取值	
ind2sub	把数组的线性索引转化为相应的下标
sub2ind	把行和列的下标转化为相应的线性索引
统计元素	
length	返回最大维数（数组）或长度（向量）
nnz	统计数组中非零元素的个数
numel	统计数组元素的个数
size	返回一个数组或所选维数的大小
元素排序	
sort	对数组元素排序
sortrows	对行排序，不打乱列分组
应用逻辑测试	
all	若向量中的每个元素为 true，则返回 1（true）；否则返回 0（false）
any	若向量中有元素为 true，则返回 1（true）；否则返回 0（false）

续表

函数组/名称	用途
处理 NaN	
fillmissing	使用指定方法插入缺失值
Ismissing	找出 NaN 元素和其他指定的缺失指示符
isnan	找出数组中的 NaN（非数字）元素
standardizeMissing	找出并替换标记元素为 NaN
查找字符值	
char	返回与数值等效的字符形式
使用表格	
array2table	使用数值数组创建表格
readable	从文件（数据以列的形式组织）创建表格
summary	显示表格及其变量的摘要信息
table	把现有变量组合成表格
writetable	把表数据保存到文件

第 2 章

函数组/名称	用途
创建日期和时间变量	
caldays	创建一个持续时间数组，以天为单位
calendarDuration	创建日历持续时间数组
calmonths	创建一个日历持续时间数组，以月为单位
calquarters	创建一个日历持续时间数组，以季度为单位
calweeks	创建一个日历持续时间数组，以周为单位
calyears	创建一个日历持续时间数组，以年为单位
datetime	创建日期时间数组
days	创建一个持续时间数组，以天为单位

续表

函数组/名称	用途
创建日期和时间变量	
duration	创建持续时间数组
hours	创建持续时间数组，以小时为单位
minutes	创建持续时间数组，以分钟为单位
seconds	创建持续时间数组，以秒为单位
years	创建持续数据数组，以年为单位
处理日期和时间变量	
cellstr	把目标数组转换为元胞数组
char	把目标数组转换为字符数组
datenum	把日期字符向量转换为日期序列
dateshift	推移日期时间数组中的日期
datestr	把日期序列转换为日期字符
fbusdate	找出每个月的第一个工作日
holidays	列出市场休假日和非交易日
lbusdate	找出每个月的最后一个工作日
m2xdate	把 MATLAB 日期序列转换为 Microsoft Excel 日期序列
nyseclosures	找出纽约股票交易所闭市日
split	从日历持续时间变量提取指定部分
x2mdate	把 Microsoft Excel 日期序列转换为 MATLAB 日期序列
计算经过时间	
between	从两个数组计算对应日期时间之差
caldiff	在同一个数组中，计算前后日期时间之差
days360	计算经过的天数（每年 360 天）
days365	计算经过的天数（每年 365 天）

续表

函数组/名称	用途
计算经过时间	
daysact	计算实际经过的天数
daysadd	计算从初始日期以来的天数，day-count 参数可选
daysdif	计算经过的天数，day-count 参数可选（basis）
diff	计算日期时间或持续时间数组中连续元素之差

第 3 章

函数组/名称	用途
用户交互	
disp	显示变量的值，不含名称
errordlg	显示错误信息
fprintf	向屏幕打印格式化结果
input	显示用户输入提示
inputdlg	显示用户输入对话框，并显示提示信息
warndlg	显示警告信息对话框

第 4 章

函数组/名称	用途
获取数据	
fetch	建立数据连接
reatime	获取实时数据
getdata	下载指定数据
timeseries	获取数据
xlsread	从 Microsoft Excel 导入数据
xlswrite	导出数据到 Microsoft Excel

续表

函数组/名称	用途
绘制数据	
bolling	创建布林带图
bollinger	创建时间序列布林图
candle	创建阴阳烛图
candle (fts)	创建时间序列烛图
figure	打开一个新图（或切换到现有图）
gtext	向鼠标所选的地点添加文本说明
highlow	绘制最高价、最低价、开盘价、收盘价图
legend	添加图例标识数据列
movavg	创建超前和滞后的移动平均图
plot	绘制数据列
pointfig	绘制点形图
subplot	把当前图划分成多个绘图网格
text	向指定的 x、y 位置添加文本说明
yyaxis	创建带有两个 y 轴的图形

第 5 章

函数组/名称	用途
计算货币的时间价值	
amortize	计算偿还金额、余额、分配金额
annurate	计算年金利率
annuterm	计算年金
effrr	计算实际利率
fvfix	计算固定现金流终值
fvvar	计算变化现金流终值

函数组/名称	用途
计算货币的时间价值	
irr	计算内部收益率
pvfix	计算固定现金流现值

第 6 章

函数组/名称	用途
美国短期国库券估值	
tbillprice	计算短期国库券价格
tbillyield	计算短期国库券收益率
长期国库券估值	
bndprice	计算长期国库券的市场价格
bndtotalreturn	计算长期国库券的总收益
bndyield	计算长期国库券的收益率
prdisc	计算折价债券的价格
ylddisc	计算折价债券的收益
评估债券的敏感性	
bndconvp	根据价格评估凸性
bndconvy	根据收益评估凸性
bnddury	根据收益评估久期
bnddurp	根据价格评估久期

第 7 章

函数组/名称	用途
金融数据可视化	
histfit	比较数据直方图与分布拟合

函数组/名称	用途
金融数据可视化	
histogram	创建数据直方图
plot	绘制数据列
probplot	比较数据分布与假想分布
分析金融数据	
corrcoeff	计算成对的线性相关系数
cov	计算协方差
kurtosis	计算数据列的峰度
mean	计算数据列的平均值
median	计算数据列的中位数
normrnd	创建一个向量或矩阵，包含指定数量的数据点
prctile	返回矩阵中指定的数据向量的百分位数
skewness	计算数据列的偏度
std	计算数据列的标准差
var	计算数据列的方差

第 8 章

函数组/名称	用途
期权定价	
binprice	使用二项式模型为美式期权定价
blsprice	使用布莱克-斯科尔斯模型为欧式期权定价
opprofit	计算期权持仓利润
度量期权敏感性	
blsdelta	计算期权的 delta 值
blsgamma	计算期权的 gamma 值

函数组/名称	用途
度量期权敏感性	
blslambda	计算期权的 lambda 值
blsrho	计算期权的 rho 值
blstheta	计算期权的 theta 值
blsvega	计算期权的 vega 值

第 9 章

函数组/名称	用途
投资组合的创建与分配	
Portfolio	创建一个 Portfolio 对象
plotFrontier	绘制有效边界
estimateFrontier	评估有效边界上的最佳边界
estimateFrontierByReturn	为指定回报评估有效边界上的最佳边界
estimateFrontierByRisk	为指定波动水平评估有效边界上的最佳边界

第 10 章

函数组/名称	用途
线性回归	
anova	对回归的方差结果进行分析
coefCI	为回归系数生成置信区间
Fitlm	创建一个 LinearModel（线性模型）对象
LinearModel.fit	创建线性回归模型
plotResiduals	绘制回归残差
polyfit	计算回归模型参数
polyval	使用 polyfit 结果计算多项式